Johannes Heinrichs

Gastfreundschaft der Kulturen

Der Weg zwischen Multikulti und neuem Nationalismus

Johannes Heinrichs

GASTFREUNDSCHAFT DER KULTUREN

Der Weg zwischen Multikulti und neuem Nationalismus

ibidem-Verlag
Stuttgart

Bibliografische Information der Deutschen Nationalbibliothek
Die Deutsche Nationalbibliothek verzeichnet diese Publikation in der
Deutschen Nationalbibliografie; detaillierte bibliografische Daten sind im
Internet über http://dnb.d-nb.de abrufbar.

Bibliographic information published by the Deutsche Nationalbibliothek
Die Deutsche Nationalbibliothek lists this publication in the Deutsche Nationalbibliografie;
detailed bibliographic data are available in the Internet at http://dnb.d-nb.de.

∞

Gedruckt auf alterungsbeständigem, säurefreien Papier
Printed on acid-free paper

ISBN-13: 978-3-8382-1158-9

© *ibidem*-Verlag
Stuttgart 2017

Inhalt

II. Kulturelle Solidarität – der unerkannte Kern des Migrationsproblems

III. Gastgebende Primärkultur versus Leitkultur
Ein Offener Brief an Bassam Tibi

IV. Ergebnisse und Ergänzungen

Vorwort

Der *ibidem*-Verlag bringt dankenswerter Weise als ersten Teil des vorliegenden Buches mein Bändchen *Gastfreundschaft der Kulturen* in unverändertem Nachdruck, das 1994 im Verlag Die Blaue Eule (Essen) erschienen ist. 1994 wurde besonders die Wichtigkeit der Unterscheidung zwischen der »gastgebenden Kultur« und den »Gastkulturen« der Migranten in ihren Konsequenzen hervorgehoben – 4 Jahre, bevor Bassam Tibi den Begriff der »Leitkultur« in einem ganz anderen, von Politikern wie Friedrich Merz gründlich umgedeuteten Sinne in die deutsche Diskussion brachte.

Obwohl das Buch damals an maßgebende Politiker verschickt wurde und die Politik sich »naturwüchsig« in etwa in die Richtung des hier Vertretenen, nämlich gegen ein gedanken- und kulturloses Multikulti entwickelte, fand es kein Echo in der großen Presse. Dies trotz der damals schon gegebenen brennenden Aktualität des Themas. Dieses hat durch die sprunghaft zugenommene Zuwanderungsbewegung mit dem vorläufigen Höhepunkt 2015 enorm an öffentlicher Beachtung gewonnen. Es ist die Hoffnung des Autors, das fast traumatische Erlebnis des gänzlichen Ignoriertwerdens seiner Positionen zu einem so wichtigen Thema im Klima des angeblich »herrschaftsfreien Diskurses« durch diese Neuausgabe überwinden zu können. Wobei es nicht um persönliche Befindlichkeiten geht, sondern um allgemein relevante Erfahrungen mit der Herrschaft des Zeitgeistes, der sich derzeit als ein Geist der Vorurteile, der Denkfaulheit und des Durcheinanders zum Schaden unseres demokratischen und kommunikativen Gemeinwesens erwiesen hat.

Auf die (bis auf wenige Zusätze und die Streichung des so nicht mehr aktuellen damaligen Kapitels 6) wortgetreue Dokumentation des Textes von 1994 folgen: ein Artikel *Kulturelle Solidarität – der unerkannte Kern des Migrationsproblems* von 2016 aus »Aufklärung und Kritik« (1/2016) und ein Offener Brief an Bassam Tibi anlässlich der Neuauflage seines Buches *Europa ohne Identität?*, ebenfalls aus dieser

Zeitschrift (2/2017). Ein für dieses Buch neu geschriebenes Schluss-kapitel versucht nochmals die wichtigsten Aspekte der im Grunde einfachen Unterscheidungen und doch sehr komplexen Thematik auf den Punkt zu bringen.

Zur Erläuterung des Titels sei gegen ein Missverständnis hier schon betont: Nicht die einzelnen Migranten sollten Gäste in unserem Land bleiben (wie B. Tibi es von sich sagt), sondern die mitgebrachten Kulturen als solche. Das Prinzip der wechselseitigen »Gastfreund-schaft der Kulturen«, bei jeweiliger Unterscheidung von Gastgeben-der Kultur (als feste Wortprägung groß geschrieben) und Gastkultu-ren, erlaubt Buntheit und ermöglicht Freundschaft – doch ohne die letztlich kulturlose Nivellierung des faktischen oder gewollten, meist undefinierten Multikulti.

> »Alle Häuser würden nur Gräber sein, wären sie nicht für Gäste.«

So ist es auch mit den Nationen. Das Buch *The Prophet* von Khalil Gibran, aus dem die Worte stammen, wurde mir von meinem mus-limischen Freund Ali geschenkt, bevor wir in Jerusalem auseinan-dergingen. Dieser moderne, liberale Student lehrte mich, wie einfach der Islam doch sei oder vielmehr sein könne – »im Unterschied zu dem, was ihr Christen alles glauben müsst«. Als ich nach dem Ab-schied im Flugzeug saß, begann der Krieg von 1973. Jüdische und muslimische Freunde sollten sich plötzlich als Feinde betrachten. Sollte ich Ali Klaibo, der damals aus dem umkämpften Gebiet in die USA auswanderte, je wiedertreffen, werde ich ihm dieses Buch als späte Gegengabe schenken. Es sei ihm und unserer Gastfreundschaft gewidmet.

Duisburg, am 20. Juli 2017
Johannes Heinrichs

Editorische Hinweise:

Literaturangaben ohne Namensnennung stammen vom Verfasser.
Pfeile vor einzelnen Stichworten wollen auf definitionsartige Einführung bzw. Abwandlung dieser Begriffe aufmerksam machen.

I. Gastfreundschaft der Kulturen

**Multikulturelle Gesellschaft in Europa
und deutsche Identität.**
Eine aktuelle Einmischung (1994)

»Was deutsch ist, das ist zusammengehalten nur durch die deutsche Sprache und das sich in ihr kundtuende geistige Leben (...) Das Politische ist darin nur eine Dimension, und zwar eine unglückselige, von Katastrophe zu Katastrophe gehende Geschichte. Was deutsch ist, das lebt in dem großen geistigen Raum, geistig schaffend und kämpfend, braucht sich nicht deutsch zu nennen, hat keine deutschen Absichten und keinen deutschen Stolz, sondern lebt geistig von den Sachen, den Ideen, der weltweiten Kommunikation. Wie darin etwas Haltbares und wahrhaft Politisches möglich sei, das hat sich im Mittelalter gezeigt in der im Abendland verbreiteten Freiheit.«

Karl Jaspers, 1953

Alle Verkürzung der Vernunft ist Verlängerung der Gewalt.

J. H.

1. Der aktuelle Zwang zur Selbstbesinnung

> »Die multikulturelle Gesellschaft hat zur Voraussetzung nicht nur Multi, sondern auch Kultur. (...) Internationale Kultur gibt es nur in Addition und Potenzierung je eigener nationaler Kultur« (Günther Nenning, *Die Nation kommt wieder*, Osnabrück 1990).

Die Situation und an wen sich diese Schrift wendet

Durch Deutschland geht eine Welle von Gewalttaten. Kein vernünftiger Mensch kann sie gutheißen, diese mörderischen Ausschreitungen von Hünxe, Hoyerswerda, Rostock, Mölln, Solingen, neuerdings Magdeburg usw. Die Tage, an denen ich diese Überlegungen zur »multikulturellen Gesellschaft« und zur deutschen Identität zu schreiben beginne, sind von sich täglich mehrenden Schreckensnachrichten über Brandanschläge auf Häuser und Wohnungen »ausländischer« Mitbürger verdüstert. Wohin soll das führen? Die ausländische Presse wittert ein Neuerwachen alter »deutscher« Geister – oder gibt vor, sie zu wittern. In anderen Ländern mögen Hunderte oder Tausende aus »rassischen« Gründen bedroht, gefoltert und ermordet werden, gar von Staats wegen. Geschieht in Deutschland eine einzige Brandstiftung aus ausländerfeindlichen Motiven durch die Hände von halbmündigen Randalierern, ist dies eine Witterungsgelegenheit für die Artikelschreiber der ganzen Welt.

Den meisten Deutschen sind die Vorgänge peinlich. Viele möchten am liebsten von ihrer deutschen Identität ganz abrücken und sich aus dieser unangenehmen Schicksalsgemeinschaft davonstehlen. Ihnen würde Deutschland als Wohlstandsparadies vollauf genügen. Doch sie, wir alle, gehören dazu und zwar natürlicherweise, d.h. vor jeder persönlichen Wahl und beinahe unabhängig von dieser. Das

3

gibt es sonst nur noch als Mitgliedschaft in einer Großkirche, aber mit viel fraglicherem Recht und mit der Möglichkeit des Austritts als Erwachsener. So wie wir als Babys nicht gefragt werden konnten, ob wir Deutsch oder vielleicht Englisch oder Chinesisch lernen wollten, so auch nicht, ob wir Mitglieder dieser nationalen Schicksals- und Kulturgemeinschaft werden wollten. Dabei sehe ich jetzt noch von den in Deutschland geborenen oder lange hier lebenden »ausländischen« Mitbürgern ab.

Während sich bei der großen Mehrheit Beschämung ausbreitet, gibt es ein Feld von »Sympathisanten«. Der Ausdruck war Ende der siebziger Jahre für das soziale Umfeld des RAF-Terrorismus üblich. Zweifellos ist das Sympathisanten-Umfeld der Attentäter auf Asylbewerberheime und türkische Wohnungen bedeutend größer. Die Republikaner und ihre potentiellen Wähler können als solche Sympathisanten angesehen werden. Das heißt etwa ein Zehntel der wahlberechtigten Bevölkerung. Ist diesen nun sämtlich zu bescheinigen, dass sie nicht zu den »vernünftigen« Menschen gehören? Es ist schwer, sich vorzustellen, dass von diesem Zehntel der wahlberechtigten Bevölkerung auch nur wenige Prozent aktiv Verbrechen an ausländischen Mitbürgern begehen würden. Es scheint aber durch Umfragen und Hochrechnungen ermittelt worden zu sein, dass die Hälfte dieser »Sympathisanten« den Verbrechen mehr oder weniger bewusst zustimmt. Doch das unbewusste Gewährenlassen und Im-Grunde-gut-und-verständlich-Finden – das ist es, was den weiteren Begriff des Sympathisanten ausmacht. Bei den Jugendlichen scheint die Zustimmung oder Akzeptanz der Verbrechen noch höher zu sein.

Mir persönlich bleibt unverständlich, warum gewisse rechtsradikale Vereinigungen, die eindeutig gewalttätige Gesinnungen fördern, nicht »großzügiger« verboten und ihre Versammlungen unterbunden werden. Das Fernsehen zeigt Bilder von offensichtlichen Schlägertrupps oder Teilen davon, die unter Polizeiaufgebot vor den Autonomen sowie den aufgebrachten, verängstigten »Ausländern« geschützt werden. Muss das Recht wieder einmal zur Unterhöhlung demokratischer Umgangsformen dienen? Wo bleibt die vielbesungene »wehrhafte« Demokratie gegenüber einer verschwindenden Minderheit von Rechtsterroristen, die nicht weniger gefährlich ist als die einstigen Linksterroristen? Dies ist das einzige Mal, wo ich der Einfachheit halber selbst die Nicht-Begriffe »rechts« und »links« ungeschützt verwende. Ich halte diese Alternative heute für den Ausdruck von Denkfaulheit.

Unsere persönliche Wahl besteht hauptsächlich in geistiger und seelischer Stellungnahme, bei den meisten fast rein emotional. Bei einigen hat zugleich Denken, wahrhaftig kein Feind der Emotionen, eine Chance.

Emotionen müssen genauso kritisch betrachtet und korrigiert werden wie Gedanken. An solche, die Kopf und Herz (mit Gefühlen und Intuitionen) in Verbindung zu bringen vermögen, wendet sich diese Schrift. Denn die ganze Diskussion um die Ausländerfrage ist so emotionalisiert und polarisiert, dass dies allein schon einen Missstand darstellt: Es gibt anscheinend nur Ausländerfreundliche und Ausländerfeindliche. Auf beiden Seiten scheint alles klar zu sein. Bezieht man eine differenzierte, im Grundton ausländerfreundliche, doch zugleich national- und kulturbewusste Position, setzt man sich zwischen die Stühle und erntet beiderseits Unverständnis. Ich spreche aus leidiger Erfahrung, auch aus Erfahrung mit Zeitungsmachern und Verlegern. Nur in echten Diskussionen, etwa mit Studenten, die noch denkoffen sind, stellt sich oft nach heißer Debatte eine weitgehende Übereinstimmung über den eigentlich ganz klaren, fast selbstverständlichen »goldenen« Mittelweg heraus. Aber Goldgräberarbeit ist schwer heutzutage, inmitten von journalistischer und intellektueller Ramschware.

Das Problem deutscher Identität

Das Problem liegt selbstverständlich viel tiefer, als Polizeimaßnahmen reichen können. Weit über die Prozentzahlen hinaus ist festzustellen: Es gibt ein alle betreffendes Problem deutscher Identität, das heißt deutschen Selbstverständnisses und deutscher Kultur. Sonst würden wir uns nicht so schwer tun mit »Multikultur«, was immer das unklare Schlagwort bedeuten mag. Die aktuellen Ereignisse zwingen uns in vielleicht heilsamer Weise zur Selbstbesinnung. Wo findet öffentliche Selbstbesinnung wirksam und qualifiziert statt, über Betroffenheitsbekundungen und Interessenäußerungen hinaus? Wo? Die Frage ist eine der dringlichsten für eine demokratisch sein wollende Republik.

Die *These* dieser Schrift ist: Es handelt sich weder um »rassische« Probleme noch um wirtschaftliche noch um religiöse Probleme (sofern wir davon ausgehen können, dass auch der Islam – wenigstens in nicht-islamischen Ländern – allmählich eine Aufklärung durchmacht, das heißt die für »Modernität« und Demokratie unerlässliche Differenzierung von Religion, Kultur und Politik akzeptiert). Es handelt sich um ein Kulturproblem, um kulturelle Identität.

→ *Kultur* ist nicht bloß ein schöngeistiger, ideologischer Überbau (wozu sie oft missbraucht wird), sondern prägt tiefgreifend das gesamte Alltagsleben, auch das der Skinheads. Gemeinsame Kultur bildet den Rest an Gemeinschaftlichkeit in unserer pluralistischen Gesellschaft. Gemeinschaft besagt Geborgenheit und Selbst-Identität. Das Bedürfnis danach ist so legitim wie nur irgendetwas. Es rangiert auf Platz 1 aller Lebensqualitäten, nach dem zum physischen Überleben unbedingt Notwendigen.

Das Problem des Umgangs mit Ausländern wird nicht als kulturelles erkannt, trotz der Rede von »Multikultur«. Man denkt in wirtschaftlichen, in ethnischen, allenfalls in politischen, untergründig oft noch in religiösen Kategorien, am liebsten aber alles durcheinander. Von Kultur als solcher, unterschieden von den anderen Ebenen, ist nicht die Rede. Deshalb wird nirgends ernsthaft die Frage gestellt und behandelt, wie und in welchem Sinne ein Miteinander an sich gleich gewerteter Kulturen in einem sprachlich-kulturellen Raum möglich ist, in welchem Sinne Kulturen an Regionen, also vor allem an Sprachregionen, gebunden sind – und wie das ganze zum Begriff der Nation steht.

Meine These lautet: der Gesichtspunkt Kultur, unterschieden von den anderen, ist der entscheidende für die Diskussion über Multikulturalität. Und dies ist beinahe das einzig Stimmige an diesem viel missbrauchten Begriff.

Ich werde ein Modell der völligen Parität von Kulturen in derselben Region als illusorisch verwerfen und *das Modell der Gastfreundschaft* entwickeln. Diese Unterscheidung habe ich *nirgends* klar gefunden. Sie erfordert ein gewisses Maß an Denken, um hinter die Oberfläche der gesellschaftlichen Erscheinungen zu dringen.

Die Rolle des Denkens

Die simple Alternative von »ausländerfreundlich oder ausländer-feindlich« geht hochideologisch am Kern der Fragen vorbei, wie es meist die sogenannten ethischen Appelle an den einzelnen tun, die strukturelles Bedenken und Lösen objektiv vorhandener Probleme ignorieren.

»Nehmet einander an«, das Motto des Evangelischen Kirchentages von München 1993 zum Beispiel, auf dem ersten Höhepunkt der neuen Ausschreitungswelle, ist ein sicher wohlgemeinter morali-scher Appell, doch an sich nicht wirksamer als die alljährlichen Friedensansprachen des Papstes. Geleugnet wird durch sie still-schweigend die Notwendigkeit struktureller Einsichten und Folge-rungen, also konkreter Regelungen, wodurch Gerechtigkeit im Ver-hältnis zwischen Deutschen und »Ausländern« ermöglicht wird. Niemals wurde und wird soziale Gerechtigkeit, als Grundlage für Frieden, durch moralische Appelle herbeibeschworen, wenn struk-turelle Grundsatzfragen ungeklärt bleiben. Für strukturelle Fragen ist Denken am Platz.

Zusatz 2017: Die Begriffe »ethisch« und »moralisch« werden an die-ser Stelle nicht unterschieden. Später, so im Ethik-Kapitel von *Integ-rale Philosophie* (2014) verwende ich →*ethisch* für die ausdrückliche Reflexion auf moralische Fragen, →*moralisch* für die gelebte Morali-tät.

Im Denken sollten wir Deutschen von unserer besten Tradition her eigentlich Weltmeister sein. Auch hiermit möchte ich vorwegnehmend eine These aussprechen: Von unserer kulturellen Besonderheit und besonderen Berufung her sind wir eine Denker-Nation, mehr noch als eine Musik-Nation. Wobei das Denken zwar in der Philosophie seine Brunnenstube hat, doch alle Gebiete des Lebens ergreift, nicht zuletzt Naturwissenschaft und Technik. Der alte Schmeicheltitel »Volk der Dichter und Denker« rührt wahrscheinlich aus dem von Napoleon verbotenen Buch der Germaine de Stael (1766–1817) *Über Deutschland (De l'Allemagne)* her, worin sie von dem unter französischer Hegemonie stehenden Deutschland provozierend als dem »Heimatland der Dichter und Denker« spricht. Damals gab es einen, den klassischen und romantischen Höhepunkt deutscher Dichtung. Insofern war Madame de Staëls Begeisterung verständlich. Dennoch, nicht das Dichterische, aber sehr wohl das Denkerische wird in aller Welt als eine spezifisch deutsche Vorzugsstärke erkannt. Die meisten Deutschen wissen nicht, in welchem Maße die deutsche (deutschsprachige) Philosophie ein Exportartikel ist, ähnlich wie die Musik Beethovens oder Mozarts. Was der Hitlersche Rassen- und Welteroberungswahn zerstört hat, ist gerade die wissenschaftliche Führungsposition der deutschen Kultur, die sie zwar schon vor dem Krieg mit den (etwa zur Hälfte teilweise »deutschstämmigen«[1]) Amerikanern zu teilen begonnen hatte, die aber gerade in den denkerischen Grundlagendisziplinen damals noch bestand.

»Deutsche Gründlichkeit« bezog sich jahrhundertelang weder auf bürokratische Tugenden noch auf Zerstörungswut, sondern auf eine unabdingliche Qualität des Denkens. Und diese ist eine, mit der Sprache verbundene, kulturell gewachsene Qualität, nichts Rassisch-Biologisches.

Nichts gegen Fußball-Weltmeisterschaften, doch die einseitige Verlagerung »sportlichen« Ehrgeizes und edlen Wettstreites der Nationen von lebensnotwendigen geistigen Leistungen und seelischen

---

[1] »Über 45 Millionen US-Bürger gaben in der 2015 durchgeführten *American Community Survey* German als ihre Hauptabstammung an. Damit sind die Deutschamerikaner die größte ethnische Bevölkerungsgruppe in den Vereinigten Staaten« (Wikipedia, Artikel *Deutschamerikaner*). »Teilweise deutschstämmig« wird oben in einem weiteren, über die Hauptabstammung hinausgehenden Sinne verwendet.

Haltungen auf so etwas Spezielles wie Fußball oder Tennis finde ich schon bedenklich.

Die Rolle des grundlegenden, nicht von vornherein fachspezifischen, nicht alle möglichen »Selbstverständlichkeiten« und Wertentscheidungen schon voraussetzenden Denkens für das soziale Miteinanderleben wird in unserem Gemeinwesen in einer sträflichen Weise vernachlässigt. Das gilt für unsere Demokratie allgemein, die sich aus dem unerhörten Vorgang entwickelte – soweit sie überhaupt schon eine entwickelte Demokratie und nicht ein Embryo oder bestenfalls ein Baby auf dem Weg zu ihr selbst ist –, dass sich in der französischen und amerikanischen Revolution ein »Volk auf den Kopf, das heißt auf den Gedanken stellte« (Hegel). Unsere Intellektuellen lassen – mit Einzeldisziplinen und Expertenkenntnissen (»Fachidiotie«) bzw. modischem Bewandertsein jeweils vollauf beschäftigt – eine ernste überdisziplinäre Grundlagendiskussion über Demokratie und deren institutionelle Weiterentwicklung weitestgehend vermissen. Bei einem Antrag für Forschung über Grundlage und Weiterentwicklung politischer Institutionen (grundlegende Fragen der Gewaltenteilung und der Systemdifferenzierung betreffend), den ich unlängst bei der Deutschen Forschungsgemeinschaft, sogar auf Ausschreibung hin, stellte, wurde mir das erschreckend deutlich: Alles war bereits lobbyhaft für Spezialexpertisen innerhalb der bestehenden Strukturen verplant. Keine Chance für innovatives Grundlagen-Denken.

Zu den anstehenden Grundlagenfragen gehören das Verhältnis von Kultur und Politik sowie die Frage nach kulturellen Identitäten überhaupt. Beides spielt für eine vernünftige Verständigung über »multikulturelle Gesellschaft« eine fundamentale Rolle. Ohne entsprechende Klärungen müssten sich Wissenschaftler schämen, den Mund aufzutun.

Fast können wir von Glück sprechen, dass wir auch ohne weltweite Erschütterungen und trotz Missachtung der Erschütterung, die vom jugoslawischen Bürgerkrieg auch ins Denken über Nationalitäten übergehen müsste, durch die genannten Ereignisse zur Besinnung gezwungen werden.

Ein Blick in die »Aufklärungs«-Literatur

Ich habe versucht, zum Thema und Begriff einer »multikulturellen Gesellschaft« etwas grundlegend Klärendes, über emotionale Äußerungen und die Artikulation scheinbarer Selbstverständlichkeiten oder allzu »praxisnaher« Spezialfragen Hinausgehendes zu finden. Es ist mir nicht gelungen. Das Informativste, was ich nachträglich fand, ist der Beitrag eines jungen Essener Pädagogen, Wolfgang Nieke.[2] Dieser unterscheidet »zwei verschiedene Bedeutungen« von multikulturell. Im Grunde ist es aber dieselbe Bedeutung, die er meint, die nur einmal beschreibend-analytisch, ein andermal wertend als Zielbegriff verwendet wird – soweit da wegen der Unschärfe des Begriffs überhaupt Selbigkeit auszumachen ist:

> »Multikulturelle Gesellschaft wird als beschreibender, analytischer Begriff verwendet, um den Sachverhalt zu benennen, dass in die Bundesrepublik Deutschland Zuwanderer gekommen sind, die sich weder umstandslos assimilieren lassen und anpassen wollen noch in absehbarer Zeit wieder in das Land ihrer Herkunft zurückkehren wollen. Damit existieren neben den Lebenswelten (Kulturen) der Einheimischen zunehmend mehr Kulturen von Zuwanderern« (a.a.O., 114).

Als Zielbegriff verwendet, wird dies nicht nur wertneutral festgestellt, sondern als etwas Positives begrüßt. Die ungeklärte, scheinbare Selbstverständlichkeit liegt in dieser »Definition« in dem Nebeneinanderexistieren. Ich werde die Fragwürdigkeit dieser »Definition« aufzeigen und behaupte, dass sie weit davon entfernt ist, eine gültige Tatsachenbeschreibung zu sein, geschweige denn eine allgemein akzeptierte Wertentscheidung. Unbestreitbarer, weil unschärfer ist eine programmatische Definition von Beate Winkler:

> »Multikulturelle Gesellschaft heißt: Mehrheit und Minderheit leben gleichberechtigt zusammen in gegenseitiger Achtung und To-

---

[2] In: *Leben und Lernen in der multikulturellen Gesellschaft. 2. Weinheimer Gespräch*, hg. von Peter E. Kalb, Christian Petry, Karin Sitte, Weinheim 1993, 110–153.

leranz für die kulturell unterschiedlich geprägten Einstellungen und Verhaltensweisen der jeweils anderen.«[3]

Die Unangreifbarkeit dieser »Definition« beruht auf ihrer völligen Unklarheit: Wer ist gleichberechtigt? Die der Mehrheit und den Minderheiten angehörigen Personen – oder ihre jeweiligen Kulturen im Sprach- und Kulturgebiet der Mehrheit? Hier liegt der Punkt der allgemeinen Denkverwirrung. Und Denkverwirrungen führen in dieser Sache geradewegs zu sozialen Konflikten.

Das meiste an Literatur ist – bei mancher interessanten Einzelinformation, wie sie sich in der Presse nur im zeitlichen Nacheinander finden – unter der Rücksicht von Begriffsklärungen und Grundsatzfragen kaum der Erwähnung wert, auch und gerade wenn es von professionellen Politologen stammt. In dem vielgekauften Sammelband *Multikulti*[4] wird vom Herausgeber ebenso ausdrücklich wie schlicht *vorausgesetzt,* dass wir bereits eine multikulturelle Gesellschaft im Sinne eines »Vielvölkerstaates« haben. Das einzige Problem sei offenbar, diese Tatsache zu akzeptieren und ihr in der Gesetzgebung Rechnung zu tragen. So einfach ist das also. Wir können zur sogenannten »Alltagspraxis« übergehen. Als müssten Politologen und Soziologen nicht wissen, wie tiefgreifend die anscheinend theorielose Praxis von mehr oder weniger ungeprüften Vorurteilen oder einfach geglaubten Überzeugungen« geprägt ist. Als wäre hier nicht zum Greifen, dass der soziale Zündstoff geradezu von den wissenschaftlichen Theorieversagern gestiftet wird!

Dementsprechend werden in jenem Buch noch so notwendige Unterscheidungen durch den polemisch-aggressiven Ton derer, die

3 Beate Ulbrich, *Kulturpolitik für eine multikulturelle Gesellschaft,* in: Stefan Ulbrich (Hg.), *Multikultopia. Gedanken zur multikulturellen Gesellschaft,* Vilsbiburg 1991,293–297.

4 Claus Leggewie (Hg.), *Multikulti. Spielregeln für die Vielvölkerrepublik,* Berlin ³1993. Ähnlich äußerte sich Leggewie in: Elke Ariëns/Emanuel Richter/Manfred Sicking (Hg.) *Multikulturalität in Europa. Teilhabe in der Einwanderungsgesellschaft* (unter Mitarbeit von Eva Onkels und Philip Röhr), Bielefeld 2012. – Von einem »rechten« Pamphlet zum Thema, das hauptsächlich wirtschaftlich (und dazu falsch) sowie untergründig rassistisch argumentiert, möchte ich mich ebenso absetzen: Erik Zimmer, *Multikultur – der Weg ins Verhängnis,* Fürth 1992.

Aufklärung für sich gepachtet zu haben glauben, ersetzt. Eine recht unaufgeklärte Vorgehensweise, in emotionaler Übereinstimmung allerdings mit den sich fortschrittlich und »aufgeklärt« dünkenden Intellektuellen und Studenten. »Aufklärung« ist heute weitgehend das emotional beanspruchte Etikett für Verdunkelungs- und Vernebelungskampagnen. Jedenfalls findet sich im Zusammenhang mit »multikultureller Gesellschaft« keine Spur von eigentlichem Problembewusstsein, an dem es wirklichen Aufklärern liegen müsste: Bewusstsein dafür, dass hier nicht allein die Fragen unserer glaubwürdigen Gastfreundschaft und Humanität auf dem Spiele stehen, sondern gleichzeitig die Frage des Sinnes von kultureller, also nationaler Identität, dass es um eine Deutung deutscher Identität (und der jeweils anderen Identitäten) geht, um das künftige Europa einer Vielfalt lebendiger Nationalkulturen und bei allem natürlich um realistische Alltagslösungen. Hier müsste die Links-Rechts-Besserwisserei doch einmal halt machen und überparteiliche Selbstbesinnung eine Chance bekommen. Vom Grundauftrag her wäre das Sache der Universitäten. Doch die dort Beamteten schwanken zwischen trockenem Expertenturn und Partei- bzw. Schulpolemik wie in jenem Buch.

Vielleicht kommen wir mit einiger ruhiger Überlegung zu der Wertoption, dass kulturelle und nationale Identitäten, ob einer kroatischen oder deutschen, einer türkischen oder französischen, keinen geschichtlichen Sinn und Wert mehr haben oder dass speziell die deutsche Identität ein Lebensrecht aufgrund des nationalistischen Ausbruchs in der ersten Jahrhunderthälfte verwirkt hat. Vielleicht sind wir dagegen der Meinung, dass nationale Kulturen und Identitäten sich erhalten können, auch wenn man vom *Regionalprinzip* eines Sprach- und *Kultur-Gebietes* abgeht. Doch sollten wir dergleichen überlegt tun, mit Verantwortung vor unseren Nachfahren, vielleicht auch Vorfahren. Ich finde diese Grundsatzfragen nirgends adäquat behandelt. Nicht einmal das Problem eines Regionalprinzips *(Cuius regio et lingua regionalis, eius cultura,* um es in Anlehnung an das viel problematischere Prinzip des Augsburger Religionsfriedens von 1555 zu formulieren[5]) wird öffentlich anerkannt und diskutiert.

Die gegenwärtige Rede von multikultureller Gesellschaft ist bisher in hohem, ja erschreckendem Grade unüberlegt. Der unklaren good-will-Emotionalität der einen Seite steht die artikulationsunfähige und daher versteckte bad-will-Emotionalität gegenüber, die – wie wir leider sehen – leicht bis zur Kriminalität gehen kann. Politologen und Soziologen sollten sich gerade hier einmal in Werturteilsfreiheit üben und nach den Gründen fragen, die eben nicht bloß individuell sind und individual-pädagogisch appellierend angegangen werden können. Vielleicht werden sie auf einmal feststellen, dass sie aufgrund ihrer Unklarheiten im Kopf mit im kollektiven Bad sitzen.

Die Diskussion leidet nicht nur in der Presse und von daher in alltäglichen Unterhaltungen, sondern auch in Soziologenschriften unter einer unerträglichen Vieldeutigkeit oder aber unter einer ebenso unreflektierten Eindeutigkeit. Ich gebe hauptsächlich ein prominentes Beispiel von einem unserer deutschen Meisterdenker.

---

5 »*Cuius regio, eius religio*« lautete damals die Formel, wodurch die spätere (in Deutschland noch immer nicht geglückte) Trennung von Staat und Kirche wenigstens insoweit vorbereitet wurde, als im Reich als solchem keine einheitliche Religion mehr galt, wohl aber noch innerhalb der einzelnen Fürstentümer.

2. »Politische Kultur« und »Verfassungspatriotismus«

> »Der Irrtum des Intellektuellen besteht darin, zu glauben, dass man wissen kann, ohne zu verstehen und insbesondere ohne zu fühlen (...) Der Irrtum der Intellektuellen besteht darin, zu glauben, dass er ein Intellektueller sein kann – und nicht nur ein Pedant –, wenn er vom Volke und von der Nation geschieden und getrennt ist« (Antonio Gramsci).

Habermas' Genügen an »politischer Kultur«

Erfreulich eindeutig ist die jüngste Stellungnahme des Frankfurter Sozialphilosophen Jürgen Habermas. »Die Zeit« veröffentlichte in Ausgabe 22/1993 den Vorabdruck seines Beitrags zu einem inzwischen erschienen Sammelband von Charles Taylor und anderen.[6] Der Artikel trägt die Überschrift: »Die Festung Europa und das neue Deutschland«. Weil bei Habermas ein hohes wissenschaftliches Niveau oder zumindest der Schein davon aufrechterhalten wird, möge meine damalige Replik darauf, die bezeichnenderweise von der angeblich liberalen »Zeit« nicht angenommen wurde, zur Einstimmung in die ganze Problematik dienen. Auf manches wird dabei in Kürze vorgegriffen, auch auf meine Hauptthese zur multikulturellen Gesellschaft und die dabei wichtige Unterscheidung. Es geht mir darum, bei denkwilligen Lesern ein Problembewusstsein anzuregen,

---

[6] Charles Taylor, *Multikulturalismus und die Politik der Anerkennung.* Mit Kommentaren von A. Gutmann (Hg.), St. C. Rockefeller, M. Walzer, S. Wolf und einem Beitrag von J. Habermas, Frankfurt a.M. 1993. Erst durch das jüngst erschienene Buch von Egon Flaig, *Die Niederlage der politischen Vernunft* (Springe 2017), wurde ich darauf aufmerksam, dass Ch. Taylors Anerkennungspostulat ebenfalls nicht ohne Weiteres mit dem hier vertretenen Konzept vereinbar ist. Vgl. auch https://www.youtube.com/watch?v=7xcQsGkZ8Cs.

bei solchen also, die nicht bloß Aufgeklärtheit beanspruchen, sondern dieses Herausgehen aus selbstverschuldeter Unmündigkeit (Kant) auch in Form von Distanz gegenüber modisch-emotionalen Vorurteilen und unaufgeklärten Schlagwörtern beweisen. Leser, denen der Jargon zu fachlich ist und die nicht unter dem Eindruck des »größten deutschen Philosophen der Gegenwart« (so die Presse zum 65. Geburtstag Habermas' im Juni 1994) stehen, können gleich zum nächsten Kapitel übergehen.

Jürgen Habermas will in seinem Artikel zuerst »aus normativer Sicht« beantworten, ob eine Politik der Abschottung gegen Emigranten gerechtfertigt sei, »ob nicht der Wunsch nach Immigration eine Grenze findet am Recht eines politischen Gemeinwesens, die eigene politisch-kulturelle Lebensform intakt zu halten«? Das scheint eine vernünftige Fragestellung, wenngleich der Bindestrich zwischen politisch und kulturell aufhorchen lässt. Denn gerade im Verhältnis zwischen dem Staat als politisch-rechtlich organisiertem Gemeinwesen und einer nationalen Kultur liegt das Problem. Es wird aber nach Art einer vollendeten *Zirkelargumentation* vom Tisch gefegt, wenn Habermas dann weiter doktrinär-normativ befindet: »Nun muss im demokratischen Rechtsstaat die Ebene der politischen Kultur, die alle Bürger umfasst, von der Integrationsebene der verschiedenen innerstaatlichen Subkulturen entkoppelt bleiben. Er darf deshalb von den Einwanderern nur die politische Akkulturation fordern (...) Auf diese Weise kann er die Identität des Gemeinwesens wahren, die auch durch Immigration nicht angetastet werden darf; denn diese hängt an den in der *politischen Kultur* verankerten *Verfassungsprinzipien* und nicht an *den ethischen Grundorientierungen einer im Lande vorherrschenden kulturellen Lebensform.*«

Erstens wird schon vorausgesetzt, was gerade einmal offen zu diskutieren wäre und was ich zum Beispiel (ohne in eine rechte Ecke gestellt werden zu können) vehement bestreite: Dass nationale Kultur primär politische Kultur ist und dass es lediglich um die Identitätswahrung unserer demokratisch-politischen Institutionen geht. Ich bin im Gegenteil der Überzeugung (und hierin vermutlich mit Günter Grass einig), dass nationale Kultur primär auf der Gemeinsamkeit einer Sprache und einer in ihr artikulierten Geschichte, ein-schließlich der Geistesgeschichte, beruht und dass die politisch-rechtlichen Formationen (also Staatsbildungen) im kulturellen Sinn sekundär sind. Gerade für Deutschland ist die Nation im kulturellen Sinn selten mit ihrer politischen Institutionalisierung als Staat zu-sammengefallen, vielleicht nur in den zwölf Jahren der Na-zi-Herrschaft. Denn das mittelalterliche Reich lässt sich eher als eine kulturelle und allerdings zugleich religiöse Einheit interpretieren denn als machtpolitische Einheit.

Wenn die Unterscheidung von Kultur und Politik ernstgenommen wird, könnte Verständnis dafür wachsen, dass eine zunächst be-wusstseinsmäßige, auf Dauer auch real-institutionelle *Entmachtung und Entlastung der politisch-rechtlichen Ebene* zugunsten der kulturel-len Systemebene als notwendig und angemessen ansteht. Das hieße, dass die Politik und ihr Personal in eine stärker dienende Rolle ge-genüber den Kulturnationen im Sinne der eigentlichen »societal community« (Talcott Parsons) zu treten berufen wäre, statt das Ganze einer nationalen Gemeinschaft zu verwalten (zu beherrschen) und repräsentieren zu wollen.

Bei Habermas erscheint dagegen die eigentliche Kultur, fälschlich noch gleichgesetzt mit Ethik, als Subkultur des politischen Systems oder der »politischen Kultur«, womit er offenbar nicht mehr als das Funktionieren einer demokratischen Verfassung meint! Solcher »Verfassungspatriotismus« würde uns alle unmittelbar zu Bürgern einer europäischen oder euroamerikanischen Superdemokratie ma-chen. Von Gebilden wie Deutschland oder anderen Nationen wür-den gute Verfassungspatrioten nicht mehr reden, es sei denn nostal-gisch oder überheblich als etwas von gestern.

Zweitens wäre der Sinn von »multikulturell« offen von den ver-schiedensten Parteien darzulegen. In Habermas' Artikel gewinnt er – wie naiv und selbstverständlich – blitzartig Profil: Es gibt künftig nur »verschiedene innerstaatliche Subkulturen«, Reste früherer Na-tionalkulturen, aber keinerlei einheitliche Kultur mehr, es sei denn die »politische Kultur«. Wo ist über diesen Sinn von »multikulturell« eigentlich je deutlich diskutiert, geschweige denn Konsens erzielt

worden? *Es erscheint mir offensichtlich, dass die große Mehrheit der Bevölkerung dieses Verständnis der multikulturellen Gesellschaft ablehnen
würde – wenn es nur einmal klar auf den Tisch käme.* Jeder unterstellt
derzeit dem ungefähren Schlagwort einen von ihm diffus bejahten,
doch keineswegs klaren Sinn. Deshalb kann es so unproduktiv bzw.
gefährlich grassieren. Sind die diffusen Mehrdeutigkeiten beabsich-
tigt, sind sie bewusste Taktik? Es gehört offenbar zur Taktik auch
von »Diskurstheoretikern« à la Habermas, Schlagwörtern einen
Konsens nach ihrem Belieben zu unterstellen (denn mit dem ebenso
mehrdeutigen »Diskurs« klappt es ohnehin nicht bei gesellschaftlichen Wertentscheidungen).

Ein alternatives Verständnis von multikultureller Gesellschaft sieht ganz
anders aus, und ich finde, bedeutend realistischer und konsensfähi-
ger: In einer staatlich organisierten Kulturgemeinschaft (→*Nation*) –
möglicherweise in mehreren Staaten organisiert, wie es bei der
deutschsprachigen Kulturgemeinschaft der Fall war und auf abseh-
bare Zeit bleiben wird – gibt es eine *Primärkultur,* deren Interakti-
onsmedium die gemeinsame Sprache ist (wie für die Wirtschaft das
Geld), und auf dieser Grundlage gibt es Recht und Möglichkeit *sekundärer Kulturen,* seien es italienische, polnische, türkische Sprachgruppen oder andere.

Dieses Verständnis von multikultureller Gesellschaft erfordert Erlernen von Sprache und Kultur der Gastnation – was nicht Aufgeben
einer eigenen, zweiten kulturellen Identität besagt. Wenn ich mich in
Frankreich, Spanien oder in der Türkei ansiedele, gehe ich ebenfalls
davon aus, Sprache und Sitten des Landes zu erlernen, selbst wenn
ich zusätzlich eine eigene deutsche Identität beibehalte, wahrscheinlich auch meine Kinder.

Dieses Konzept von multikultureller Gesellschaft basiert also auf der
Unterscheidung von *allgemeiner, primärer kultureller Identität* eines
Landes und *sekundärer, subkultureller Identität.* Ich halte es für das auf
lange Sicht einzig konsensfähige – und darüber hinaus auf ebenso
lange Sicht auch einzig wünschenswerte Konzept für Europa. Übrigens wurde es (ohne diese begriffliche Unterscheidung) auch in den
USA praktiziert, indem kulturelle Minderheiten eine *zusätzliche*

Subkultur entfalten konnten. Es wäre eine verhängnisvolle Fehlentwicklung und Programmierung von Konflikt, an der mexikanischen Grenze zum Beispiel exklusiv spanisch sprechende Enklaven entstehen zu lassen. Der große Unterschied zwischen den Vereinigten Staaten von Amerika und den »Vereinigten Staaten von Europa« wird aber darin bestehen, dass Europa im Unterschied zu den USA auf lange Sicht niemals einer kulturellen und sprachlichen Vereinheitlichung zustimmen wird.

Was Habermas an historischen Beispielen für gelungene Ausländerintegration anführt, sind nicht im Entferntesten Beispiele für Multikultur, vor allem nicht im Sinne von Habermas selbst, wonach es überhaupt nur noch Subkulturen, keine Hauptkultur außer der politischen gibt. Von Präzision des Diskurses, der Argumentation, kann bei diesem »Diskurs«-Theoretiker keine Rede sein![7] Hinzukommt mein Widerspruch, dass es heute gerade um Relativierung der Sphäre des Politischen zugunsten der Kultur geht. Die bloß politische Ebene muss die Fackel der kommunikativ-kulturellen übergeben, sofern sie selbst über die militärische und bloß wirtschaftliche Sphäre Herr geworden ist. Diese Aussagen werden durch die Unterscheidung der Subsysteme im nächsten Kapitel leichter verständlich werden. Es sei gleich hinzugefügt, dass die Rassendiskriminierung (der Farbigen) sowie das Problem sonstiger sozial bedingter Gruppenkulturen (z.B. Homosexuelle) vollkommen andere soziale, nicht spezifisch sprachlich-kulturelle Probleme sind und mit Multikulturalität wenig zu tun haben. Gesellschaftliche »Subkulturen« begründen so wenig eine Multikultur im heute aktuellen Sinne wie etwa die unterschiedliche Neigung zu U- oder E-Musik oder zur unterschiedlichen Künsten und Sportarten. Rassenprobleme (ethnische) sind

---

[7] Auch der Diskurs-Begriff selbst wird bei Habermas und anderen Diskurs-Theoretikern nicht geklärt. Er schillert zwischen der weiten, französischen Bedeutung von »discours« als Rede, Text überhaupt und der Bedeutung von Diskurs als »cognitio discursiva«, also spezifisch argumentativer Rede, so auch in dem Buchtitel *Der philosophische Diskurs der Moderne*, Frankfurt a. M. 1985. Vgl. zu dieser Kritik näher meinen Beitrag *Simulation als Kulturkrankheit. Die Als-ob-Philosophie unserer Geisteswissenschaften und die semiotische Aufgabe* in: Das Phänomen der Simulation, hg. von E. Güttgemanns, Bonn 1991, 21–38.

ebenfalls nicht mit Kulturproblemen zu verwechseln. Diese Verwechslung unterläuft aber ständig, wo immer die Alternative »bloßer Verfassungspatriotismus oder ethnische (völkische, rassische) Begründung von nationaler Identität« begegnet.

Dass eine so einfache, wenngleich fundamentale und in ihrer praktischen wie theoretischen Notwendigkeit einleuchtende Unterscheidung wie die von ethnischer und kultureller Begründung der nationalen Zugehörigkeit in den Intellektuellen-Diskursen hierzulande, aber auch in den politischen Reden bisher kaum begegnet, halte ich für kein gutes Zeichen unserer »politischen Kultur«, d.h. kulturellen Verständigung über Politisches bzw. kulturell-kommunikativen Umgangsformen innerhalb der politischen Sphäre. Nebenbei, gerade die Weiterentwicklung politischer Kultur ist ohne handlungstheoretisch begründete Systemtheorie der Gesellschaft (wie Habermas sie trotz der Menge seiner Publikationen schuldig bleibt) nicht möglich.

Was nun drittens Habermas' *Verständnis von Kultur* angeht, zeigt er durch seine Gleichsetzung mit »ethisch« (nicht nur mit ethnisch), dass ihm ein originäres, eigenständiges Verständnis von kultureller Identität abgeht. →*Kultur* ist der Inbegriff dessen, was an vor-sprachlichen, sprachlichen und metasprachlichen (d.h. künstlerischen) Objektivationen aus einer Sprachgemeinschaft hervorgeht und den spezifisch kommunikativen Umgang, nicht primär und allein die politisch-rechtlichen Verkehrsformen, tiefgreifend prägt. An die Sprache geknüpft und doch über die Sprache weit hinausgehend in eine diskursiv gar nicht »festmachbare« *Gefühlsdimension oder Wertkommunikation,* stehen geschichtliche und gemeinschaftliche Werte auf dem Spiel, für die Habermas in seinem Rationalismus (der paradoxerweise zugleich ein Defizit an philosophischer Rationalität anzeigt) blind zu sein scheint. Damit erklärt er sich selbst für inkompetent, über deutsche oder sonstige nationale Identität zu urteilen. Wie schon anfangs gesagt, ist seine ganze normative »Argumentation« nicht argumentativ, sondern vielmehr zirkulär: Die eigentlich zu diskutierenden, aber nicht diskursiv zu entscheidenden, sondern *als gesellschaftliche Wertentscheidungen bewusst zu machenden*

Inhalte (hier bezüglich national-kultureller Identität) werden vorausgesetzt bzw. vorweg geleugnet.

Solche Vorgehensweise und die damit zusammenhängende »internationalistische« (in Wahrheit euro-amerikanistische) Haltung, für die Nationen nur staatlich-rechtliche Organisationsformen zu sein scheinen, steht in einem subtilen dialektischen Zusammenhang mit dem Ausländerhass und seinen scheußlichen Ausschreitungen: Hier wird das mit wahnwitzigen Mitteln gesucht, was unsere derart »aufgeklärten« Intellektuellen trotz gegenteiligen Anschauungsmaterials en masse für das Bedürfnis nach nationaler Identifikation vor unserer europäischen Haustür (nicht allein Ex-Jugoslawien) mit Füßen treten: Werte der national-kulturellen, an der Sprache sich formierenden Identität, die gerade nicht bloß »politische Kultur« ist.

Den Bürgerkrieg in Jugoslawien könnte man als Argument für die Gefährlichkeit nationaler Identifikationen vorschieben. Doch sollte man zunächst einmal die emotionalen Kräfte zur Kenntnis nehmen, d.h. als Tatsachen ernst nehmen, die hier wie früher in Westeuropa mit nationalen Identifikationen verbunden sind. Was sie noch heute so explosiv werden lässt, u.a. die Vermischung mit den religiösen Identifikationen, kann hier nicht untersucht werden. Ähnlich wie für Religion gilt für nationale Identifikation: *Corruptio optimi pessima* – die Entstellung des Besten ist das Schlimmste. Nur eines lassen diese Grundkräfte nicht zu, oder nur um den Preis einer menschlichen Verödung: Sie lassen sich nicht leugnen und abschaffen.

Die Vaterlandslosigkeit[8] der Pseudo-Aufklärer provoziert selbst in ungewollter Dialektik als sein Gegenstück den Nationalismus, der in Deutschland schon oft eine aggressive Kompensation legitimen, ja notwendigen National- oder besser Kulturbewusstseins war! (Der revolutionär gesinnte Hölderlin beklagt in seinem »Gesang des Deutschen« das »blöde die eigene Seele Leugnen«, das offenbar keine bloße Nachkriegserscheinung darstellt. Ich werde später darauf zurückkommen.)

Der Verweis auf die angeblich rein aufklärerisch-politische französische Selbstidentität hat einen berechtigten Kern darin, dass Frankreichs kulturelle Identität von der französischen Revolution her stärker politisch geprägt war. Sie spottet jedoch den Tatsachen des ungleich ungebrocheneren französischen Nationalismus (und nicht allein Patriotismus, geschweige denn »Verfassungspatriotismus«) in verklärender Weise Hohn. Für Franzosen wird ein Ausländer, der im Land bleibt, überhaupt nur menschlich akzeptabel, wenn er französische Sprache und Kultur annimmt, was immer er dann auch noch sprechen und tun mag. Dass wir Deutschen Probleme damit haben, von Immigranten das Erlernen unserer Sprache und Umgangsformen zu erwarten, ist den Franzosen unverständlich.

Habermas diesbezügliche Betrachtungen sind faktenblinde, vorurteilsverhaftete Geschichtsklitterung. Frankreich ist weit davon ent-

---

[8] Der Vorwurf der »Vaterlandslosigkeit« an die Adresse von Sozialdemokraten, Kommunisten und pazifistisch Gesinnten – das sei ausdrücklich betont – war zu Bismarcks und Kaiser Wilhelms II. Zeiten weithin unberechtigt und Ausdruck eines überheblichen Nationalismus. Er gewinnt erst dort seine berechtigte Aktualität, wo eine nationale und kulturelle Identifizierung grundsätzlich abgelehnt wird, also hauptsächlich von deutschen Intellektuellen. – Gegen diesen Strom schwimmt, mit unbefangener Kraft, schon lange vor der Wiedervereinigung: Bernard Willms, *Die Deutsche Nation. Theorie-Lage-Zukunft*, Hohenheim 1982. – Allerdings sieht Willms die Frage der Nation zu einseitig machtpolitisch, d.h. vom Gedanken der Selbstbehauptung her. Er leugnet explizit, was hier vertreten wird: Dass das Festhalten an nationaler und historischer Identität auf (manchmal bewusst zur Disposition stehenden) Wertentscheidungen beruht. Ferner leugnet er, dass auch Fragen der nationalen Selbstbehauptung naturrechtlichen (vernunftrechtlichen) Prinzipien untergeordnet und keineswegs der Ethik enthoben sind (die entsprechende Bewusstseinsevolution vorausgesetzt).

fernt, seine kulturelle Identität als bloße »politische Kultur« zu definieren und wird dies zum Glück aller Europäer noch lange bleiben. Was eigentlich würde Nationen innerhalb eines geeinten Europas noch rechtfertigen, wenn es bloß um die sogenannte politische Kultur ginge? Nichts. Wir hätten den kulturellen Einheitsbrei, den ein paar deutsche Intellektuelle an ihren Schreibtischen und Kathedern gut zu finden vorgeben. Obwohl man erwarten könnte, dass die Engländer sich freuen würden, ihre Sprache als allgemein europäische, mindestens als »lingua franca« (Verkehrssprache), eingeführt zu sehen, scheinen auch sie solch kulturellen Masochismus der anderen Länder gar nicht für möglich zu halten und durch eine solche Vorstellung eher ihre Besonderheit gefährdet zu sehen.

Am Schluss des hier zur Rede stehenden Artikels spricht Habermas von den »normativen Errungenschaften eines veränderten, nicht länger ethnisch, sondern staatsbürgerlich begründeten nationalen Selbstverständnisses«. Soll das die Alternative sein: politisch-staatsbürgerlich *oder* ethnisch? Ethnische Begründung von Nationalitäten wollen heute nur noch ein paar wenige Wirrköpfe unter Deutschen. Allerdings findet aus Unklarheit des Denkens oftmals eine Verwechslung mit der kulturellen, sprachlich begründeten Identität statt. Am stärksten grassiert diese Verwechslung allerdings bei den Befürwortern eines hölzernen Eisens wie »Verfassungspatriotismus« als angeblich einziger Alternative zur ethnischen Selbstverständnis von Nation.[9] Kann man Vertretern von Vertriebenenverbänden und Politikern solche Verwechslung ankreiden, wenn Deutschlands berühmtester und einflussreichster Sozialphilosoph das Entscheidende zum Thema Multikulturalität ganz vergisst, völlig unzulängliche Alternativen aufstellt und mit ihnen an entscheidenden Lebensfragen Deutschlands und Europas vorbeiargumentiert? Seine Kontinuität mit der 68er Bewegung, der er seinen universitären Aufstieg als Kronprinz der »Kritischen Theorie« verdankt,

---

9 In dem *Manifest der 60 – Deutschland und die Einwanderung*, hg. von Klaus J. Bade, München 1994 findet man diese Verwechslung auf Schritt und Tritt, wogegen man die Unterscheidung zwischen ethnischer und kultureller Begründung der Nationalität vergeblich suchen dürfte. Das Kulturelle spielt bei aller prominenten Rede von »Multikulturalität« keinerlei maßgebende Rolle! Das spricht Bände.

besteht im ungebrochenen Hantieren mit Schlagworten wie »Wohlstandschauvinismus«, denen Gehalt und Augenmaß abgeht, solange nicht konstruktiv gedacht wird.

Die wirklich brennende Frage, wieweit wir Europäer ethisch verpflichtet sind, nicht allein für echte, politische Asylsuchende, sondern auch für andere notleidende Menschen aus Osteuropa und aus der Dritten Welt unsere Tore zu öffnen, kann überhaupt erst auf der Grundlage anerkannter kultureller Identitäten weiterführend diskutiert werden. *Es geht dabei nicht um die Zahl der Aufzunehmenden, sondern um die kulturellen Bedingungen der Aufnahme,* und zwar nicht bloß in dem flachen Sinn von politischer Kultur. Ich persönlich würde unseren Wohlstandsbürgern große Opfer abverlangen, doch keineswegs das Opfer ihrer kulturellen Identität. Ich halte eine Verbindung von humanitärer Großzügigkeit und starkem kulturellem Identitätsbewusstsein für möglich, ja für einzig zukunftsträchtig, was jedoch nur auf der Grundlage klaren Denkens aussichtsreich ist.

Was den »kritischen Theoretikern« und ihren Nachfolgern in theoretischer Hinsicht prinzipiell fehlt, ist ergiebige *Systemtheorie,* in der die Subsysteme *Wirtschaft, Politik, Kultur und Weltanschauung* unterschieden sowie sachlogisch in Bezug gesetzt werden. Der festgefahrene, seinerzeit publizistisch interessante, doch im Hegelschen Sinn vernunftlose Gegensatz von Habermas »Theorie des kommunikativen Handelns« (bis heute mehr ein Anspruch als ein eingelöstes Versprechen, denn die verwendeten Buchseiten machen's nicht) zur Luhmannschen Systemtheorie stellt lediglich ein Ablenkungsmanöver dar für sein offenkundiges Unvermögen, bessere und brauchbare Systemtheorie zu entwickeln, etwa in Weiterentwicklung von Talcott Parsons. [10] Habermas nimmt nicht einmal Theorieentwürfe zur Kenntnis, die den festgefahrenen Gegensatz von Handlungs- und Systemtheorie sprengen (so die Reflexions-Systemtheorie und ihre

---

[10] Außer auf meine eigenen, aus »universitätspolitischen« Gründen noch fragmentarischen Vorschläge möchte ich auf die Werke des Soziologen hinweisen, der in Deutschland am stärksten und produktivsten in Parsons' Nachfolge steht: Richard Münch, z.B.: *Die Struktur der Moderne,* Frankfurt a.M. 1984; *Theorie des Handelns,* Frankfurt a.M. 1988.

klar benennbaren Stufen der interpersonalen Reflexion), sowenig wie die grundsätzlichen Argumente gegen seine rationalistische, in Wahrheit unkommunikative Diskurstheorie. Seine Blindheit für national-kulturelle Werte und Identität wird von dieser Diskurstheorie zirkelhaft abgestützt: Diskursiv kann ich niemals den Wert einer kulturellen und nationalen Identität begründen (dies aus einsichtigen Gründen der interpersonalen Reflexionsstruktur nicht), ebenso wenig wie jemand begründen kann, dass er gerade diesen Menschen liebt und sich in dieser Gemeinschaft wohler fühle als in jener.[11]

Anstelle des erbaulich deutschtümelnden oder realitätsenthoben-mythischen Tones, den der Heideggerianismus sowohl vor wie nach dem Krieg bis heute verbreitete, hat der neudeutsch-internationalistische Jargon der Uneigentlichkeit der »Frankfurter Schule« und ihres Nachfolgers, das ungreifbar-beliebige Historisieren mit scheinbar messerscharfer Diskursgebärde, der Ton umsichtiger Allbelesenheit bei beflissentlichem Übersehen von wirklichen Gegenargumenten, die *Herrschaft* angetreten: »Die neue Unübersichtlichkeit« (Habermas). Schon dieser Titel, ähnlich wie »Der philosophische Diskurs der Moderne« zeigen den Anspruch, dem Weltgeist in die Karten zu schauen, auch wenn es nur der Geist der intellektuellen Mode ist, zu dem ernsthafte Denker und Künstler stets Distanz hielten. Die eher strategische als diskursive, geschweige denn kommunikative Philosophenherrschaft, die nicht auf Gegenargumente eingeht oder sie vielleicht mit »links« und »rechts« einordnet, wird paradoxerweise am Postulat des »herrschaftsfreien Diskurses« festgemacht. Man könnte dergleichen unter Fachleuten belassen, wenn nicht manchmal eine allgemeinverständliche Lehre durch »Frankfurter Allgemeine« oder »Zeit« nach außen dränge, die zumindest von den zahllosen verwirrten Intellektuellen und Studenten geglaubt wird.

---

[11] Ich habe diese Blindheit für Wertkommunikation und die grundsätzliche Unangemessenheit des Diskurses als Argumentation für gesellschaftliche Wertungsfragen schon 1976 in *Reflexion als soziales System*, § 13 moniert. Seither ist nur die Verwirrung über die Bedeutung von »Diskurs« (vgl. Anm. 7) noch größer geworden.

Diesmal ist es die Lehre, dass Kultur hauptsächlich politische Kultur sei und wir außer den (ohnehin erst im vorpubertären Zustand befindlichen) demokratischen Institutionen keinerlei kulturelle Identität zu schützen hätten. Als deutschsprachiger Philosoph müsste Habermas eigentlich wissen, was er dieser Sprache verdankt und dass bereits der kosmopolitische Patriot Johann Gottlieb Fichte (1762–1814) die Nation auf die Sprache, ausdrücklich nicht auf Rasse gründete. Der zu Unrecht als Chauvinist verschriene Fichte war darin schon weiter als Habermas heute mit jener aus dem allgemeinen Pseudo-Diskurs übernommenen unvollständigen Alternative von rassischer oder politischer Identität. Denn Fichte begründete Nationalität eindeutig sprachlich-kulturell. Der Aufstand gegen die Besatzung durch Napoleon war von einem bestimmten Zeitpunkt an nicht bloß ein Kampf gegen einen »äußeren Feind«, sondern ein notwendiger Kampf um die interne kulturelle Identität Deutschlands. Dass die Restauration nach den Befreiungskriegen die erwachten patriotischen Gefühle auf die alten, fürstlichen Mühlen lenkte und damit eine falsche Koppelung von Patriotismus und Obrigkeitsdenken herstellte, zumal nach der Niederschlagung der großen bürgerlichen Bewegung, ja Revolution um 1848 – das alles kann nicht Fichte angelastet werden.

Und bleibt eigentlich das Deutsche auf Dauer mehr durch das Wilhelminische Reich und andere Reiche geprägt als durch seine großen Denker, Dichter, Musiker, Entdecker und Erfinder? Warum beleben die gegenwärtigen »Denker« in Deutschland nicht eine bessere, tiefere und wahrere national-kulturelle Identität auf internationalem Niveau? Hierin liegt heute ungleich größeres Versagen vor der Geschichte als das der *ex professo* bloß pragmatischen Wiedervereinigungspolitiker.

Wir werden durch ostasiatische Denker noch belehrt werden, wie oberflächlich der gegenwärtig »herrschende«, angeblich internationale, in Wahrheit euro-amerikanische Philosophen-Diskurs (im französischen Sinn von Redezusammenhang jeder Art) ist und dass nur der Rückgang auf das Tiefste in unserer jeweiligen Kultur, zumal auch der deutschen Denkkultur, die Zukunft konstruktiv gestalten wird. Doch scheint der ebenso berühmte wie unsinnige *linguistic turn* bei Habermas – weg von der Bewusstseinsreflexion, hin zur Sprache, ein von überforderten Kollegen und Studenten viel geglaubter, wenn auch folgenloser Witz! – mit methodischer Bewusstlosigkeit verbunden, wie dies in den Augen von Bewusstseins-Reflektierenden gar nicht anders zu erwarten war. Ausgerechnet der angebliche Sprachdenker vergisst kulturelle Identität von ihrer umfassenden »Währung« her zu definieren, von der Sprache her. Und er verzichtet auf das Begreifen von Sprache von den zugrundeliegenden Bewusstseins- oder Sinnstrukturen her.[12]

Dahrendorfs Unterscheidung von »Bürgernation« und »Volksnation«

Wenn hier Habermas als intellektueller Exponent der »Linken« ausführlich zur Sprache kam, so nicht in seiner Eigenschaft als Linker, sondern wegen seines intellektuellen Anspruchs und Renommees. In den Fragen, um die es hier geht, lässt sich seine Position kaum von der eines »Liberalen« wie Rolf Dahrendorf, einem anderen Lieblingsautor der »Zeit«, unterscheiden. Es besteht zumindest in Sachen Multikulturalität und deutsche Identität ein linksliberales Meinungskartell der »Fortschrittlichen« und »Vernünftigen«, das heißt der Zeitgeist-Konformen, welches dazu neigt, alles von einem linksliberalen Common sense Abweichende als »rechts« einzustufen und nach Möglichkeit gar nicht erst zu Wort kommen zu lassen. Das

---

12 Dies ist das Programm meiner Sprachtheorie, ausgeführt in: *Reflexionstheoretische Semiotik. Teil 2: Sprachtheorie*, Bonn 1981, 2. Aufl.: *Sprache in 5 Bänden*, Varna – München 2008/9.

erspart Denk- und Differenzierungsaufwand.[13] Auf die Frage nach Nation und Nationalstaat fasst Lord Dahrendorf in einem Interview mit dem »Focus« (28/1994, S. 84) seine Position prägnant zusammen:

> »Offenkundig ist in Deutschland der Nationalstaat ein Thema, das die Gemüter bewegt. Dabei wird aber eine Unterscheidung nach wie vor nicht getroffen, nämlich die zwischen ›Bürgernation‹ und ›Volksnation‹. Die Bürgernation – darunter verstehe ich den Nationalstaat, in dem Menschen unterschiedlicher Herkunft, Orientierung und Kultur als Staatsbürger zusammenleben und Institutionen vorfinden, in denen sie sich zu Hause fühlen. Die Volksnation dagegen bedeutet etwas anderes. Bei ihr geht es um uralte, stammesartige Zusammengehörigkeit. Die Volksnation ist immer eine Nation, die sich abgrenzt. – Die Volksnation gehört zur deutschen Tradition. Ein Russe, der seit mehreren Generationen in Russland lebt, dessen Vorfahren aber aus Deutschland kamen, ist selbstverständlich Deutscher. Ein Türke, der zwei Generationen in Deutschland lebt, ist dagegen kein Deutscher. – Mir scheint die Durchsetzung der ›Bürgernation‹ ein Kernthema der deutschen Politik zu sein. Das soll aber nicht heißen, im Namen der Bürgernation alle Unterschiede und Grenzen verschwinden zu lassen oder so zu tun, als existierten sie nicht.«

Also »Multikulturalität« als Nebeneinander völlig gleichgestellter Kulturen in einer »Bürgernation«? Dahrendorf könnte der Urheber der Rede vom »Verfassungspatriotismus« sein. Dieser bezieht sich ja auf die Bürgernation.

Dass auch Lord Dahrendorf nur die Alternative zwischen politisch-verfassungsrechtlich bestimmter Bürgernation und »Volksna-

---

[13] Vgl. das Buch des Zeitungswissenschaftlers Hans Wagner: *Medien-Tabus und Kommunikationsverbote*, München 1991. – Nur aufgrund seines ursprünglich linken Images konnte ein so origineller und selbständiger Kopf wie Günther Nenning wohl seine Schrift *Die Nation kommt wieder* in der Edition Interform (Zürich 1990) plazieren. In bezug auf seine Ausführungen zur Frage der Nationen kann ich diesem österreichischem und kulturell gesamtdeutschen Patrioten nur lebhaft zustimmen. In Bezug auf die Ausländerfrage heißt es herzhaft: »Liebe die Heimat, liebe die Ausländer« (112 f)! Allerdings bringt Nenning keinen *strukturellen* Lösungsansatz für dieses »multikulturelle« Sowohl-als-auch. Das gerade soll hier versucht werden.

tion« als ethnischer Einheit sieht, scheint offensichtlich. Derselbe grobe Denkfehler wie allenthalben bei den Linksliberalen und übrigens ebenso bei den Deutschnationalen bis hin zu den Rechtsextremen!

Wenn er das Beispiel der Russlanddeutschen und ihres enklaveartigen Zusammenbleibens nimmt, würde es die intellektuelle Redlichkeit gebieten, den historischen Ausnahmecharakter dieses Beispiels, zusammen mit dem der Sachsen und Schwaben in Rumänien (Siebenbürgen), hervorzuheben. Im ganz überwiegenden Regelfall zeichneten und zeichnen sich deutsche Auswanderer weltweit dadurch aus, dass sie sich in ihren Gastländern fast überall, vor allem in den USA, in Sprache und Sitten völlig assimilierten und allenfalls eine landsmannschaftliche Nostalgie als zusätzliche Zweit- und Feierabendkultur pflegten. Ist es nötig, hier Statistiken zu bemühen, um etwa den hohen Prozentsatz der US-Amerikaner deutscher Herkunft zahlenmäßig zu belegen? In extremem Unterschied besonders zu Einwanderern jüdischer Herkunft (was immer das Adjektiv bedeuten mag, etwas Ethnisches oder etwas Religiöses oder eine problematische Mixtur von beidem), legen deutsche Einwanderer in Überseeländer in aller Regel auf Dauer keinen Wert darauf, unter sich zu bleiben und sich generationenlang, womöglich jahrhundertelang weiterhin als Deutsche zu verstehen. Auch das hängt nicht mit »Rasse«, sondern mit nicht volksgebundenen, religiösen bzw. philosophischen Vorstellungen sowie mit einer späteren, nachaufklärerischen Auswanderungsgeschichte zusammen.

Man kann sich nur wundern, mit welcher Beliebigkeit ein so prominenter Sozialwissenschaftler sogar über allgemein bekannte Fakten verfügt. Mit Habermas hat Lord Dahrendorf gemeinsam, dass er neben der politisch-staatsbürgerlichen und der ethnisch-rassischen Identifizierung keine andere in Betracht zieht, vor allem die entscheidende sprachlich-kulturelle Identität nicht.

3. Systemtheoretische Grundlagen

>»Jetzt muss neu realisiert – d.h. gedacht und getan – wer-
>den, was Nation ist. Nation ist ein geistiges Gebilde aus
>Herkunft, Sprache, Geschichte, Kultur« (Günther Nen-
>ning).

Die Unterscheidung der Subsysteme Wirtschaft, Politik, Kultur, Weltanschauung

Menschliches Selbstbewusstsein sowie soziale Interaktion kennt vier Hauptebenen des Selbstbezugs, der gelebten, quasi-kybernetischen Reflexion, die sich in einer staatlich organisierten Gesellschaft in vier Subsystemen zeigen: Wirtschaft, Politik, Kultur (Kommunikations- und Bildungssystem) sowie die weltanschauliche Ebene der Grundwerte und religiösen Überzeugungen. Es ist in diesem Rahmen, in dem es nicht um Fachphilosophie geht, nicht angebracht und möglich, die handlungstheoretische und reflexionstheoretische (d.h. in der Struktur des menschlichen Selbstbewusstseins liegende) Begründung für diese Vierfachheit nochmals ausführlich zu liefern).[14] Und doch sollte der interessierte Leser erkennen können, dass und warum die gesellschaftlichen Probleme nicht von Stammtischmeinungen her angegangen werden können, sondern auf die letzten und tiefsten Grundlagen der Erkenntnistheorie und damit des menschlichen Selbst-Bewusstseins zurückgeführt werden müssen. Es sind letztlich Selbstbewusstseinsstrukturen, aus der sich »natürli-

---

14 Vgl. hierzu: *Reflexion als soziales System. Zu einer Reflexions-Systemtheorie der Gesellschaft*, Bonn 1976, 2. Aufl. als *Logik des Sozialen*, Varna – München 2005; *Freiheit – Sozialismus – Christentum. Um eine kommunikative Gesellschaft*, Bonn 1978. – *Die Logik der Vernunftkritik. Kants Kategorienlehre in ihrer aktuellen Bedeutung*, Tübingen 1986 (UTB), 2. Aufl. als *Das Geheimnis der Kategorien*, Berlin 2004; am ausführlichsten wurde die Reflexions-Systemtheorie inzwischen in ihren Folgen für die Demokratietheorie dargelegt in *Revolution der Demokratie*, Sankt Augustin ²2014.

che«, d.h. vernunftrechtliche Grundstrukturen von Gesellschaft ergeben.

Erkenntniskritische Sozialtheorie muss heute ausgehen vom menschlichen Handeln: Gesellschaft ist offensichtlich aus den Handlungen der teilnehmenden Subjekte aufgebaut. Es fragt sich nur: wie? Welches ist das Prinzip, das mein Handeln mit dem der anderen verbindet? Wie kann es da zu einer Ganzheit namens Gemeinschaft oder Gesellschaft kommen, welches Ganze mehr ist als die Summe ihrer Teile? Dieses Prinzip sehe ich »ganz einfach« in dem, was auch die Struktur der menschlichen Subjektivität ausmacht und von daher all ihr Handeln strukturiert: das Prinzip der *Reflexion oder der Selbstbezüglichkeit*. Subjektivität im menschlichen Sinne bedeutet zentral Selbstbewusstsein-in-Fremdbewusstsein. Selbst-Bewusstsein heißt die Fähigkeit eines Selbst, sich auf sich selbst besinnen zu können: »Ich« sagen zu können. Doch müssen wir das aktuelle Ich-sagen von der längst schon gegebenen Fähigkeit dazu unterscheiden: Niemals käme ein Selbst dazu, sich ich-sagend auf sich selbst zu beziehen, wenn es nicht vorweg schon immer diesen Selbstbezug hätte. Diese beiden Ebenen, das aktuelle Ich-sagen bis hin zur ausdrücklichen Selbstreflexion einerseits sowie das potentielle Ich-sagen mit seiner unausdrücklichen, *gelebten Selbstreflexion* andererseits, müssen sorgfältig unterschieden werden. Sonst gelangt man aus dieser »Reflexionstheorie des Selbstbewusstseins« (also der von allen großen Philosophen des deutschen Idealismus vertretenen Einsicht, dass Selbstbewusstsein durch Selbstbezug oder Selbstreflexion zustande kommt) zu den Schwierigkeiten ihrer Kritiker: dass das Selbstbewusstsein ja schon da sein müsse, damit es sich reflektierend auf sich beziehen könne. In der Tat handelt es sich hier um einen Zirkel, doch nicht um einen *circulus vitiosus*, einen schlechten Zirkelschluss unseres nachträglichen Erkennens, sondern um den Zirkel der gelebten Erkenntnis und Selbsterkenntnis. Alles Leben hat Selbstbezüglichkeitsstruktur, das selbstbewusste Leben aber am vollständigsten. Das Selbstbewusstsein und damit die Personalität sind vorhanden, indem dieser *gelebte Selbstbezug* der Seele naturhaft zustande kommt bzw. zugleich mit der Leiberfahrung bewusst wird. Er bildet die notwendige Grundlage für alle *ausdrückliche Reflexion*.

Ohne diese naturhaft-gelebte Selbstreflexion könnte es niemals zu einer ausdrücklich-nachträglichen Reflexion oder Selbstbesinnung kommen. Jene bildet – mit Kant zu sprechen – die »Bedingung der Möglichkeit« für diese. Die Kritiker der Reflexionstheorie können dagegen auch die nachträgliche Selbstreflexion nicht in ihrer Möglichkeit erklären. Sie müssten eigentlich am Denken als Nach-Denken gleich verzweifeln und es sein lassen – und dies geschieht auch vielfach, obwohl umso besinnungsloser *weitergeredet* wird.

Mit dem Selbstbewusstsein des Menschen ist immer zugleich Fremdbewusstsein gegeben. Die menschliche Person hat die Struktur Selbstbezug-im-Fremdbezug. Sie ist kein reiner Selbstbezug. Das macht ihre Endlichkeit aus und führt zu jenem Nacheinander der Reflexionsakte, das wir ursprünglich als *Zeit* erfahren. Wir wollen aber vom Erkenntnismäßigen, von der Selbsterfahrung, zum Handeln weitergehen. Unter Handlungen seien verstanden: *subjektgeleitete Aktivitäten, die Wirklichkeit verändern und ereignishaft-intentional ausgrenzbar sind.* Nun lässt sich Handeln gemäß der Dominanz der jeweiligen Pole einteilen, zwischen denen es sich (wie auch die erkennende Subjektivität) abspielt:

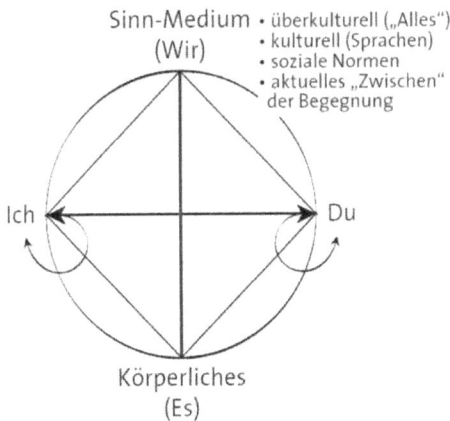

Die Sinnelemente der allgemeinen menschlichen Handlungssituation

(1) Im *objektiv-physischen* Handeln verändert der Mensch physische Objekte, z.B. im Holzhacken, Bauen, Herstellen, Transportieren, Sichbewegen, Sammeln, Handeln im kaufmännischen Sinn.

(2) Im *innersubjektiven* Handeln bezieht sich die Person ausdrücklich auf sich selbst. Typisch für diese Handlungsart ist das Sich-Entscheiden, eine ausdrückliche, aber höchst praktische und veränderungsträchtige Reflexion des Handelnden auf sich selbst.

(3) Im *sozialen* Handeln orientiert sich der Handelnde, wie Max Weber es formulierte, am Verhalten anderer (Subjekte). Hier ist der Ursprung von Gesellschaft, hier wird sie gebaut: Es werden vom einen die Intentionen des anderen, seine Erwartungen, mitreflektiert, so dass eine jeweils doppelte und eine reziproke Reflexion vorliegt. Diese soziale Reflexion müssen wir anschließend weiterverfolgen.

(4) Zunächst sei noch das *Ausdruckshandeln* oder das Handeln auf Ausdrucksmedien hin genannt: Es geht dabei nicht direkt um Veränderung des anderen Menschen, sondern nur um Ausdruck (für andere), sei es in Form von Gestik oder Mimik oder von Höflichkeitsformen und Riten bis hin zur Kunst.

Auch in dieser Stufenfolge der Handlungsarten ist wiederum das Prinzip der gesteigerten Reflexion (als die Struktur praktischen Handelns, nicht als bloßes Nachdenken) maßgebend. Dieses entfaltet sich aber besonders auf der Stufe des *sozialen Handelns*. Auf diese muss es uns hier genauer ankommen, weil wir auf Gesellschaft hinauswollen.

Der Ausdruck »*soziales Handeln*« meint einfach Interaktion und schließt noch keinerlei Wertung ein, wie es der Fall ist, wenn wir sagen, dass jemand sich »sozial« oder »unsozial« verhält. Doch können wir einen objektiven sozialtheoretischen Wertungsmaßstab ins Spiel bringen, wenn wir das soziale Handeln einfach dem Gesichtspunkt der wachsenden *Gegenseitigkeit der Reflexion* der Handelnden aufeinander untergliedern. Demnach lassen sich folgende Stufen des sozialen Handelns unterscheiden:

(1) Physisch-praktische Einwirkung auf andere oder bloß theoretische Informationsmitteilung: Der andere wird wie ein materielles Objekt (etwa vom Arzt) behandelt oder auch wie ein denkendes Objekt, das Information aufzunehmen fähig ist. Seine Freiheit kommt nicht in Betracht oder wird bewusst ignoriert.

(2) Einseitig interessiertes oder sogenanntes *strategisches Handeln:* Ich beziehe mein Handeln oder meine Mitteilungen auf den anderen in der Weise, dass ich ihn meinen einseitigen Interessen dienstbar zu machen suche. Dies ist im kaufmännischen sowie im rechtlichen und politischen Bereich der Fall, sofern es darin um Kompetenzen- und Machtregulierung geht. (Die Ausdrücke »kommunikativ« und »strategisch« verwende ich hier in Anlehnung an Habermas' Sprachgebrauch, doch mit einer reflexionstheoretischen Strukturierung.)

(3) Das *kommunikative* oder im wertenden Sinn »soziale« Handeln, das eben so sehr das Wollen des anderen wie das eigene zu berücksichtigen versucht und daher innerlich gegenläufig ist (selbst wenn es noch in einseitigen Handlungen und Kommunikationen besteht). Es besteht keineswegs nur im Sprechen, und nicht alles Sprechen ist kommunikativ, obwohl die Sprache von Hause aus dieser Ebene angehört. Kommunikativ ist auch sprachlose Hilfeleistung und Zuwendung.

(4) Die *Meta-Kommunikation,* d.h. die Verständigung über die Gemeinsamkeit des Wollens, Wertens, Handelns. Diese braucht ebenfalls nicht immer ausdrücklich in Worten zu geschehen. Im Normalfall geschieht die Meta-Kommunikation unausdrücklich, »zwischen den Zeilen«. Sie hat nicht zuletzt den Beziehungsaspekt, das interpersonale Verhältnis zwischen den Beteiligten selbst zum »Gegenstand«.

Bei anderen Gelegenheiten habe ich aufgezeigt, dass diese Stufen, und streng nur diese vier, in der Reflexionsstruktur des Selbstbewusstseins als Selbstbezug-im-Fremdbezug grundgelegt sind. Der Übergang von Handlungstheorie zu Systemtheorie stellt – ineins mit der Präzisierung des Begriffs »soziales System« – noch immer ein

Hauptproblem der Sozialwissenschaften dar. Die schon erwähnte Habermas-Luhmann-Debatte in den siebziger Jahren führte zu keinem befriedigenden Abschluss. Dieser Übergang wird in der vorliegenden Konzeption ebenfalls durch den Reflexionsgedanken geleistet, und zwar nicht nur ungefähr wie bei Habermas und Luhmann mit der Formel »Reziprozität der Erwartungen und Erwartungserwartungen«, sondern strukturell genau. Die soziale Reflexion (im sozialen Handeln) kommt auf der metakommunikativen Ebene (Verständigung über Verhaltenserwartungen in Normen) zu einem strukturellen Abschluss, und dieser Abschluss führt zur Systembildung: Schon zwei miteinander dauerhaft interagierende Partner bilden ein System mit eigenen Gesetzen, wie es etwa in der Partner-Psychologie berücksichtigt wird.[15] Auf umfassenderen Ebenen bringt die soziale Reflexion dynamische, offene, selbstregulierende, wenn auch zugleich regulierungsbedürftige Systeme hervor. Wenn irgendwodurch, dann sind Handlung und System durch das gemeinsame Prinzip der Reflexion miteinander vermittelt: Reflexion strukturiert das Handeln, insbesondere das soziale Handeln, sie bringt auf der metakommunikativen Stufe die Verständigung über gemeinsame Werte als Normen des Verhaltens hervor und bildet einen dauerhaften sozialen Systemkreislauf, z.B. in einer staatlichen Gesellschaft. Alle Institutionen und Ämter, folglich alle Subjekte, die für das soziale Ganze handeln, sind als solche mehr oder minder freie Produkte der sozialen Handlungen aller, die durch wechselseitige »Spiegelung« ineinander ein Ganzes bilden.

Entscheidend ist nun, dass die eben aufgeführten Stufen des sozialen Handelns in systemtheoretischer Perspektive (also nicht mehr vom Einzelnen, sondern vom Ganzen her betrachtet) als soziale *Subsysteme* wiederkehren:[16]

---

[15] Vgl. P. Watzlawick/J.H. Beavin/D. Jackson: *Menschliche Kommunikation*, Bern [4]1972; D. Laing/H. Phillipson/A.R. Lee: *Interpersonelle Wahrnehmung*, Frankfurt/M 1972.

[16] Über Anlehnung an und kritische Absetzung von Talcott Parsons' »Handlungs-Systemtheorie« vgl. die Anm. 14 genannten Schriften des Verfassers.

(1) physisches Anpassungssystem
(2) Interessen- und Machtsystem (Zielverfolgung)
(3) Kommunikations- und Bildungssystem
(4) Normen- und Legitimationssystem

Diese noch allgemein benannten Subsysteme heißen in einem Staat:
(1) Wirtschaftssystem (einschließlich Technik und Gesundheitswesen)
(2) Politisches System (Macht, teils geregelt durch Recht)
(3) Kommunikations- und Bildungssystem: Kultur
(4) Grundwerte, weltanschauliche Grundlagen

Jedes dieser Subsysteme gewinnt seine Bedeutung erst vom Ganzen des sozialen Systems her und muss stets als Funktion des Ganzen und für das Ganze berücksichtigt werden *(Integrationsprinzip)*. Auch in seiner weiteren Untergliederung spiegelt es das soziale Ganze. Doch jede Ebene ist auch für sich zu betrachten und – was nun das Entscheidende ist – differenziert sich in einer »modernen« Gesellschaft auch sachlich und personell von den anderen – sofern auf jeder Ebene *Pluralismus* herrscht *(Differenzierungsprinzip)*.

Pluralismus heißt, dass auf jeder Ebene neben dem staatlichen Handeln noch vielfältiges frei-gesellschaftliches Handeln zugelassen ist. Durch dieses plurale Handeln auf jeder Ebene unterscheiden sich von allein die Systemebenen, vorausgesetzt, die handelnden (individuellen und kollektiven) Subjekte sind in Wirtschaft, Politik, Kultur und Weltanschauung wenigstens zum Teil verschieden.

Was moderne Gesellschaft von traditionellen, großfamiliären Gemeinschaften trennt, ist nicht bloß die Industrialisierung und die mit ihr ungeheuer gewachsene Arbeitsteilung, sondern eine veränderte, spezifisch soziale und geistige Grundstruktur: *die Differenzierung* der Ebenen Wirtschaft, Politik, Kultur, religiöse Weltanschauung oder Grundwerte. Ich kann mich an dieser Stelle auch nicht ausführlich mit der mir wichtigen demokratiekritischen These befassen, dass diese Ebenen in unserem bisherigen demokratischen System völlig inkonsequent und unvollständig differenziert, d.h. in der Praxis nicht unterschieden sind – weil die Vierfachheit so gut wie gar nicht in ihrer fundamentalen Bedeutung erkannt und durchdacht wurde.

Es geht mir im Wesentlichen darum, die Gründe und Konsequenzen dieser systemischen Vierfachheit ganz grob zu umreißen, um sie dann auf unser Problem der kulturellen Identität sowie der Multikultur anzuwenden.

Ich gehe – vielleicht utopischerweise – davon aus, dass künftige soziale Systeme das Prinzip der Modernität, nämlich das der Differenzierung der Ebenen, in konsequenter Weise durchführen. Man will heute in ein postmodernes Vielerlei, ohne nur im entferntesten die tieferen Aspirationen von Modernität durchgeführt zu haben, nämlich die durch strukturelle Differenzierung (zuerst von Religion und Politik) ermöglichte individuelle Freiheit und ihre dadurch erst mögliche Integration ins soziale Ganze. Integration auch der Individualität ist nur durch deren differenzierende Freilassung und damit vermittels struktureller Differenzierung des sozialen Ganzen möglich. Die alte Entgegensetzung von Individuum oder Gemeinschaft ist undialektisch und falsch: Erst in sozialen Bedingungen der Freiheit kann das Individuum sich voll einbringen und voll es selbst werden.

Für die politische Ebene hieße das nicht nur neues Durchdenken und Praktizieren von Gewaltenteilung, sondern vor allem *Abtreten der nicht-politischen Funktionen,* was bisher fast nur von den Anthroposophen klar erkannt und gefordert wurde (Dreigliederungsbewegung[17]).

---

[17] Seit Rudolf Steiners *Kernpunkten der sozialen Frage* ist Dreigliederung von Wirtschaft, Politik, Geistesleben ein Hauptanliegen der Anthroposophen. Allerdings wird Steiners eher intuitive bzw. an der *seinsmäßigen* Dreiheit von Körper-Seele-Geist orientierte, organismische Begründung nicht *handlungstheoretisch* und damit spezifisch sozialphilosophisch eingeholt. Daher lässt sich mit Anthroposophen (nach meiner bisherigen Erfahrung) leider selten über die *notwendige Erweiterung der Dreigliederung zur Viergliederung* des Sozialen reden. Die systemische Differenzierung von Kultur und religiösen Letztwerten (Weltanschauung) ist jedoch ebenso notwendig wie die von Religion und Politik. Kultur (z.B. Kunst) ist nicht letztfundierend, sondern wird selbst fundiert in letzten Setzungen (Werten) des Bewusstseins. Es besteht ein enger Zusammenhang zwischen beiden Sphären, aber eben keine kurzschlüssige Identität. Vgl. dazu näher *Revolution der Demokratie.*

Im Klartext, wir brauchen parlamentarische Gremien für jede Systemebene, wobei es nicht auf die Namengebung ankommt: sowohl einen *Wirtschaftsrat,* diesem übergeordnet (doch nicht das erstere absorbierend) das *politische Parlament,* einem der Politik mit gewissen Weisungsfunktionen übergeordneten *Kulturrat* sowie eine *Grundwerteversammlung,* in denen die rechtlichen und kommunikativen Belange der religiös-weltanschaulichen Gruppen von den vernunftrechtlichen Grundlagen her aufeinander abgestimmt werden können. Zusätzlich müssen die hierarchischen Wechselbeziehungen zwischen diesen vier parlamentarischen Ebenen des sozialen Ganzen durchdacht und grundgesetzlich geregelt werden.

Bisher wird das soziale Ganze faktisch von unten, von der Wirtschaft her, bestimmt, und die Wirtschaft hat mit dem Zinssystem des Geldes schon ihre eigene, gewöhnlich verdrängte Problematik [18] Die Bestimmung muss vernünftigerweise umgekehrt sein: von den Letztwerten über die kulturellen Werte ins Politische, und dieses setzt souverän die Vorgaben für die Wirtschaft (einschließlich Ökologie), die in dem vorgegebenen Rahmen ihre Autonomie und Eigendynamik entfalten kann.

Wir sind von einer solchen Demokratie, in denen die Subsysteme voneinander differenziert und gerade dadurch miteinander integriert sind, so weit entfernt, dass nicht einmal Notwendigkeit und Richtung der Weiterentwicklung öffentlich einleuchten – meines Erachtens ein horrendes Versagen der Sozialtheorie. Die »kritische Theorie der Gesellschaft« leistete genau diesen konstruktiven Part aus Prinzip nicht. Es ist nicht übertrieben zu behaupten, dass – vom Marxismus abgesehen – seit Hegel kaum aufs Ganze gehende und fortschrittliche, d.h. weiterführende, wissenschaftliche Sozialtheorie mehr geleistet wurde. Ausnahmen bilden am ehesten die Beiträge

---

[18] Ich weise auf Silvio Gesells Hauptwerk hin: *Die natürliche Wirtschaftsordnung,* Neuauflage Lauf bei Nürnberg 1984; im selben Sinn, mit gegenwärtigem Zahlenmaterial: Helmut Creutz, *Das Geldsyndrom,* München 1984; zur Einführung in die Thematik dieses »dritten Weges« zwischen Kapitalismus und Sozialismus geeignet: Margrit Kennedy, *Geld ohne Zinsen und Inflation,* München ²1993. Vgl. inzwischen, auch zum »verpassten« Bündnis zwischen Gesell und Marx: *Sprung aus dem Teufelskreis,* Varna – München ²2005.

von Max Weber und Talcott Parsons. Dem handlungs-system-theoretischen Konzept des letzteren verdanke auch ich Wesentliches. Die Unterschiede sind an dieser Stelle nicht zu diskutieren.

Die traditionelle Integration der Gemeinschaften im Religiösen und ihre Überwindung in der Moderne

»Gemeinschaft« im Unterschied zur zweckbestimmten Gesellschaft hat stets einen Wert in sich selbst, auch wenn sie sich nicht ausdrücklich religiös versteht, sondern »nur« kulturelle Gemeinschaft ist. Die traditionelle Gemeinschaft bis hin zu den Staats- und Reichsbildungen beruhte auf religiösen Grundlagen. Das Römische Reich ließ bereits einen gewissen Pluralismus zu, wodurch die Verbreitung des Christentums – wenn auch zeitweilig mit erheblichen Reibungen, Verfolgungen und Entstellungen – erst möglich wurde. Das Heilige Römische Reich Deutscher Nation war im Christentum erneut einheitlich religiös integriert. Wir wissen, welche blutigen Kämpfe dann wieder die fortschreitende (heute noch nicht abgeschlossene) Trennung von religiöser und politischer Vergemeinschaftung seit der Reformation mit sich brachte.

Es ist keine Frage, dass die politischen Gesellschaften der Zukunft nicht mehr mit religiös-spirituellen Gemeinschaften ineins fallen können, ja dürfen. Das ist der falsche Wunschtraum von religiösen und sozialen Integralisten. Eine traditionale Gesellschaft, die mit Gemeinschaft zusammenfällt, lässt sich nach einem bestimmten Stand des Bewusstseins wie der Technik nicht mehr ohne Zwang einführen. Hitlers Versuch, das Deutsche Reich wieder zu einer Volksgemeinschaft mit pseudo-religiöser Grundlage zu machen, stellte einen gigantischen Rückfall dar, möglich nicht zuletzt aufgrund der allgemein nicht zureichend durchdachten Grundlagen eines demokratischen und pluralistischen Gemeinwesens.

Der strukturelle Pluralismus in bezug auf Religion (Weltanschauung) ist nicht nur eine aufklärerische Errungenschaft des Abendlandes, sondern eben so sehr eine in Asien (insbesondere in Indien) beheimatete Vorstellung: Religion spielt sich in kleinen, möglichst *freiwilligen Gemeinschaften* ab und hat mit den politischen Gebilden im Prinzip nichts zu tun.

Religionsgemeinschaften, die diese Trennung von politischer und religiöser Sphäre in Frage stellten, wären als grundgesetzwidrig bei uns zu untersagen. Dies bezieht sich auf manche Spielarten des Fundamentalismus, ob christlicher oder, was inzwischen näher liegt, islamischer Ausprägung. Denn im Unterschied zum Christentum, das in der pluralistischen Atmosphäre des späten Römerreiches groß wurde, erkennt der Islam von Hause aus die Trennung der beiden Sphären vom Ursprung her nicht an: religiöse Gesetze sind zugleich politisch-soziale Gesetze. Es dient nicht dem Frieden, über solche gewichtigen Spannungsquellen zwischen traditioneller Religion und moderner Gesellschaft einfach hinwegzusehen. Der Fall Rushdie zeigt am deutlichsten, welche Angriffe auf die Menschenrechte im »säkularen« Verständnis wir vom Fundamentalismus (dem ahistorischen Wörtlichnehmen der alten Quellen) sowie der Nichtunterscheidung der beiden Sphären von Religion und politischer Gesellschaft gewärtigen müssen. Meines Erachtens dürfen in der Bundesrepublik keine Religionsgemeinschaften geduldet, zumindest nicht als Körperschaften öffentlichen Rechts anerkannt werden, die solche moderne Differenzierung, wie sie unser Grundgesetz zwingend vorschreibt, nicht ihrerseits vom Prinzip her, das heißt nicht allein aufgrund von Machtlosigkeit, anerkennen. Allerdings stellen auch die weiterbestehenden Privilegien der großen christlichen Kirchen verfassungsrechtliche Fragen, die höchstens von kleinen Parteien gelegentlich angesprochen werden.

Nationale Integration allein durch Politik?

Habermas zieht, mangels Systemtheorie, aus dem Verfall der religiösen Grundlagen der modernen Gesellschaften die Konsequenz, sie seien nur politisch integriert. Das ist ein Fehlschluss, weil er nicht die Reflexionshierarchie der sozialen Systemebenen kennt. Denn erstens stellen die Letztwertfundamente einer pluralistischen Demokratie ihrerseits *humanistisch-religiöse Fundamente* dar: die Unverletzlichkeit der Würde des Einzelnen, die vom früheren Habermas so intensiv propagierte »herrschaftsfreie Kommunikation« und all die Fundamentalwerte wie Wahrheit und Gerechtigkeit haben ihre Wurzeln in der Unbedingtheitskomponente des menschliches Geistes. »Das, was uns unbedingt angeht« (Paul Tillich), das Heilige, die Letztwerte, sind die Leitideen menschlicher Spiritualität, wie immer sie sich näher ausprägen mag.[19]

Zweitens aber gibt es außer der weltanschaulich-religiösen Systemebene noch die des Kulturell-Kommunikativen. Ist das formelle, institutionelle Medium der Wirtschaft offensichtlich das Geld, so hat der religiöse Bereich dergleichen formelles Medium in religiösen oder quasi-religiösen Riten, normativen Lehren (Dogmen) und Verhaltensvorschriften. Das formelle Medium von Kultur und Kommunikation aber ist unzweifelhaft die *Sprache*.[20]

Damit wird keineswegs behauptet, dass Sprache der »unhintergehbare« Inbegriff menschlichen Sinn-Erlebens darstellt, ein anderer, längst wieder im Ausverkauf befindlicher Mode-Artikel vieler Universitätsphilosophen (die sogenannte Unhintergehbarkeit der Sprache), sondern dies: Alle kulturellen Äußerungen des Menschen, ob Kunst oder Essenssitten, ob Brauchtum oder Sittlichkeit im engeren Verständnis, werden durch die Sprache gebündelt. Sie alle mögen

---

[19] Von Kirchentheologen, auch sogenannten »kritischen«, werden der philosophischvernunftrechtliche Ursprung und Charakter der Menschenrechte sowie die humanistisch-religiösen (nicht konfessionell-religiösen) Grundlagen der modernen Gemeinwesen bis heute gern geleugnet und damit die allgemein verbindende, göttliche Vernunft (Logos, Sophia) verleugnet, z.B. von Hans Küng, *Weltethos*, München 1992. Von den Theologen der etablierten Offenbarungsreligionen wird weiterhin eine *Konfessionalisierung der Vernunft* im Gewande der »interreligiösen Verständigung« betrieben.

[20] Ich muss es mir versagen, hier auf die Lehre von »Medien« bei Habermas und Niklas Luhmann im Gefolge von Talcott Parsons einzugehen. Bei beiden fehlt die Unterscheidung von *Interaktionsebenen* überhaupt von den *formellen, institutionalisierten Medien* der Interaktion, wie es das Geld mustergültig darstellt. Auf diese Weise werden fälschlich »Macht« und »Liebe« als Medien in einem Atemzug mit Geld genannt. – Das formelle Medium der wirtschaftlichen Ebene ist (darüber allein besteht Einigkeit) *Geld*, das der politischen Ebene (so füge ich hinzu) das *Recht* als institutionalisierte, kanalisierte Macht, das der kommunikativen Ebene die *Sprache*, das der metakommunikativreligiösen Ebene *Riten* sowie *Handlungs- und Glaubens-Normen*.

weit »überstehen« über die sprachliche Kommunikation in Wort und Schrift – wie überhaupt das ganze menschliche Bewusstsein »übersteht« über die Sprache –, so gewinnen sie doch erst durch Einbettung in die Sprache soziale Stabilität und Bedeutung. *Die Sprache ist die »Währung« gerade des freien, nicht durch Recht und Machtzwang festgelegten, gesellschaftlichen Umgangs.*

Es wäre näher aufzuweisen, dass ein prominenter Teil der menschlichen Kultur, die Kunst, als ganze eine innerlich nach-sprachliche oder metasprachliche Angelegenheit ist: nach dem Muster der Pantomime wird die Sprache vorausgesetzt, jedoch als normale Alltagsform weggelassen und zu höherem Ausdruck überstiegen.[21] Ein Hinweis mag hier genügen: Jede Nationalsprache hat ursprünglich die zu ihr gehörende Art von Musik. Das ergibt sich daraus, dass Musik sich aus dem Gesang entwickelt. Jeder kann beobachten, wie alle Sprachnationen die ihr eigentümlichen Volkslieder haben, was sich dann auch in die künstlerische Musik hinein fortsetzt.[22]

Meine *Hauptthese* besagt nun: Zwar haben moderne, in Staaten organisierte nationale Gesellschaften *informell religiöse Fundamente und Letztwerte*, die zum Teil auch in den Verfassungen ausdrücklich artikuliert sind und damit Recht werden. Doch ist ihre dominierende

---

[21] Vgl. zum metasprachlichen Charakter der Kunst näher: *Handlung Sprache – Kunst – Mystik. Skizze ihres Zusammenhangs in einer reflexionstheoretischen Semiotik*, in: Kodikas/Code 6 (1983) 245–262; ferner: *Das Spiel mit den semiotischen Dimensionen im modernen Museum. Zur philosophischen Syntax neuer Kunst*, in: Zeitschrift für Ästhetik und allgemeine Kunstwissenschaft XXV/2 (1980) 244–269.

[22] Richard Wagner hat zu seiner Zeit am meisten über den Zusammenhang von Sprache und Musik gewusst und geschrieben. Vgl. die Sammlung *Mein Denken*, hg. von M. Gregor-Dellin, München 1982. Aus diesen völlig sachlichen Einsichten entstand der Impuls zu dem für seinen Ruf (infolge der Hitlerei) fatalen Aufsatz *Das Judentum in der Musik*. Es ist jedoch eine oberflächliche Diffamierung dieses großen Künstlers und Philosophen, in kritischen Unterscheidungen und Anfragen einen hasserfüllten Antisemitismus am Werk zu sehen. Die »Judenfrage« stellte sich Mitte des vorigen Jahrhunderts noch ganz anders als in der demokratischen Weimarer Republik, in der »die Juden« sprachlich-kulturell endgültig assimiliert waren. Ob Wagner recht daran tat, seine Rivalitätsgefühle speziell gegenüber Giacomo Meyerbeer und Felix Mendelssohn-Bartholdy mit deren religiöser Familientradition in Zusammenhang zu bringen, ist allerdings sehr bedenklich. Denn auch diese Musiker waren in kultureller Hinsicht völlig deutsch.

Identität als *nationale* Staaten weder religiöser noch bloß recht-lich-politischer sondern: kultureller Natur. Ohne kulturelle Identität, für die vor allem *pars pro toto,* stellvertretend, die Sprache steht, hätte eine Nation als solche kein Lebensrecht – weil keine eigene Substanz. Sie wäre nichts als eine politisch-organisatorische Größe, die unter Effizienzgründen, im besten Fall aus Gründen der politischen Frei-heit von größeren politischen Gebilden, eine eigene Daseinsbe-rechtigung hätte bzw. gehabt hätte. Ohne kulturelle Identitäten wäre es nur eine Frage der wirtschaftlichen und politischen Effizienz, dass die Staaten oder die sinnentleerten Nationen Europas ihre Souverä-nitäten möglichst umfassend nach oben an eine Zentralbehörde ab-gäben – oder wie immer die politische Organisation optimal für sie sein mag. Von dieser Orwellschen Horrorvision eines Einheitsstaates mit rein technokratischen Untergliederungen sind wir zum Glück weit entfernt. Zwar gibt es Autoren, die wollen eine *»lingua franca«* für ganz Europa,[23] ohne zu verdeutlichen, ob sie damit eine bloße Verkehrssprache (ähnlich der Funktion des Englischen im internati-onalen Flugverkehr) meinen, die zusätzlich zu den Nationalsprachen von allen Europäern benutzt werden kann – oder eine einheitliche Haupt- und Grundsprache, wodurch die bisherigen Nationalspra-chen zu provinziellen Überbleibseln herabgesetzt würden. Doch diese Frage wird nicht von den Deutschen allein entschieden, und daher werden die Nationalsprachen nicht so bald masochistischer-weise zu sekundären Provinzsprachen herabgesetzt werden. Nach unseren derzeit noch tonangebenden Sozialtheoretikern wäre es denkbar, ja konsequent, dass das von mehr als hundert Millionen Europäern als Muttersprache gesprochene Deutsch zugunsten einer englischen Einheitssprache die Rolle eines Provinzdialektes über-nähme. Hier handelt es sich nicht um eine politische Machtfrage, sondern um eine Kulturfrage!

---

[23] So Peter Koslowski in der FAZ vom 23.12.1989, S. 13. Überhaupt ergibt sich für Koslowski aus der wirtschaftlichen Einigung automatisch die Einigung Europas auf allen (von ihm nicht wirklich unterschiedenen) Ebenen, einschließlich der al-ten Einheitsreligion! Das ehrwürdige Blatt gab sich nicht für eine Erwiderung mit Unterscheidung der Systemebenen Wirtschaft, Politik, Kultur (Sprache) und Reli-gion aus meiner Feder her.

Abschaffung der nationalen Identitäten?

Die Befürchtungen der kleineren Länder Europas lassen sich in einem einzigen Satz zusammenfassen: Sie bestehen darin, ihre jeweiligen *kulturellen Identitäten* zu verlieren. Die Einwände gegen das große Europa sind im Grunde nicht wirtschaftlicher oder im engeren Sinn politischer Art. Auf beiden Ebenen lassen sich gute Gründe für die Vereinheitlichung anführen – sofern die ökologischen, das heißt auch regionalen Rücksichten zum Zuge kommen. Auch das berechtigte, wichtige Verlangen nach mehr Mitbestimmung der nationalen Parlamente bzw. der Europa-Parlamentarier trifft nicht den verborgenen Kern der Probleme. Die eigentlichen Widerstände und Ängste sind kultureller Art, betreffen das Selbstgefühl besonders der kleineren Länder bzw. das Gemeinschaftsgefühl seiner Menschen. Es wurde ja schon gesagt, dass die kulturelle Identität den Rest des notwendigen Gemeinschaftsgefühls auf nationaler Ebene darstellt, auch wenn moderne Nationen keine eigentlichen (religiös integrierten) Gemeinschaften sein können.

Wo solche Befürchtungen des Verlustes der Kultur-Gemeinschaft nicht bestehen, weil die Nachbarschaft der Großen weiter weg ist (z.B. Schweden im Unterschied zu Dänemark) oder wo die Sprachen und Kulturen deutlich genug unterschieden und lebenskräftig sind (z.B. Polen oder Ungarn im Verhältnis zu Deutschland), gibt es diese Ängste nicht so stark.

Wir erleben in diesen Jahren den fürchterlichen Rückfall in kriegerischen Nationalismus bei den Ländern des ehemaligen Jugoslawiens. Der nationalistische Missbrauch des Verlangens nach eigener sprachlicher und kultureller Identität, somit nach Abgrenzung, scheint nach gänzlicher Abschaffung der Nationen zu schreien. Aber wo sonst im menschlichen Leben darf der Missbrauch einer Sache bzw. von Werten deren vernünftigen Gebrauch lahmlegen? *(Usum non tollit abusus.)*

Wir Deutsche sind vom Missbrauch nationaler Gefühle in der ersten Hälfte des zu Ende gehenden Jahrhunderts tief geprägt und verwundet: Wie einst im Namen der Religion wurden entsetzliche

Kriege im Namen der Nationen, zumal der deutschen, geführt – beinahe bis zum Untergang Deutschlands, nicht bloß als wirtschaftlich-politischer Macht, sondern vor allem als zentraler Kulturgestalt in Europa. Aufgrund der Verwundung und Beschämung macht sich gerade die Wirtschaftswundergeneration nicht mehr klar, welche unermessliche Zerstörung kultureller Güter und geistiger Leistungsfähigkeit, welche Abwanderung oder Vernichtung von Kunst und Forschung sich mit dem Krieg in Mitteleuropa zugetragen hat.

Doch soll der Wahnwitz der Nationalisten unter Hitlers todessüchtiger (nekrophiler) Führung[24] endgültig über ein vernünftiges kulturelles Identitätsbewusstsein siegen? Wir wären die einzige Nation in Europa, die bereit wäre zu solcher Selbstaufgabe. Nochmals: eine Definition der Kultur rein von der »politischen Kultur« bedeutet Vernichtung der Kultur gerade in ihrem Eigenen. Nicht einmal die besagte politische Kultur, zu der oben einige weiterführende Vorstellungen entwickelt wurden, kann ohne eigentliche Kultur des philosophischen Denkens und der Wissenschaften aufrechterhalten bzw. weiterentfaltet werden.

Hinzu kommen die Künste, die Pflege von Sprache und Dichtung, kommen kulturelle Umgangsformen. Mag sein, dass Kleidung, Essen, Wohnen und die Benutzung von Verkehrsmitteln im gesamten Westen, zumindest im gesamten Europa, immer mehr angeglichen werden und sich von daher keine nationalen Unterschiede mehr rechtfertigen lassen. Ist diese Art von Nivellierung (die zum Glück nicht vollständig sein wird) nicht ein Grund mehr, nach eigentlicher nationaler Identität zu fragen, wie sie sich an der Sprache kristallisiert? Mögen andere Nationen nach ihrer Art von Identität fragen und vielleicht auch zu dem Ergebnis kommen, dass sie politisch charakterisiert sei (was sicherlich nicht auf die alten europäischen Kulturnationen zutrifft). Wir fragen nach der spezifisch deutschen Identität – obwohl der generelle Hinweis auf Kultur, Geschichte und Sprache schon genügen könnte.

---

[24] Vgl. die aufschlussreiche Analyse Hitlers als »nekrophilen Charakters« von Erich Fromm, in: *Anatomie der menschlichen Destruktivität* (= Gesamtausgabe Bd. VII), München 1989.

Wenn die im 2. Kapitel apostrophierten Soziologen überhaupt sauber argumentieren würden, könnten sie den folgenden *stärksten Einwand* gegen nationale kulturelle Identitäten bringen: Ähnlich wie die *religiöse Integration* (ein Reich – eine Religion) geistesgeschichtlich überholt ist, so auch die *kulturelle Integration* der wirtschaftlich-politischen Gebilde. Kultur hat, wenn schon nicht jeder einzelne, doch nur jede Gruppe für sich. Der Zug der Zeit geht sogar dahin, die machtpolitische Integration zugunsten der wirtschaftlichen zu überwinden. Letztlich bleiben Wirtschaftseinheiten, zu allerletzt der Weltmarkt und eine Weltregierung mit ihren Untergliederungen. Kulturen gibt es – gerade in fortgeschrittenen Teilen der Welt – nur noch als bunte Flicken innerhalb einer Weltgemeinschaft. Mag sein, solche Gruppenkulturen leiten sich genetisch (in ihrer Entstehungsweise) von den alten nationalen Sprachkulturen her. Aber was bedeutet solcher Ursprung schon für das, was geworden ist?

Ich erblicke in einem solchen Gedankengang das stärkste Argument gegen Nationalstaaten im kulturellen Sinne. Und doch ist es schwach: Die Realität von Kultur würde sich auflösen ohne die großen Kommunikationsgemeinschaften, die durch die Sprache als ihre Währung umgrenzt werden. Sowenig einer allein eine Kultur haben kann, sowenig eine Familienkultur (sofern es dergleichen noch ausgeprägt gibt) für sich allein höheren Ansprüchen genügen kann, sowenig kann ein gebildeterer Mensch sich damit begnügen, an der Kultur einer Stadt oder Region teilzunehmen – es sei denn, an dieser als besonderer Färbung, Ausprägung einer viel umfassenderen Nationalkultur, deren Grenzen von der gemeinsam verstandenen Sprache gezogen werden.

Die anderen Definitionen des Nationalstaates, die militärische und bloß rechtlich-politische, die beide der ethnischen (rassischen) Sicht von Nation noch nahestehen, verlieren in der Tat ihre Bedeutung, während Nation als kulturelle Einheit ihrer »Hochzeit« erst entgegengehen dürfte.

Herkunft – Sprache – Geschichte – Kultur

Zu Beginn dieses Kapitels zitierte ich Günther Nenning: »Nation ist ein geistiges Gebilde aus Herkunft, Sprache, Geschichte, Kultur.«[25] Gehen wir diese Begriffe in ihrem Verhältnis zueinander durch.

Herkunft, der gleiche »Mutterschoß«, ist sicher ein wichtiger Faktor. Doch haben wir erlebt, wie er für Rassenideologien missbraucht werden kann. Heute, im Zeitalter der Arbeitsmigration, wird handgreiflich deutlich, dass sich in Herkunft die Bedeutungen »*ethnische Herkunft*« oder Herkunft der Vorfahren und Heimat als Weltort der Geburt und der Kindheit unterscheiden.

Die wichtige, im Nationenbegriff bleibende Substanz von Herkunft ist »Heimat«: das Stück Erde, dem sich jemand von seiner Kindheit her einmalig verbunden fühlt. Das kann im Laufe eines Lebens fraglich werden: Es kann eine Wahlheimat, manchmal gar eine dritte, emotional neben die Herkunftsheimat treten. Für die heimatvertriebenen Deutschen war dies schicksalhaft so. Für zahllose Asylbewerber und Flüchtlinge, auch sogenannte Wirtschaftsflüchtlinge, trifft es ebenfalls zu und verbreitet eine in diesem Ausmaß nie dagewesene Traurigkeit über die Erde. Trotz dieser Komplikation ist der Faktor Herkunft von ungeheurem Gewicht und von überragender menschlicher Berechtigung. Es zeigt sich oft, dass gerade bedeutende Weltbürger (Staatsmänner, Künstler, Wissenschaftler), deren Horizont weitgespannt ist, zugleich Kraft aus ihrer Heimatverwurzelung gewinnen.

Im Unterschied zu Heimat ist Sprache weniger regional, sie geht entschieden aufs Nationale. Sie schafft eine übergreifende, schon geistigere »Heimat« für alle, die sich spontan in einer gemeinsamen Sprache verständigen können. Regionen sind im Hinblick auf die Sprache fast gleichbedeutend mit Dialekten. In ihnen liegt die mütterliche Heimatwärme, aber noch nicht genügend Geist.

---

[25] Günther Nenning, *Die Nation kommt wieder. Würde, Schrecken und Geltung eines europäischen Begriffs,* Zürich – Osnabrück 1990, 16.

Der Ausdruck »Muttersprache« wird ursprünglich für die regionale Sprache, den Dialekt, verwendet worden sein. Dennoch wurde er mit Recht auf das ganze Gebiet einer Sprache übertragen, in der die Sprecher fühlen und wissen, dass sie ein- und dieselbe Sprache sprechen, mag sie sich auch mundartlich, also in der Intonation sowie in manchen Ausdrücken und Redewendungen abwandeln. »Muttersprache« galt ursprünglich deckungsgleich für das »Vaterland«. Das Vaterland – der Ausdruck ist wegen patriarchalischen, kriegerischen Missbrauchs schneller veraltet als der andere – wurde zur Nation.

Leider wird Nation meist vom Politischen her als Nationalstaat verstanden. Im Grunde ist es ein kultureller Begriff: Herkunft *(nasci – geboren werden)* nicht bloß im regional-heimatlichen, sondern im geistig-heimatlichen Sinn. Dafür steht die Sprache.

Nun können sophistische Schwierigkeiten gemacht werden: Wieweit reicht die Identität einer Sprache usw.? Am besten fragt man heute die Fernfahrer (wie früher die Wandergesellen): Wo sie noch ohne weiteres, wenn auch vielleicht mit etwas Schmunzeln, die Sprache der Einheimischen verstehen können, da ist ein- und dieselbe Sprache.

Ich spreche jetzt nicht von der lingua franca oder europäischen Verkehrssprache Englisch. Diese schafft oder transportiert keine emotionale Verbundenheit, keine Lebenseinheit im Versehen derselben Nuancen, derselben Feinheiten und Grobheiten. Die Sprecher von BSE-Englisch – Bad Simple English – mögen sich abstrakt als Europäer und Weltbürger fühlen, doch das mühelose Erleben jener Lebenseinheit derselben Sprache ist etwas anderes.[26]

Aber es gibt doch auch Sprachfamilien, zum Beispiel die germanischen und die romanischen Sprachgruppen. Nun, diese Sprachfamilien sind zugleich Nationen-Familien. Die indoeuropäische Sprachfamilie umfasst darüber hinaus die ganze künftige europäische Na-

---

[26] Vgl. *Kultur – in der Kunst der Begriffe*, Varna – München 2007, Kap. 6 und 7. Zur Sprachenfrage vgl. bes. Franz Stark, *Wieviel Englisch verkraftet die deutsche Sprache*, Paderborn 2010.

tionen-Großfamilie (sowie einige indische Sprachen). Wo liegen hier die begrifflichen Schwierigkeiten, wenn man nicht partout welche machen will, um sich der einfachen Einsicht zu versperren, dass die Grenzen der Nationen im kulturellen Sinn die Grenzen der Sprachen sind?

»Sprache und *Kultur*, ist das denn dasselbe? Das ist zu einfach«, höre ich einwenden. Es wurde aber nicht behauptet, dass Sprache und Kultur deckungsgleich sind, sondern nur, dass Sprache die »Währung«, das formell geltende Medium kulturellen Austausches ist. Auch der Geldaustausch stellt nicht das Ganze der Wirtschaftsvorgänge dar. Kultur geht so weit über das formale Sprechen hinaus wie die Wirtschaft eines Landes über das Berechnen, Zählen, Zahlen und Wechseln von Geld.

Die geltenden Sitten eines Landes sind mehr als Sprache (obwohl manche Theoretiker fälschlich alles Handeln als Sprache verstehen wollen), sie werden aber sprachlich reguliert und gedeutet. Auch die Kunstwerke einer Nation bestehen nicht allein aus Sprache. Selbst die Sprachkunst ist mehr als einfach Sprache: eine Meta-Sprache. Und doch hat nicht allein die schöne Literatur, sondern haben alle Künste innerlich mit der Sprache der Schaffenden zu tun, indem sie diese (in einem gelebten Reflexionsschritt) übersteigen. Sie haben deshalb einen nationalen Charakter, mögen sie auch für Menschen anderer Nationen auf Dauer leichter verständlich sein als die sprachlichen Künste.

Sicher gibt es eine Kunst der gesamteuropäischen Sprachfamilie: im Sinne eines Austausches der regional, national verwurzelten Künstler. Die Kunstgeschichtler wissen aber, dass die Geschichte der einzelnen Künste aus einem Dialog regionaler und vor allem nationaler Schulen besteht.

Mit der Philosophie verhält es sich ganz ähnlich wie mit der Kunst; sie ist noch direkter als die Künste an die Sprache als Medium des Denkens gebunden, weil sie zwischen Kunst und Wissenschaft, auch zwischen der Meditation des Übersprachlichen und den Worten sprachprägend vermitteln muss.

Die Wissenschaften haben einen verschiedenen Grad von Bezug zu den nationalen Sprachen, je nach dem Grad ihrer (mathematisch-logischen) Formalisierung und der Festlegung ihrer Terminologie. Bis zum Durchbruch der empirischen Wissenschaften war die allgemeine Wissenschaftssprache im Abendland das Lateinische. Dann fühlte man sich durch das Korsett einer fremden und inzwischen toten Sprache behindert. Der muttersprachliche Bezug bleibt für die schöpferischen Forscher wesentlich (vor allem für die unbewussten Anteile des Forschungsprozesses), selbst wenn viele heute von vornherein einen inter-nationalen Diskurs in Englisch als *lingua franca* anstreben. Damit sind sie jedoch am entferntesten vom wirklichen, tätigen und emotionalen Leben der Menschen. Sie suchen diesen Mangel in Pausen durch Folklore-Abende, Besichtigungen, Stadtbummel und dergleichen vergeblich auszugleichen.

Es wäre interessant, mehr in das Verhältnis von Sprache und nationalen Kultureigenheiten, von Sprache und Alltagskultur hineinzugehen. Doch stellt das zugleich ein schwieriges Unterfangen dar, sobald man über nationale Klischees und Allgemeinplätze hinausgehen will. Es würde uns vom eigentlichen Thema weglocken. Die Begriffsbestimmung von Kultur, sobald sie über eine so umrisshafte Definition wie »Hervorbringungen, typische Lebensäußerungen, sprachliche und außersprachliche Ablagerungen einer Gemeinschaft« hinausgeht, wird unnötig schwierig, wenn man sie abgrenzen will von »natürlichen« Lebensäußerungen wie Nahrungsaufnahme, Schlaf, Sexualität, Kleidung, Wohnung. Alles dies wird tiefgreifend von den menschlichen Freiheitsspielräumen und damit kulturell geprägt. Die heute erforderliche Abgrenzung zur anderen Seite, zum Weltanschaulich-Religiösen, wurde aus sozialtheoretischen Gründen bereits betont. Vieles, was nach Sinn-Gesichtspunkten unterschieden werden muss, ist sachlich konkret nicht zu trennen: Essen zum Beispiel ist wie tierische Nahrungsaufnahme und zugleich ein höchst menschlich-kultureller Akt, teilweise auch ein religiöser. Dennoch kann und muss hier unterschieden werden.

In systemischer (reflexionstheoretischer) Denkweise lassen sich folgende vier *Handlungsebenen von Kultur* unterscheiden:

(1) Kultivierung (Gestaltung) der Natur, einschließlich Nahrung, Hausbau und Kleidung;

(2) Kultivierung der persönlichen Fähigkeiten, angefangen von Körperbeherrschung;

(3) Entwicklung der sozialen Beziehungsformen (Sitten);

(4) mediale Kultur: Ideen, Wissen, Kommunikationsmedien, Künste; das grundlegende Kommunikationsmedium, abgrenzend für eine Kultur, ist die Sprache.

Wenn der Mensch in biologischer Hinsicht ein »Mängelwesen« genannt werden konnte (A. Gehlen), dann ist dies die negative Version seiner völligen Angewiesenheit auf und Fähigkeit zur Kultur, d.h. zur Lebensbewältigung aus eigenem, freiem Handeln. Es ist dümmlich, Kultur mit Luxus gleichzusetzen und Luxus mit Kultur!

Hier kommt es lediglich auf die Rolle der Sprache als bevorzugtes, einzig formell ausgezeichnetes Äußerungs-Medium (Kommunikationsmedium) wie Mitgestaltungs-Medium für eine Kultur an, sowohl im Hinblick auf *Eigenart* wie *Umfang* eines Kulturgebietes. Damit ist nicht gesagt, dass die Sprache alle Lebensäußerungen einer nationalen Kultur völlig determiniert, wohl aber: dass sie das weitaus bevorzugte Medium ist, in dem alle anderen Ausdrucksformen und Quellen zusammenfließen (ganz wie die materiellen Wirtschaftsvorgänge im Geldfluss).

Zu den Lebensäußerungen des Gebildes Nation aus Herkunft, Sprache und Kultur gehört schließlich seine *geschichtliche* Dimension. Jede zwischenmenschliche Gemeinschaft, jede Liebe, jede Freundschaft wird wesentlich durch Geschichte substantiell geformt, vertieft, manchmal aufgelöst.[27]

Geschichte ist nichts anderes als die zeitliche Dimension, die Zeitgestalt einer Gemeinschaft ebenso wie einer Kultur. Eine geschichtslose Kultur des bloßen Jetzt gibt es nicht, nicht bloß, weil der Kulturbegriff die geschichtliche Gewordenheit einschließt, sondern weil er keine menschlichen Akte und Produkte gibt, die völlig außerhalb von Überlieferung und Geschichte stünden. Selbst die größte Ein-

---

[27] Vgl. das Stichwort »Geschichte« in. *Die Liebe buchstabieren,* Weinheim ²1994.

gebung und schöpferische Leistung wird erst Kultur, indem sie sich in die Kontinuität-mit-Diskontinuität einer Geschichte stellt.

Insofern können wir abschließend gern die Umschreibung Nennings von Nation verwenden: »ein geistiges Gebilde aus Herkunft, Sprache, Geschichte, Kultur«. Dabei liegen offenbar nur »Herkunft« und »Geschichte« auf gleicher Ebene: Sie beschreiben Ort und Zeit derer, die an »Nation« teilhaben. Kultur ist der Inbegriff aller Hervorbringungen dieser Gemeinschaft, und Sprache stellt das bevorzugte, auch für die Grenzen einer nationalen Gemeinschaft maßgebende Kommunikationsmedium dar.

»Der Rest ist Beiwerk, vor allem der Nationalstaat ist zweifelhaft, so oft Blutstaat, so selten Kulturstaat.«[28] Obwohl in der wesentlichen, eigentlich skandalösen Aussage ebenfalls mit Nenning einig, gehe ich nicht so weit, den Nationalstaat, also die politische Organisation einer Nation als ganzer als bloßes Beiwerk anzusprechen. Wir müssen halt die angesprochenen Systemebenen unterscheiden und dem Kaiser geben, was des Kaisers ist. Der Kaiser kann dann eher einmal unblutig handeln.

→Nation ist ein Gemeinschaftsgebilde aus Herkunft und Geschichte, verbunden in der Kreation einer Kultur, umgrenzt durch die gemeinsame Sprache, mehr oder weniger adäquat (deckungsgleich) in einem Nationalstaat oder mehreren organisiert.

Es gibt auch den Fall, dass mehrere Teilnationen (genauer: mehrere Ausschnitte großer auswärtiger Kulturen) in einem politischen Staat organisiert werden wie in der Schweiz oder in Belgien. Hier sollte man, obiger Definition von »Nation« gemäß, nicht von Nationalstaaten reden. Die Schweizer selbst sprechen von diesem eigenartigen politischen Gebilde der Teilhabe an drei großen europäischen Kulturen als »Willensnation«.

---

[28] G. Nenning, a.a.O., 17. – Mit völlig unzureichenden Argumenten, d.h. aufgrund von Denkfehlern eines Linguistik-Spezialisten oder vielmehr eines Schweizers, dessen Nation an drei großen Kulturen partizipiert, ohne diese als »Willensnation« aktiv zu tragen, verwirft den Begriff einer Kulturnation: Elmar Holenstein, Kulturnation – eine systematisch in die Irre führende Idee, in: Protosoziologie, Heft 5/1993.

.

4. Zur Deutung deutscher Identität

»Selbstbewusstsein bedeutet nicht Hochmut. Ganz im Gegenteil. Nur Menschen oder Nationen, die im besten Sinn des Wortes selbstbewusst sind, sind fähig, anderen zuzuhören, sie als gleichberechtigt anzunehmen, ihren Feinden zu vergeben und ihr eigenes Verschulden zu bereuen« (Vaclav Havel).

Die Völker der Welt sehen Deutschland mit Recht als eine Kulturnation ersten Ranges, und dies auf den meisten Gebieten der Kunst und der Wissenschaft, auch nach zwei unfassbar selbst-zerstörerischen Kriegen. Unsere derzeitigen Sozialwissenschaftler aber versuchen zum größeren Teil, Kultur als politische zu definieren (worin nichts Spezifisches gegenüber den anderen Demokratien liegt) und auf weitergehende Identität um der Gastfreundschaft willen zu verzichten. Viele Menschen stimmen dieser Haltung als einer diffusen, doch eben deshalb dominierenden Strömung ziemlich unbedacht zu: Lieber Gastfreundlichkeit als Pochen auf Eigenes, wenn es zu Ausländerfeindlichkeit führt.

Besteht jedoch diese Alternative: entweder Bestehen auf dem Eigenen oder Gastfreundschaft? Das kann im Normalfall nur für kranke Hirne gelten: Entweder ich gebe mich selbst auf oder ich bringe andere um.

Wir Deutschen wären das einzige große Kulturvolk der Welt, das seine spezifische, geschichtlich gewachsene Identität wegwirft, vorgeblich, um gastfreundlich sein zu können. Soll das der zu zahlende Preis für die (zum Teil) selbst angezettelten und verlorenen Kriege sein? Waren die Niederlagen nicht selbst schon gewaltige Reinigungsprozesse, Abbau von Karma in asiatischer Sprache? Auch das schreckliche Geschehen des Holocaust, über dessen rassistische Hintergründe auf Seiten von Tätern *und* Opfern kaum je eine sachliche Analyse geliefert wurde, kann kein Grund sein, ein Volk auf Generationen hin in Schuldkomplexen zu behaften. Das heute fortgesetzte Einimpfen von Schuldgefühlen (z.B. durch rein emotionale Filme) ist fortgesetzter Rassismus, doch wenig Aufklärung – so wenig wie Horror-Kriegsfilme friedensstiftend wirken.

Zentral aber ist die Frage: Waren jene Kriege und Kriegsverbrechen (und auch der Holocaust ist als Kriegsverbrechen, teils an der eigenen Bevölkerung, zu werten) innere Folge deutscher Kultur, so dass wir gut daran täten, auf ihr Spezifisches zu verzichten? Oder waren sie Vergessen, allenfalls Missbrauch des Deutschen (wie es einen Missbrauch des Christlichen gibt)? Die Korruption des Besten ist bekanntlich die schlimmste. *(Corruptio optimi pessima.)* Wie stehen wir zu den großen Dichtern und Denkern des vorigen Jahrhunderts, die uns den Ruf einbrachten, das »Vaterland des Dichtens und Denkens« (Madame de Staël) zu sein? Dabei hat die mutige Französin damals noch kaum den unerhörten, gleichzeitigen Aufschwung in der Musik wahrgenommen. Sind wir mit unseren Klassikern und Romantikern, dann aber auch mit unseren Musikern, auf dem Holzweg gewesen? Oder waren diese vielleicht Rufer in der Wüste, prophetische Gestalten, deren Botschaft die Mehrheit ignoriert hat, die überschrien wurden von Moden und Mächten, vor allem von der philosophiebefreiten Macht der heraufdröhnenden industriellen Revolution?

Ganz entschieden ist das Letztere die zutreffende Sicht der Dinge: Deutschlands Berufung, das heißt auch sein positiver Beitrag für die Welt, liegt im Denkerischen oder in der Verbindung von Kunst und Denken, das Naturwissenschaftlich-Technische eingeschlossen, jedoch stets in Beziehung zu der Ganzheitsdisziplin Philosophie, die – selbst eine »Kunst der Begriffe« (Immanuel Kant) – das Denken mit den Künsten verbindet. Ein Abfallen von dieser Berufung, ein politischer Missbrauch der denkerisch gesammelten, organisierten Kraft, bringt regelmäßig katastrophale Folgen für Deutschland selbst wie für die ganze Welt mit sich.

Dass es überhaupt so etwas wie eine »Berufung« der Völker und (vielleicht mehr oder weniger gewichtig im Konzert der Welt) eines jeden Volkes gibt, eine »Auserwählung« (die niemals ein einziges Volk für sich allein beanspruchen darf!), dazu befrage man die wirklich entwickelten, weisen Menschen der Welt, vielleicht den Dalai Lama, der sich nicht umsonst für die Identität seines Volkes einsetzt.

Der Blick dafür wird erst frei, wenn man von den exklusiven, meist religiös verbrämten Auserwählungs-Ideologien Abstand nimmt. Leider waren die religiösen Exklusivitäts-Ansprüche die frühesten Brutstätten des Rassismus, wobei Religion und Volk ursprünglich nicht unterschieden wurden. Erst sekundär konnte es zu dem Phänomen kommen, dass der Geist eines Volkes selbst (ohne noch eine andere, außerweltliche religiöse Vorstellungswelt zu bemühen) zum pseudoreligiösen Ungeist hochstilisiert wurde. Alle modernen Nationalismen sind in diesem Sinn pseudoreligiös, nur nicht überall so deutsch und deutlich. Die alten Rassismen waren mit ihren Volksreligionen noch unbefangen religiös. Und manche Auserwählung wurde zur rassistischen Ideologie, als sie schon vorbei oder verpasst war. Die großen deutschen Dichter und Denker (oft beides zugleich) waren Gestalten von prophetischer Statur und Art. Das gilt bis heute. Nur die Offenbarungsreligionen, also auch das konfessionelle Christentum, mit ihrem intoleranten Exklusivitätsanspruch konnten vergessen lassen, dass in ihnen ein Stück von »Europas eigener Religion«[29] wieder aus der Unterdrückung auftauchte. Ein »tausendjähriges Reich« mit seinem irrationalistischen Tschingderassabum hätte Deutschland beinahe in den Untergang getrieben, doch an der deutschen Identität und Berufung konnte es nichts ändern und nicht einmal Konsumwelle, Tagesjournalismus und Fachidiotismus können sie zerstören, es sei denn, mit wiederum katastrophalen Folgen. Der Größe und Schönheit dieser Berufung korrespondiert allerdings die Banalität und Hässlichkeit des Philistertums (Spießbürgertums).[30] Wo viel Licht ist, gibt es bekanntlich auch starken Schatten. Was weniger bekannt ist: Dass die Schattengewächse beanspruchen können, die Lichtträger zu sein bzw. die Meinung geltend machen,

---

[29] So der Titel eines beachtenswerten Buches von Sigrid Hunke, *Europas eigene Religion. Der Glaube der Ketzer*, Bergisch-Gladbach 1983.

[30] Vgl. Hermann Glaser, *Spießer-Ideologie. Von der Zerstörung des deutschen Geistes im 19. und 20. Jahrhundert und dem Aufstieg des Nationalsozialismus*, Frankfurt a.M. 1985.

es gäbe überhaupt kein Licht. Und hier meine ich eher die Gegenwart als die hinlänglich als Alibi benutzte »dunkle Vergangenheit«.

Ich kann diese Sicht der Dinge hier nur ganz exemplarisch an wenigen herausragenden Gestalten belegen. Wenn diese hauptsächlich dem vorigen Jahrhundert oder gar dem Übergang vom 18. ins 19. Jahrhundert angehören, so deshalb, weil in dieser »klassischen« Periode Wesentliches geschehen ist, an dem alles nennenswerte, produktive Neue nicht vorbeigehen kann. Auch deshalb, weil ich (mit Ausnahme Heideggers) den Streit um gegenwartsnähere Größen vermeiden will.

Goethe neben Schiller und Fichte: prophetische Aktualität und Defizite

Es ist bekannt, wie Goethe (1749–1832) mit seiner Farbenlehre in Opposition nicht nur zu Newton, sondern zum ganzen Zeitalter stand: zu der Art, wie fortan Naturwissenschaft betrieben werden sollte. Angesichts der Tatsache, dass unsere Naturwissenschaften offenbar nicht verhindern konnten, sondern im Gegenteil maßgeblich dazu beigetragen haben, dass die Natur weltweit vor dem Kollaps steht, scheint die Zeit gekommen, dass eine Grundlagenbesinnung auf einen anderen Typ von Naturwissenschaft fällig wäre: eine Wissenschaft der Mensch-Natur-Relation, weiche die Evolution produktiv, und diesmal aus freien Stücken, weiterführt. Eben hierin liegt das tiefste Anliegen der Goetheschen Farbenlehre, die von rein quantifizierenden Naturwissenschaftlern bis heute einfach als Irrtum gegenüber Newton abgetan wurde. Nicht einmal C.F. von Weizsäcker macht da eine richtige Ausnahme, eher Werner Heisenberg.[31] Wenn Künstler und Farbtherapeuten selbstverständlich auf die Goethesche Farbenlehre zurückgreifen, kann sie wohl nicht ein-

---

[31] Carl Friedrich von Weizsäcker: *Einige Begriffe aus Goethes Naturwissenschaft*, in: J. W. v. Goethe, Hamburger Ausgabe (HA), München 1982, Bd. 13, 539–555; neuerdings gewinnt W. der Farbenlehre unter »theologischer« Rücksicht mehr ab: *Goethes Farbentheologie – heute gesehen*, in: *Zeit und Wissen*, München 1992, 976–987. – Werner Heisenberg, *Die Goethesche und die Newtonsche Farbenlehre im Lichte der modernen Physik*, Neudruck in: *Wandlungen in den Grundlagen der Naturwissenschaften*, Stuttgart 1959.

fach irrig sein. Das müsste dem Naturwissenschaftler auch etwas bedeuten. Goethe betrachtete die Farbenlehre als seine bedeutendste Leistung, ihm wichtiger als seine Dichtungen. Da es in diesem Punkt am wenigsten angeht, ihm einfach eine »Psychose auf Nebenschauplatz« anzuhängen (so die inzwischen überholte Goethe-Studie von K.R. Eissler)[32] ist Nachdenklichkeit angebracht. Goethe war in mancher Hinsicht eine prophetische Gestalt, aus dem das deutsche Kulturbürgertum für Feierstunden Zitate schöpfte, den sie jedoch weder als ringenden, selbst in seinen Schwachstellen bemerkenswerten, ja großen Menschen noch als Lehrer richtig ernst nahmen.

Nun sehe ich bei dem verehrten Dichterfürsten zwei Defizite von allgemeiner, geistesgeschichtlicher Bedeutung: ein politisches und ein wissenschaftliches. Zunächst zum politischen. Er war und blieb ein Bewunderer Napoleons, selbst als andere Geistesgrößen wie Hölderlin und Hegel, Fichte und Schelling, auch ein Beethoven (Umwidmung der »Eroica«), längst erkannt hatten, dass der Befreier von alten feudalistischen Zöpfen zum Unterdrücker der Nationen, insbesondere der deutschen, geworden war. Nicht zuletzt seinen einstigen »Kultusminister« Goethe, der sich ohnehin im Jenaer Atheismus-Streit wohl verständnisvoll, doch nicht kämpferisch für die geistige Freiheit des Philosophen eingesetzt hatte, lag Johann Gottlieb Fichte im Sinn, als er in der zwölften seiner Berliner *Reden an die deutsche Nation* (1808) über »unsere deutschen Meister in Lehre und Schrift« wetterte (S.W. VII, 449)[33], welche die illusorische Hoffnung hegten,

»dass, wenn auch unsere politische Selbständigkeit verloren sey, wir dennoch unsere Sprache behielten und unsere Literatur, und

---

[32] Vgl. dazu die psychoanalytische Studie von Rainer J. Kaus: *Der Fall Goethe – ein deutscher Fall. Eine psychoanalytische Studie*, Heidelberg 1994.

[33] Ich zitiere nach Johann Gottlieb Fichtes »Sämtlichen Werken«, Neudruck Berlin 1971. Zu Fichtes eindeutig sprachlich-kulturellem Nation-Begriff näher meinen Beitrag *Nationalsprache und Sprachnation. Zur Gegenwartsbedeutung von Fichtes ›Reden an die deutsche Nation‹*, in: *Kosmopolitismus und Nationalidee (Fichte-Studien 2)*, Amsterdam 1990. – Erst vor der Drucklegung bemerkte ich ein Buch mit vielen erfreulichen Übereinstimmungen in Bezug auf die politische Bedeutung Fichtes und Hegels für Deutschland: Bernard Willms, *Idealismus und Nation. Zur Rekonstruktion des politischen Selbstbewusstseins der Deutschen*, Paderborn 1986.

in diesen immer eine Nation blieben, und damit über alles Andere uns leichtlich trösten könnten« (ebd. 451).

Fichte, der damals am klarsten einen kulturellen Nationen-Begriff fasste, welcher bis heute aus Unverständnis als »romantisch-ethnisch« oder gar als rassistisch diffamiert wird (was zu dem scharfen Denker Fichte passt wie die Faust aufs Auge), dieser prophetische Denker erfasste ganz klar auch den zweiten Gedanken: dass eine »heitere Unabhängigkeit« (Thomas Mann), eine Loslösung des Kulturellen vom Politischen eine Unmöglichkeit ist. Unterscheidung der politischen Sphäre von der kulturellen ja, aber keine Trennung.

Dieses gleichzeitige, differenzierte Erfassen mehrerer Gedanken, dessen Fehlen bei vielen Menschen zu unendlichen Verwirrungen führt, wäre einem Goethe ein Leichtes gewesen, hätte er da nicht biographische Blockaden gehabt. Die Haltung Goethes war in der Tat: Deutschland ist vor allem eine Kulturnation, die politische Einheit und Selbständigkeit bleibt demgegenüber unwesentlich. Speziell gegenüber Napoleon (dem er zweimal persönlich begegnete) erlag er der »Faszination des Geistes durch die Macht«[34], durchaus auch aus persönlich-psychologischen Gründen (vgl. die erwähnte psychoanalytische Untersuchung von R. J. Kaus). Er begründete damit maßgeblich die Tradition des unpolitischen deutschen Kulturbürgers. Diese *fatale Trennung (statt Unterscheidung) von Kultur und Politik* sprach sich ein wichtiges Jahrhundert später am prägnantesten in Thomas Manns *Betrachtungen eines Unpolitischen* (1918) aus, bevor dieser sich unter dem Eindruck des heraufkommenden, irrationalistisch-emotionalen Nationalsozialismus vom Monarchisten aus vernünftiger Einsicht zum Republikaner wandelte. Für ihn persönlich noch rechtzeitig, für Deutschland aber zu spät.

Goethe veröffentlichte noch zu Lebzeiten Schillers (1759–1805) mit diesem zusammen das Xenion »Deutscher Nationalcharakter«:

---

[34] So der Untertitel von Peter Berglars Buch *Goethe und Napoleon*, Darmstadt 1968.

»Zur Nation euch zu bilden, ihr hofft es, Deutsche vergebens; Bildet, ihr könnt es, dafür freier zu Menschen euch aus.« (HA Bd. 5, 218)

Das will sagen: die reine, über-nationale Humanität, das sei Sache der Deutschen, dies ihr Nationalcharakter – ein Anspruch, der bereits zwischen meta-nationaler Selbstaufgabe und potentiellem Hochmut, zwischen Weltbürgertum und der Gefahr geistiger Überlegenheitssucht, schwebt. Bei dem nicht besonders patriotischen Goethe gibt es eine ganze Reihe von Stellen, im Zusammenhang mit seinem Begriff der Weltliteratur, wo er unbefangen voraussagt, dass der deutschen Kunst und Wissenschaft ein Ehrenplatz gebühren wird.

Da er meint, »dass der Deutsche auch in fremden Formen und Sprachen sich selbst gleich bleibt, seinem Charakter und Talent überall Ehre macht«, kann er auch postulieren: »Der Deutsche soll alle Sprachen lernen, damit ihm zu Hause kein Fremder unbequem, er aber in der Fremde überall zu Hause sei.« Er gesteht, dass er selbst stets nur in die Fremde gegangen ist, um das allgemein Menschliche anzuerkennen und zu fördern. »Denn es ist einmal die Bestimmung des Deutschen, sich zum Repräsentanten der sämtlichen Weltbürger zu erheben.«[35] In diesem Ausspruch liegt bei ihm selbst nicht die geringste nationale Überheblichkeit, zumal Goethe sich im Zusammenhang fast für seine weltbürgerliche Tendenz bei seinen »guten Landsleuten« entschuldigt.

Doch die weltbürgerliche Tendenz kann bei weniger starken und sprachbewussten Naturen als Goethe eine doppelte Richtung nehmen: Selbstaufgabe oder Überheblichkeit, ja Herrschsucht. Das delikate *Gleichgewicht zwischen Kosmopolitismus und Patriotismus* war für Deutschland (wegen seines philosophisch-kosmopolitischen Charakters) von Anfang an eine besondere Aufgabe und Schwierigkeit, zumal die unheilvolle Kluft zwischen Politik und Kultur bzw. die Vereinnahmung der Kultur durch die Politik (im Zuge der späteren

---

[35] Vgl. zur anstehenden Frage die bequeme Sammlung *Goethe über die Deutschen*, hg. von H.-J. Weitz, Frankfurt/M ²1982.

politischen Einigung dessen, was kulturell längst eins war) sie nicht zu lösen half. Während heute, wie am Beispiel von Habermas gezeigt, von führenden Intellektuellen nationale Kultur nur noch als »politische Kultur« geltend gemacht wird, so bestand die Gefahr Goethes wie des vor den entscheidenden Ereignissen (den Befreiungskriegen) verstorbenen Schiller in der Trennung von Deutschsein und Politik:

> »Deutschland? Aber wo liegt es? Ich weiß das Land nicht zu finden; wo das gelehrte beginnt, hört das politische auf.«
> (HA, Bd. 5, 218)

Der Hintergedanke ist auch hier: Das »gelehrte Deutschland« ist nicht deutsch, sondern einfach allgemein menschlich. Wieder unbewusst diese Gratwanderung zwischen Selbstverleugnung und Weltvereinnahmung, das ungeklärte Verhältnis zwischen Kosmopolitismus und Patriotismus. Ich kann mir nicht denken, dass Schiller, der genialste politische und dramatische Dichter Deutschlands, jedenfalls vor Bertolt Brecht, diese unpolitische Trennung zwischen Kulturnation und politisch-staatlichen Verhältnissen weiter aufrechterhalten hätte, wenn er die Anti-Napoleonischen Befreiungskriege noch erlebt hätte. Goethe aber hielt im Prinzip daran fest – und manövrierte damit sich selbst sowie maßgeblich die deutsche »schöngeistige« Kultur ins Abseits zu den politisch realen Verhältnissen.

Hierin liegt eine Tragik der deutschen Klassik: Sie wurde zum *Überbau-Alibi* der Bildungsbürger. Sie konnte zwar nicht im Sinne einer Legitimationsideologie die politischen Vorgänge der späteren kleindeutschen Vereinigung unter Bismarck und der Wilhelminischen Auftrumpferei legitimieren, auch nicht die *Fehlentwicklungen in der sozialen Frage* (für die Goethe ein waches Bewusstsein hatte, von Schiller zu schweigen), doch eines konnte sie leisten: von den realen Verhältnissen ins Schöngeistige *ablenken*. Die »schöne« deutsche Literatur in Deutschland erfüllte weitgehend die Funktion einer *Überbau-* oder *Ablenkungs-Ideologie*. In diesen Sog wurden alle »schönen Künste« gerissen, bis sie nicht mehr »schön« sein wollten. Sie konnten schließlich als »entartet« gebrandmarkt werden.

Trennung von Kultur und Politik (einschließlich der damals immer akuter werdenden Sozialpolitik) ist nicht die von mir vertretene →*Differenzierung* beider Ebenen! Differenzierung heißt sachgemäße Inbezugsetzung, sogar Kontrolle der Basisebenen Wirtschaft und Politik durch Kultur und Grundwerte-Ebene. Trennung dagegen heißt intendierte ideologische Bezugslosigkeit. Der unpolitische Kulturbürger pflegt sie, nicht Rechenschaft darüber gebend, dass auch seine »heitere Unabhängigkeit« vom Politischen ernste politische Folgen hat, sei es für den ignorierten Klassenkampf, sei es für das Hochkommen eines politischen Radikalismus, der mit der ausgewogenen weltbürgerlichen Humanität der Klassiker nichts mehr am Hut haben wollte, der sich nur zur Übertünchung eigener Komplexe und Machtbegierden mit »geistiger Größe« Deutschlands brüstete.

Es liegt eine tiefe Tragik der deutschen Geschichte darin, dass die soziale Frage, die mit der industriellen Revolution in nie gekannter Schärfe wieder hochkam – sie hatte schon in den Bauernkriegen der Reformationszeit auf der Tagesordnung gestanden und war dann durch den Absolutismus von Gottes Gnaden »gelöst« worden – dass diese soziale Frage vom »deutschen Geist« nach der ebenfalls gescheiterten Revolution fast vollkommen ignoriert wurde.

Zu dieser Ablenkung von den realen Problemen wurde der Geist Goethes und gar Schillers missbraucht! Wobei Goethe, dies sollte gezeigt werden, dazu eine gewisse Handreichung gegeben hatte. Der Kulturpolitiker hatte machtpolitische und in dieser Hinsicht auch historische Naivität gezeigt, indem er der berechtigten, wohl notwendigen nationalen Einigungsbewegung seine Unterstützung entzogen hatte.

Fichte (1762–1814) hatte den Zusammenhang von Kultur und Politik ungleich schärfer erkannt und sich deshalb um der kulturellen Identität Deutschlands willen vehement für den politischen Aufstand gegen die napoleonische Okkupation eingesetzt. Ihn deshalb zum

Nationalisten, gar zum Rassisten, zu stempeln, zeugt von purer Unkenntnis und geschichtsfremdem, destruktivem Klischeedenken.

Wenn die Trennung von Kultur und Politik endlich durch die
schmerzlichsten Lehren im Prinzip aufgehoben ist, fehlt es umgekehrt an gedanklicher und systemischer Unterscheidung, wie an
Habermas oben kritisiert.

Doch wer in Deutschland hörte auf die Philosophen (die nicht Mo-
de-Intellektuelle sind), wenn schon die Dichter schlecht gehört wurden? Goethe hatte in seinem Eintreten für eine andere Art der Naturwissenschaft einen kochkarätigen Verbündeten. Der hätte helfen
können, einen *zweiten*, wenn auch viel besser verständlichen und
verzeihlichen Mangel seiner Persönlichkeit, eher eine Einseitigkeit
der Denkweise wettzumachen: den Mangel an begrifflicher Schärfe,
sein gespaltenes Verhältnis zum nicht-anschauliehen Denken, zur
begrifflichen Philosophie. Georg Wilhelm Friedrich Hegel
(1770–1831) besaß dieses Begriffsvermögen,[36] allerdings in einem so
ausgeprägten Maße und meist gekleidet in eine so schwierige Sprache, dass der Brückenschlag zwischen den beiden Geistesgrößen,
trotz Gesprächen während Hegels Jenaer Zeit und Korrespondenz
bis weit in seine Berliner Zeit, schwierig war. Zumal Goethe vor-
nehmlich einen anderen Philosophen, den zunächst brillanteren, fünf
Jahre jüngeren Fichte-Schüler, Friedrich Wilhelm Joseph Schelling
(1775–1854), förderte. Zu diesem ihm mit Hölderlin gemeinsamen
Jugendfreund hatte Hegel seit Erscheinen seines frühen Hauptwer-
kes, der *Phänomenologie des Geistes* (1807) leider keine freundschaftli-
chen und freundlichen Beziehungen mehr: Menschlichkeiten der
Großen, die manchmal selbst geistesgeschichtliche Bedeutung bekommen.

»Dieser Fehler der Deutschen«, schreibt Goethe irgendwo angesichts solchen Anschauungsmaterials, »sich einander im Wege

---

[36] Selbst in Bezug auf die Farbenlehre wird heute von kompetenter Seite geurteilt,
dass Hegel die zukunftsweisende Richtung klarer erkannte als Goethe. Vgl. Michael J. Petry, *Hegels Verteidigung von Goethes Farbenlehre gegenüber Newton*, in:
Ders. (Hg.), *Hegel und die Naturwissenschaften*, Stuttgart 1987, 323–347.

zu stehen (...), ist umso weniger abzulegen, als er auf einem Vorzug beruht, den die Nation besitzt und dessen sie sich wohl ohne
Übermut rühmen darf, dass nämlich vielleicht in keiner andern so
viel vorzügliche Individuen geboren werden und nebeneinander
existieren« (*Goethe über die Deutschen*, 109). Doch »die Deutschen
sind gewöhnlich untereinander ungerecht genug« (ebd., 92). Das
Hindernis liege in der »unbezwinglichen Selbstigkeitslust« (ebd.,
212).

Doch verlassen wir Goethe und wenden uns kurz jener zweiten,
wohl noch bedeutenderen, wenn auch viel weniger populären
Schicksalsgestalt Deutschlands zu: Hegel (1770–1831).

Hegel vor Marx: der tragisch verleugnete Denker Deutschlands

»Goethe bildete die deutsche Literatur zur Weltliteratur und Hegel
die deutsche Philosophie zur Weltphilosophie. (...) Was nachher
kommt, kann sich an Weite des Blicks und Energie der Durchdringung nicht messen.«[37]

Dass Hegel nicht die Popularität in Deutschland erlangte wie Goethe, liegt schon daran, dass Philosophie niemals von vornherein populär sein kann: Sie kann erstens so wenig wie die Physik von vornherein als anschauliche und allgemein verständliche entwickelt
werden. Nur im Nachhinein können ihre Ergebnisse oder Anwendungen populär werden, wie es auch in der Physik gelegentlich
vorkommt. Man denke nur an Einsteins Relativitätstheorien. Wer
hätte sie aus seinen Originalschriften studiert und voll begriffen?
Den Philosophen mutet man dagegen zu, von vornherein durchgängig allgemeinverständlich zu sein. Anderseits wird diese Unmöglichkeit von vielen unselbständigen Köpfen dazu missbraucht, auch
allgemeiner Verständliches unverständlich auszudrücken.

---

[37] Karl Löwith, *Von Hegel zu Nietzsche. Der revolutionäre Bruch im Denken des 19.
Jahrhunderts*, Hamburg ²1981.

Zweitens aber stehen Philosophen oft quer zum Zeitgeist – einfach deshalb, weil die Wahrheiten aus größerer Tiefe meist unbequem sind. Hegel entfaltete zwar in seinen letzten Lebensjahren und nach seinem relativ frühen Tod[38] eine ungemeine Wirkung unter den ernsthaft Philosophie Studierenden, wurde dann aber »wie ein toter Hund« begraben.

Dieser Ausdruck stammt von Karl Marx (1818–1883), durch den Hegels Denken die größte, wenn auch »verkehrte«, weltgeschichtliche Bedeutung erlangte. Marx greift im Nachwort zur 2. Auflage des »Kapitals« den philisterhaften, unphilosophischen Geist in Deutschland an, der den größten Denker der neueren Zeit eben wie einen toten Hund begraben habe. Sein damit verbundener Angriff auf das militaristische Preußentum hat, rückblickend gesehen, nach der Erfahrung zweier weiterer, noch viel schlimmerer Kriege, überhaupt nichts Übertriebenes. Ich zitiere Karl Marx auch deshalb ausführlich, um zu sagen, dass er ein hochbegabter *deutscher* Philosoph war, der allerdings nicht das Diskussionsklima gefunden hat, in welchem er seine eigenen Intuitionen hätte bewähren und korrigieren, mäßigen und konkretisieren können. 1873 also, als Preußen soeben gegen Frankreich mit dem Segen der preußischen Kirche gekriegt hatte und das Denken von katholischen Kreisen an den soeben unfehlbar gewordenen Papst delegiert werden konnte (denn Kant und alle erkenntniskritische, originär deutsche Philosophie, die sich von ihm herleitete, stand ja auf dem Index!), da schrieb der exilierte Aufrührer und später als »Jude« verleugnete Karl Marx:

> »Die mystifizierende Seite der Hegelschen Dialektik habe ich vor beinah 30 Jahren, zu einer Zeit kritisiert, wo sie noch Tagesmode war. Aber grade als ich den ersten Band des ›Kapital‹ ausarbeitete, gefiel sich das verdrießliche, anmaßende und mittelmäßige Epigonentum, welches jetzt im gebildeten Deutschland das große Wort führt, darin, Hegel zu behandeln (...) als toten Hund. Ich

---

[38] Kundige mögen einmal das Gedankenexperiment machen, was an Goethes Werk fehlen würde, wenn er ebenfalls mit 61 statt mit 82 Jahren verstorben wäre! Für den Spätstarter Hegel, überhaupt für einen wissenschaftlichen Philosophen, wären diese 21 Jahre noch bedeutsamer gewesen.

bekannte mich daher offen als Schüler jenes großen Denkers und kokettierte sogar hier und da im Kapitel über die Werttheorie mit der ihm eigenen Ausdrucksweise. Die Mystifikation, welche die Dialektik in Hegels Händen erleidet, verhindert in keiner Weise, dass er ihre allgemeinen Bewegungsformen zuerst in umfassender und bewusster Weise dargestellt hat. (...) In ihrer mystifizierten Form war die Dialektik deutsche Mode, weil sie das Bestehende zu verklären schien. In ihrer rationellen Gestalt ist sie dem Bürgertum und seinen doktrinären Wortführern ein Ärgernis und ein Greuel, weil sie (...) sich durch nichts imponieren lässt, ihrem Wesen nach kritisch und revolutionär ist.« Die Krise, so schließt Marx das Nachwort, »ist wieder im Anmarsch (…) und wird durch die Allseitigkeit ihres Schauplatzes, wie die Intensität ihrer Wirkung, selbst den Glückspilzen des neuen heiligen, preußisch-deutschen Reichs Dialektik einpauken.«[39]

Die Krise der deutschen und europäischen Kultur brach 1914, mit dem Ersten Weltkrieg, offen aus, anders als Marx sie erwartet hatte. Aber es war durchaus die »allseitige« Krise. Die Dialektik wurde eingepaukt als die aufkommende politische Links-Rechts-Dialektik, wie sie selbst nach Auflösung des »dialektischen Materialismus« bis heute in noch weiter popularisierter Form als Denkersatz-Schema vieler Intellektueller und Politiker fortdauert.

Es geht mir hier nicht um eine Marxismus-Debatte, auch nicht so sehr um das Verhältnis Marx-Hegel, sondern zum ersten um ein Bewusstsein dafür, dass in der Brunnenstube des philosophischen Denkens die Welt vergiftet oder aber belebt wird. Dieses Verantwortungsbewusstsein geht den heutigen müden Relativisten und Skeptikern ab, gegen die schon Kant alle Kräfte anspannte. Die Philister, auch die akademischen, haben bis heute ein Interesse daran, Hegel zum Rechtfertiger der preußischen Monarchie und Restauration oder zum blinden Vergöttlicher der Staatsmacht abzustempeln und seine Rede vom »Weltgeist«, der sich in bestimmten Gestalten konkretisiere,[40] lächerlich zu machen. Wer den zusammen

---

[39] Karl Marx, *Das Kapital*, MEW 23, 27.
[40] So sagte er in einem Brief über den von ihm damals noch bewunderten Napoleon: »Ich sah den Weltgeist auf einem Pferd durch Jena reiten ...«

mit Kant größten und zweifellos wirkungsmächtigsten Philosophen der Neuzeit mit solchen Klischees abzutun versucht, macht sich nur selbst lächerlich. Das sind nicht wenige. Sie sollten wenigstens einmal einige der auch Common-Sense-Philosophen und Nichtphilosophen zugänglichen Vorreden seiner Werke lesen, in denen Hegel eine ungemein luzide und zugleich poetische Sprachkraft entfaltet.

Hegels heute besonders unpopuläre Wahrheit ist die: Man kann Wahrheit durchaus zureichend erkennen, aber – zumindest als philosophische – nur im systematischen Zusammenhang aussagen, und zumal die Analyse von Gesellschaft ist nur als systemische möglich. Hegel war der erste Denker von dynamischen Realsystemen, wie sie heute als »kybernetische« technisch simuliert werden.[41] Seine Sozialphilosophie in den *Grundlinien der Philosophie des Rechts* enthält selbstverständlich zeitbedingte Irrtümer und Unzulänglichkeiten. Doch ein Philosoph ist kein Sektengründer, sondern ein Forscher. Er ist kein Objekt zum Leichenbeschauen und Sezieren (was man an den Universitäten derzeit zumeist unter »Philosophie« versteht), sondern ein großer Lehrer und Anleiter zum eigenen Weiterdenken.

Eine der größten Leistungen Hegels besteht darin: Er hat (auf den Schultern von J.G. Fichte stehend, den er zwar kritisiert hat, doch neben dem er begraben liegen wollte) erstmals gezeigt, dass das menschliche Denken »gesellschaftsfähig« ist, das heißt, dass es systemische gesellschaftliche Zusammenhänge differenziert zu erfassen vermag, und zwar aus der Struktur des Selbstbewusstseins heraus. Die berühmte, meist unverstandene Dialektik geht aus der oben besprochenen Reflexionsstruktur des Selbstbewusstseins hervor. Den meisten Heutigen ist nicht einmal das Erstaunen darüber anzumerken, viel weniger kann von einer Weiterentwicklung des sozialtheoretischen Denkens gesprochen werden. Am ehesten noch in der Handlungs-Systemtheorie des amerikanischen Soziologen Talcott Parsons (1902–1979). Dass *praktikable* Theorie der Gesellschaft aber fehlt, die ihre Zeit auf den Begriff zu bringen vermag, und dass

---

41 Zur Verwandtschaft des Prinzips Rückkoppelung mit der Bewusstseins-Reflexion vgl. Gotthard Günther, *Das Bewusstsein der Maschinen. Eine Metaphysik der Kybernetik*, Baden-Baden ²1979.

diese nicht öffentlich diskutiert wird, zeigt sich bei den gesellschaftlichen Defiziten auf Schritt und Tritt.

Viele bürgerliche Sozialtheoretiker vermieden das systemische Denken als eine Eigenart des Marxismus. Doch auch Neo-Marxisten wie die Vertreter der Frankfurter »Kritischen Theorie«, zu denen einst auch Habermas zählte, erklärten Systemdenken für etwas Technokratisches, weil sie sich nun einmal auf bloße »negative« Kritiktheorie festgelegt hatten und das Hervorgehen von sozialen Systemen aus einander reflektierenden Handlungen nicht strukturell erfassten.

Zum anderen geht es mir um ein Bewusstsein dafür, dass in solchem umfassenden Denken eine spezifisch deutsche Stärke lag – mit der umso größeren Gefahr der Philisterei allerdings auf der anderen Seite. Und dazu gehört – heute mehr als je – der unphilosophische oder gar philosophiefeindliche, technologisch-wirtschaftliche Pragmatismus. Hegels Erbe geriet, von Außenseitern abgesehen, in die Gefangenschaft von Archivaren, die für Druckfehlerverewigung in teuren »historisch-kritischen« Neuausgaben Millionen an Steuergeldern verschlingen. Man setzt damit der Nation »historische Kulturdenkmäler«. Der lebendige Kulturprozess selbst wird durch solche Grabsteinpflege aus historistischem und relativistischem Geist eher unterbunden.

Die besonders mit der deutschen Sprache und Kultur verbundene Kraft der Konzentration und des Denkens, die sich auch in den naturwissenschaftlichen Entdeckungen zeigte, wird indessen mit ungleich höheren Beträgen für vordergründigeren technologischen Nutzen, verbunden mit einer (schon vom alten Kant verurteilten[42]) Ausbeutung der Dritten Welt, kanalisiert. Natürlich ist die einstige Führungsrolle in Physik und Chemie, auch in Maschinenbau und Medizin, teils längst an die USA, an Japan und demnächst an weitere Länder abgegeben. Die pragmatischen Ergebnisse des Denkens sind

---

[42] Immanuel Kant verurteilt in seiner populären Schrift *Zum ewigen Frieden*, in welcher er bereits weltstaatliche Einrichtungen fordert, ausdrücklich jede Art von Kolonialismus. Das war vor dessen Hochblüte! Es wäre gut, einige von den angeblich weltfremden Philosophen ernster zu nehmen.

übertragbar, und in anderen Kulturen wird auch gedacht und wei-
tergedacht.

Dennoch erwarten die Wissenschaftler und Philosophen anderer
Länder, die Einblick in interkulturelle Zusammenhänge haben, auch
heute noch neue Beiträge zu der Art des tiefen, ganzheitlichen, d.h.
nicht bloß fachspezifischen Denkens, die für unsere Zeit hilfreich
wäre, besonders von Deutschland. Die New-Age-Denker Kalifor-
niens gehen zwar neue Wege in der Begegnung mit östlichen Lehren. Doch es kann keine kurzschlüssige Vereinigung von »östlicher
Weisheit und westlicher Wissenschaft« geben, ohne dass die große
westliche Philosophie zu Hilfe gerufen wird.[43] Mit der angelsächsischen »Sprachanalyse« ist da nicht viel anzufangen. Man spricht
heute viel von Ganzheitlichkeit. Die Ganzheitsdisziplin des Denkens
ist von jeher die Philosophie, und eine höhere Synthese von Rationalität und Intuition, von Intellektualität und Spiritualität als im
»deutschen Idealismus« wurde im Westen nie erreicht. Allerdings
darf dieser Ansatz nicht als eine fertige Sache zum Ausruhen betrachtet werden. Daran ist weiterzuarbeiten. Wenn es die Deutschen
nicht mehr tun, werden sich die Asiaten dieser schwierigen Aufgabe
annehmen. Indien hat von seiner uralten, vergleichbar oder vielleicht
sogar unvergleichlich reichen philosophischen Tradition dazu die
besten Voraussetzungen. Teils überheblicher, teils unterwürfiger
Unfug ist das Gerede, als würde Rationalität als solche von den Asiaten abgelehnt. Dies betrifft nur die verkürzende, einseitige, rein
pragmatische Rationalität. Wer das von den deutschen Idealisten
und Romantikern (Hölderlin, Novalis) gepflegte Denken als Träu-
merei abtut und zugleich nach asiatisch-ganzheitlichem Denken ruft,
zeigt damit nur seine geistesgeschichtliche Unkenntnis und die
Verweigerung der »Anstrengung des Begriffs« (Hegel).

Was Philosophiefeindlichkeit angeht, so haben die christlichen Kirchen mit ihrer ebenso unheilvollen wie unsinnigen Entgegensetzung

---

[43] Vgl. näher meinen Beitrag *Transpersonale Psychologie* im *Wörterbuch der Religionspsychologie*, hg. von Siegfried R. Dunde, Gütersloh 1993. Inzwischen: *Integrale
Philosophie*, Sankt Augustin 2014. Die englische Ausgabe *Integral Philosophy* erscheint Frühjahr 2018, Stuttgart u. New York.

von Glaube und Vernunft ein gerütteltes Maß Verantwortung an der deutschen Entwicklung, die ja immer auch eine europäische und damit eine Weltentwicklung ist: an dem Auseinanderdriften von Philosophie und Geisteswissenschaften einerseits, von Philosophie und Naturwissenschaften (Technik) andererseits. Kants *Kritik der reinen Vernunft* stand beispielsweise, bis hinein in meine Studienzeit, auf der vatikanischen Liste der verbotenen Bücher! Heute wird von einem Teil der esoterischen Bewegung diese Tradition der Denkfremdheit oder Vernunftverdächtigung durchaus weitergeführt. Vergleiche schon Goethes Mephisto, als Faust sich seiner Magie ergibt: »Verachte nur Vernunft und Wissenschaft, des Menschen allerhöchste Kraft…«

Wer noch immer meint, das seien bloß »geistesgeschichtliche« Betrachtungen, die mit den politisch-sozialen Realitäten und der realen Machtgeschichte nicht viel zu tun hätten, dem ist schwer zu helfen. Pointiert ausgedrückt: *Wir stehen entweder dazu, das Volk der »Dichter und Denker« zu sein, und von daher auch das der guten Techniker, Manager und Banker oder die Tendenz zum Volk der Richter und Henker, gestützt auf das Gros des Philistertums, ist unverkennbar! Man sollte diese Tendenz aber nicht den weithin unverstandenen Dichtern und den nicht angemessen weitergedachten Denkern anlasten, wie es im In- und Ausland oft geschieht.*[44]

---

[44] Ich denke z.B. an Kar! R. Popper: *Die offene Gesellschaft und ihre Feinde*, Bd. II: *Falsche Propheten. Hegel, Marx und die Folgen*, englische Erstausgabe London 1945. Der Leichtsinn, mit dem hier Philosophen abgekanzelt werden, sofern sie über bloßen *common sense* hinausgehen, steht in keinem Verhältnis zu den eigenen Leistungen der Common-sense-Philosophie, die sich auch »Kritischer Rationalismus« nennt. – Oder etwa an *Die Meisterdenker* von Bernard-Henri Levy, der die in Frankreich hochgeschätzten deutschen Denker als Symbolgestalten germanischer Welteroberungsgelüste und den »logos« als von Hause aus patriarchalisch und herrschaftslüstern darzustellen beliebt. Ähnlich übersetzt Jacques Derrida den Heideggerschen Vorwurf der »Seinsvergessenheit« (dazu später) in den eines »Logozentrismus«. Philosophie hat es mit dem männlichen Logos als der zugleich weiblichen Sophia zu tun. Das aggressive analytische Denken muss sich mit meditativer, intuitiver Rezeptivität verbinden und hat es bei den großen Philosophen stets getan.

Ein Philosoph wie Hegel stellt ungleich mehr als jene anfangs erwähnten jugendlichen Brandstifter das Produkt eines ganzen Volkes
dar. Eine Sprachgemeinschaft, die ein solches Weltereignis von denkerischer Tiefe und Intensität hervorgebracht hat, ist auch verpflichtet, dieses Erbe produktiv (nicht bloß archivarisch) weiterzuführen.
Dass dies einem Marx nicht gelungen ist, beruht wie schon erwähnt
– nicht sogar auf individuellem, sondern vor allem auf kollektivem
Versagen, unter maßgeblicher Führung der damaligen Politiker. Die
Kulturgemeinschaft ist auch heute noch klimatisch dafür verant-
wortlich, einzelnen Individuen solch produktive Leistungen zu ermöglichen. Es funktioniert aber heute vermutlich nicht über die
Verleihung von Hegel-Preisen oder über die weitgehend zu einer
Art von Honoratioren-Clubs und Beziehungskartellen degenerierten
(geisteswissenschaftlichen) Fakultäten.[45]

Hegel ist, wie schon erwähnt, weil es in geistesgeschichtlicher Hinsicht von großer Bedeutung ist, tragisch jung, nach nur vierzehn
Jahren universitären Wirkens, verstorben. Sein an sich schon dialek-
tisch-zwiespältiges, darüber hinaus unvollendetes Erbe geriet in die
Wirren der Restaurationszeit, dann der gescheiterten 1848er Revolution, dann in das von Marx mit Recht attackierte Philistertum der
Wilhelminischen Epoche, dann in die nationalistische Barbarei
zweier Weltkriege, deren zweiter eindeutig von den Revan-
chegelüsten Deutschlands ausging, schließlich in die Epoche des
philosophischen Relativismus und skeptischen Pragmatismus. (Diese philosophischen Ausdrücke werden weiter unten noch erläutert.)
Das gesellschaftliche Denken ist durch das Aufkommen der empirischen, von der Philosophie scheinbar emanzipierten Soziologie si-

---

[45] Die Öffentlichkeit weiß nicht einmal, dass es dort neben den theologischen Fakul-
täten philosophische und historische Lehrstühle gibt, die vom Placet der katholischen Bischöfe abhängen: ein Überbleibsel des Konkordats zwischen Papst und
Hitler! Keine große Partei wagt an diese Privilegien zu rühren. Gibt es in
Deutschland eine freie Philosophie? Sie ist weder von den Kirchen frei noch von
den Politikern: weder Differenzierung der Kultur von der Religion noch von der
Politik. Beispiel für die unbedingte Notwendigkeit systemischer Differenzierung!
Die Betroffenen schweigen gewöhnlich aus Beschämung und um sich nicht noch
»unmöglicher« zu machen.

cher breiter, allgemeiner, vielfältiger geworden – wie auch die Probleme. Doch die notwendige tiefere Durchdringung der sozialtheoretischen Probleme durch den (nicht konservierten, sondern weitergeführten) Geist auf Hegelschem Niveau steht aus.

Diese Notwendigkeit und Möglichkeit wird nicht einmal gesehen und anerkannt: die einer kühnen Synthese von Rationalität und intuitiver, intellektueller Anschauung, die den deutschen Idealismus wie auch die frühe Romantik auszeichnete. Hegel als größter sozialtheoretischer Denker Deutschlands wurde – nicht allein durch seinen frühen Tod, sondern durch die Verleugnung und Verleumdung danach, heutzutage noch durch sterile Archivierung seines Gedankengutes – zur tragischsten Schicksalsgestalt Deutschlands, vielleicht zusammen mit seinem Jugendfreund Hölderlin, der sich fast vierzig Jahre in sogenannter geistiger Umnachtung einschloss.

Hölderlin vor Heine: »So kam ich unter die Deutschen …«

Friedrich Hölderlin (1770–1843) hat sich um 1797 gleichzeitig auf zwei sehr verschiedene Weisen über sein Vaterland geäußert. Einmal im Briefroman *Hyperion* mit einer satirischen Schärfe ohnegleichen, dann ganz anders in seinem Gedicht »An die Deutschen«. Die beiden Aussagen müssen nebeneinander gehalten werden.

> Im *»Hyperion«,* vorletzter Brief: »So kam ich unter die Deutschen. (…) Barbaren von alters her, durch Fleiß und Wissenschaft und selbst durch Religion barbarischer geworden, tiefunfähig jedes göttlichen Gefühls (…). Es ist ein hartes Wort und dennoch sag ichs, weil es Wahrheit ist: ich kann kein Volk mir denken, das zerrissner wäre, wie die Deutschen. Handwerker siehst du, aber keine Menschen, Denker, aber keine Menschen, Priester, aber keine Menschen, Herrn und Knechte, Jungen und gesetzte Leute, aber keine Menschen – ist das nicht, wie ein Schlachtfeld, wo Hände und Arme und alle Glieder zerstückelt untereinander liegen, indessen das vergossne Lebensblut im Sande zerrinnt?«

Es gibt heute Experten für jeden Dichter, Philosophen, Maler und Musiker archivarische Spezialisten. Aber sind es zugleich Menschen, die den Geist ihres »Liebhaberobjektes« zu vermitteln verstehen? Könnten wir in dem Fall noch Zweifel über deutsche Identität haben? Hölderlins Klage über die Nicht-Ganzheit, die Zerstückelung des Lebens, scheint auf die moderne Arbeitswelt bezogen zu sein und auf den heutigen Ruf nach »Ganzheit«. Er gehört zu den prophetischen Dichtergestalten, die das Kommende weit vorausgesehen haben, auch aus ihrer persönlichen Verletzung als Dichter heraus:

> »Es ist auch herzzerreißend«, so heißt es in demselben langen Brief, »wenn man eure Dichter, eure Künstler sieht, und alle, die den Genius noch achten, die das Schöne lieben und es pflegen. Die Guten! Sie leben in der Welt, wie Fremdlinge im eigenen Hause (...) Es ist auf Erden alles unvollkommen, ist das alte Lied der Deutschen. Wenn doch einmal diesen Gottverlassnen einer sagte, dass bei ihnen nur so unvollkommen alles ist, weil sie nichts Reines unverdorben, nichts Heiliges unbetastet lassen mit den plumpen Händen, dass bei ihnen nichts gedeiht, weil sie *die Wurzel des Gedeihns, die göttliche Natur,* nicht achten, dass bei ihnen eigentlich das Leben schal und sorgenschwer und übervoll von kalter stummer Zwietracht ist, *weil sie den Genius verschmähn* (...).«

Naturfeme und Missachtung des »Genius« haben Folgen für den »allgemeinen Geist«, die für den Fremden schlimm sind:

> »Und wehe dem Fremdling, der aus Liebe wandert, und zu solchem Volke kommt, und dreifach wehe dem, der, so wie ich, von großem Schmerz getrieben, ein Bettler meiner Art, zu solchem Volke kommt! (...) Ich sprach in deinem Namen auch, ich sprach für alle, die in diesem Lande sind und leiden, wie ich dort gelitten.«

Hölderlin artikuliert zweifellos sein eigenes Leiden an der Gegenwart Deutschlands vom Ende des achtzehnten Jahrhunderts, vor zweihundert Jahren. Sicher, dem »Genius« kann es kaum ein Land recht machen. Doch klaffen in Deutschland nicht vorhandene Tiefe und Alltagsleben in der Tat unerträglich weit auseinander? Liegt darin nicht bis heute ein Grundproblem deutscher Kultur? Talent und Philistertum prallen nicht bloß in verschiedenen Personen, sondern im allgemeinen Geist aufeinander, und deshalb bedarf es umso mehr der denkerischen Wachheit.

Denken ist das Vermögen des Verbindens, nicht allein der Sinnesdaten (Kant), auch nicht nur der disparaten Gedanken, die das Denken zusammenbringen muss (Hegel), sondern ebenso der übrigen Erkenntnisvermögen (Wahrnehmung, Gefühl, Intuition) sowie der sozialen Interessengruppen und Aufgaben. Denken verbindet, indem es differenzierend in Bezug setzt. Es wird heute wieder einmal zugunsten von Gefühl, »Bauch«, Herz und Intuition herabgesetzt – als würde es nicht all diese anderen Vermögen erst auswerten, in Bezug setzen und sozial fruchtbar machen. Ohne das differenzierende und verbindende Denken ist die Zerrissenheit der Moderne, des modernen Gesellschaftslebens, nicht heilbar. Nicht mit Denken allein, das weiß jeder vernünftig Denkende, der sich nicht in einen engen Rationalismus verschanzt und mit dem Denken insgeheim Herrschaft ausüben will statt der Verbindung aller anderen Vermögen, somit der Verbindung der Menschen, zu dienen. Man höre auf mit den unerträglichen ethischen Appellen an Liebe und Friedfertigkeit, wo strukturell Ungelöstes bleibt. Man höre auf mit den ideologischen Ethik-Kommissionen in der Politik und den Ethik-Seminaren in der Wirtschaft – solange Ethik die Abwälzung der Probleme aufs Individuum, bloß Individualethik statt *sozialethische Strukturerkenntnis* ist. Wieviel am derzeitigen Ethik-Boom ist Vorbeidrücken an umfassenderer Strukturerkenntnis, vielleicht auch Suchen danach? Wieviel an akademischer Ethik ist Erkenntnis-Vermeidungs-Erkenntnis? Auch hierin hat Hegel bereits in seiner Polemik gegen den Standpunkt der »Moralität« im Unterschied zu »Sittlichkeit«, das ist die vernunftgemäße Sozialität, vieles vorweggenommen.

Wenn wir »Propheten« hören, denken wir an orientalische Gestalten, über deren alttestamentarische Lebensberichte ganze Heere von staatsbeamteten Philologen herfallen, die sich selbst als »Theologen«

bezeichnen. Doch unsere eigenen großen Prophetengestalten ver-
bannen wir in Germanistikseminare und andere Fachsimpeleien.

[Einen ausführlicheren Kommentar zu diesem Klagelied Hölderlins
über die Deutschen hat der Verfasser inzwischen vorgelegt in: *Revolution aus Geist und Liebe. Hölderlins ›Hyperion‹ durchgehend kommentiert,* Varna-München 2007, 459–490.]

Die anderen Aussagen des verwundeten Dichters – viele nennen ihn
den größten Lyriker deutscher Sprache – finden sich in dem Gedicht
Gesang des Deutschen von 1797, etwa wie der *Hyperion.* Hier wird
vollends deutlich, wie die vorigen Sätze ein sehnsuchtsvoller Auf-
schrei aus verletztem Dichterturn, verletzter Tiefenschau sind. Ich
erlaube mir, die in unserem Zusammenhang besonders wichtigen
Aussagen, die ich kurz kommentieren werde, graphisch hervorzuheben:

> O heilig Herz der Völker, O Vaterland!
>> Allduldend, gleich der schweigenden Mutter Erde,
>>> Und *allverkannt, wenn schon aus deiner*
>>> *Tiefe die Fremden ihr Bestes haben!*

> *Sie ernten den Gedanken, den Geist von dir,*
>> Sie pflücken gern die Traube, doch *höhnen* sie
>> Dich, ungestalte Rebe! *dass du*
>> *Schwankend den Boden und wild umirrest.*

> Du Land des hohen ernsteren Genius!
>> Du Land der Liebe! bin ich der deine schon

>> Oft zürnt ich weinend, *dass du immer*
>> *Blöde die eigene Seele leugnest.*
> (...)

Beginnen wir gleich mit dem letzten Gedanken: »Blöde die eigene
Seele leugnen« schien schon damals die Art der Oberflächlichen in
Deutschland. Ist das ein Stück Nationalcharakter: das Eigene, und
zwar das in der Tiefe, die National-Seele, zu leugnen? Warum? Weil
es dem Trägen, dem in seinen behaglichen Grenzen bleiben wollenden Spießbürger (auf allen Ebenen der sozialen Skala) zu an-

spruchsvoll ist! Diese Art von Selbstverleugnung hat uns aber ganz offensichtlich nicht vor dem Ausbrechen nationalen Hochmuts und irrationaler Emotionen bewahrt, sondern im Gegenteil dazu geführt: als *Wiederkehr des pathologisch Verdrängten!* Ja, man kann auch das Beste der eigenen Identität verdrängen, weil es dem oberflächlichen Ego den vordergründigen Lustgewinn nimmt.

Verdrängung wird uns auch in Zukunft nicht helfen, die mit Recht nach tiefer Selbstidentität suchenden jungen Menschen zu befriedigen und zu befrieden. Keiner sage, einen Rechtsradikalen könne man nicht mit Hölderlin befrieden, überhaupt seien Jugendliche für dergleichen nicht zugänglich. Es geht um das gesamte pädagogische Umfeld: ob man den Kindern zum Beispiel im staatlich bezahlten Religionsunterricht von früh an ein märchenhaftes »Eiapopeia vom Himmel« (Heinrich Heine) nahebringt – oder erfahrungsnah für die Geheimnisse des Lebens, der Natur, der Sprache, des Menschen als Künstler und Mystiker sensibilisiert. Auch der Deutschunterricht wird in dem Maße faszinierend und glaubwürdig sein, als die Lehrer begriffen haben, worum es eigentlich in den Dichterschicksalen und ihren existentiellen Äußerungen geht. Und wo lernen sie das begreifen? Das Schwanken zwischen Selbstverleugnung und nationalistischem Auftrumpfen wird weitergehen, solange wir uns nicht entschließen, ernsthaft nach je eigener und damit auch nach nationaler Identität zu fragen. Das Problem ist noch lange nicht erledigt. Das »heilige Deutschland«, mit dem auf den Lippen ein Graf von Stauffenberg den Todesschuss empfing, lässt sich nicht von den Oberflächlichen und Philistern verleugnen, ohne dass Dämonen freigesetzt werden, im metaphorischen oder auch im wörtlichen Sinn.

Oberflächlich ist die Meinung von Technokraten und rationalistischen »Aufklärern«, der Tiefensinn für die eigene Identität sei etwas Überholtes. Unsere selbsternannten intellektuellen Aufklärer sind derzeit zumeist Verdunkler. Für Aufklärung ist heute nicht mehr der bloß enthüllende Gestus, sondern die erhellende, differenzierende und synthetisierende Erkenntnis gefragt.

Und worin liegt jene Identität? Sie ist nichts auf einfache Weise rational Fassbares. Wäre dies der Fall bei dem Gefühl für einen Menschen, bei dem Gefühl für den »allgemeinen Geist« einer Gemeinschaft, bei dem Gefühl für die eigene Identität? Nur Rationalisten können darüber hinweggehen – und sie stehen heimlich im Bunde mit den irrationalistischen Emotionen, die eruptiv ausbrechen, weil sie geleugnet werden. »Die eigene Seele leugnen« ist eine nicht zulässige Bequemlichkeit, auch heute nicht.

Die anderen Völker ernten zwar gern »den Gedanken, den Geist« von Deutschland. Doch sie muten uns zu, unsere Identität, wenn überhaupt noch, allenfalls so wie sie die ihre darzustellen, sicher festgemacht und sichtbar in staatlichen Symbolen, ganz auf politische Repräsentation konzentriert. Das ist gar nicht deutsche Art und wirkt in Deutschland nicht erst neuerdings leicht protzig – darum wieder schnell anstößig. Das Bild des »schwankend umirrenden« Rebstocks spricht der Unsicherheit im Selbstgefühl wie in der Selbstdarstellung ein Recht und einen tieferen Sinn zu: Das ist nun einmal die Art der Weinpflanze: mit schwankendem Erscheinungsbild in der Tiefe verankert zu sein und aus dieser Tiefe den köstlichen Saft zu ziehen. Es ist die Art einer primär musisch und kulturell definierten Identität, welche Deutschland in seiner Selbstentdeckung so stark mit dem alten Griechenland vor Alexander verband.

»Allverkannt«, heißt es in der ersten Strophe, »wenn schon aus deiner Tiefe die Fremden ihr Bestes haben«. Bezieht sich das auf das alte »Heilige Römische Reich deutscher Nation«, das in jenen Jahren endgültig zu Ende ging? Oder spürt der Dichter, dass Deutschland seit einigen Jahrzehnten kulturell vorwiegend gebend wurde und dies für eineinhalb Jahrhunderte bleiben sollte? Die Aussage mag auf sich beruhen. Gesamtkulturelle Leistungsvergleiche passen nicht in unsere Zeit. Sie haben auch früher nicht gepasst. Der Fluss von Geben und Nehmen ist gestört, wenn verrechnet wird. Trotzdem darf vom Geben gesprochen werden und ist Anerkennung so wichtig für das gesunde Selbstgefühl eines Volkes wie für den einzelnen. Zu Hölderlins Zeiten – zu Beginn der Napoleonischen Besatzung – bedurfte Deutschland der Ermunterung zu Selbstfindung und des Selbstbewusstseins neben den in politischer Hinsicht weit fortgeschritteneren, national geeinten Nachbarstaaten.

Aber damals schon »allverkannt«? Die Verkennung Deutschlands als kultureller Potenz schien damals schon gängig gewesen zu sein, wohl aufgrund der politischen Zersplitterung. Sie bezieht sich, wie das »Leugnen der eignen Seele« zeigt, nicht bloß auf Verkennung von außen, sondern gleichermaßen von den eigenen Landsleuten. Politische Machtentfaltung wird immer für wichtiger gehalten als kulturelles Gemeinschaftsleben. Doch Verkennung schafft Energiestaus, und diese machen sich in Aggressionen Luft. Aggression ist nicht ein menschlicher Grundtrieb, sondern: gestaute, gehemmte Energie der anderen Triebe oder Leistungen. Wenn es eine besondere deutsche Aggressivität gibt, dann ist zu fragen, ob diese mit zurückgestauten Energien und diese wiederum mit Verkennung zu tun haben.

Ich habe nicht das Ziel, den zitierten Anfang von Hölderlins *Gesang an die Deutschen* hier vollständig zu interpretieren. Es ging mir um eine Ergänzung zu dem viel rationaleren Hegel, der solche emotionale Tiefen der Vaterlandsliebe nirgends ausdrückt. Bei Hegel gibt es wenig Raum für Patriotismus. Der Philosoph konstatiert nur jeweils vorübergehende Dominanz von Volksgeistern. Und dennoch geschieht sein Schaffen aus denselben emotionalen Tiefen. Diese haben wiederum für Hölderlin nicht mit Machtdominanz zu tun. Es geht um den Ausdruck von Liebe. Für einen *inhaltlichen* Ausdruck spezifisch deutscher Identität müssten wir das ganze Gedicht ausführlicher studieren. Es handelt mehr von der Suche nach einem künftigen »freudig Werk« des Vaterlands. Was aber schon da ist, sind: Dichtung, Philosophie, Wissenschaft und der »Fleiß in der Werkstatt«.

> Wo sind jetzt Dichter, denen der Gott es gab,
>   Wie unseren Alten, freudig und fromm zu sein,
>   Wo Weise, wie die unsere sind? die
>   Kalten und Kühnen, die Unbestechbarn!

Mit den »Kalten und Kühnen« dürften nicht allein die Philosophen, sondern auch die Wissenschaftler gemeint sein, die ja zur Zeit Hölderlins noch nicht von der Grundlagendisziplin »emanzipiert« waren. Doch die großen Fortschritte in der Naturwissenschaft haben nicht allein technische, sondern zugleich philosophische, weltdeutende Relevanz – wie umgekehrt. Ebenso beruhen die großen technischen und medizinischen Erfindungen sowohl auf Wagemut und Experimentierfreudigkeit wie auf der ehernen Konsequenz und zugleich Ehrfurcht des Denkens.[46]

Von alledem aus definiert sich deutsche Identität, auch wenn sie nicht – über die besagte Einheit von Rationalität und Intuition, Intellektualität und Spiritualität hinaus – auf eine schnelle rationale Formel zu bringen ist, ohne die Gefahr falscher Zungenschläge. Ist das alles nicht mehr aktuell, weil es einen Hitler gab? Von dem trennen uns auch bereits 50 Jahre [inzwischen mehr als 70 Jahre]. Das ist für einen Politiker länger als für die großen Dichter und Denker Jahrhunderte! Die erste große Definition moderner deutscher Identität liegt sicher in der Zeit Hölderlins und Hegels, die sonst etwas einseitig Goethezeit genannt wird. Vor allem die weltgeschichtliche Bedeutung des im Volk weniger populären Denkers ist lange noch nicht erschöpft. Der erwähnte Hegel-Schüler und deutsche (kulturell jedenfalls nicht »jüdische«) Dichter Heinrich Heine (1797–1856) hat es gewusst und vorausgesagt: Entweder nimmt Deutschland seine Dichter und Denker von prophetischem Format ernst oder die Philister werden furchtbare Gewitter des gewaltmäßigen Auftrumpfens heraufführen:

>»Die deutsche Philosophie ist eine wichtige, das ganze Menschengeschlecht betreffende Angelegenheit, und erst die spätesten Enkel werden darüber entscheiden können, ob wir dafür zu tadeln oder zu loben sind, dass wir erst unsere Philosophie und hernach unsere Revolution ausarbeiten. Mich dünkt, ein methodisches Volk wie wir musste mit der Reformation beginnen, konnte erst hierauf sich mit der Philosophie beschäftigen und durfte nur nach deren Vollendung zur politischen Revolution übergehen«.[47]

---

[46] Menno Aden, *Kulturgeschichte der deutschen Erfindungen und Entdeckungen von Albertus Magnus bis Konrad Zuse*, Paderborn 2017.

[47] Heinrich Heine, *Zur Geschichte der Religion und Philosophie in Deutschland*, Paris 1834; Nachdruck Berlin und Weimar 1978, Heines Werke in 5 Bänden, 145 f.

Zwei Seiten weiter warnt Heine in scheinbar hellseherischer Klarheit:

> »Der Gedanke geht der Tat voraus wie der Blitz dem Donner. (…) und wenn ihr es einst krachen hört, wie es noch niemals in der Weltgeschichte gekracht hat, so wisst: der deutsche Donner hat endlich sein Ziel erreicht. (…) Es wird ein Stück aufgeführt werden in Deutschland, wogegen die französische Revolution nur wie eine harmlose Idylle erscheinen möchte.«

Heine denkt an eine deutsche Revolution gegen die Obrigkeit, nicht etwa an die späteren nationalistischen Greuel. Dennoch warnt er die französischen Nachbarn, seine Gastgeber im Exil vor der deutschen Obrigkeit:

> »Wie auf den Stufen eines Amphitheaters werden die Völker sich um Deutschland herumgruppieren, um die großen Kampfspiele zu betrachten. Ich rate euch, ihr Franzosen, verhaltet euch alsdann sehr stille, und beileibe, hütet euch, zu applaudieren. Wir könnten euch leicht missverstehen.«

Der deutsche Donner hat innenpolitisch sein Ziel nicht erreicht und tobte sich außenpolitisch, kriegerisch aus, unter Anleitung der Obrigkeiten.

Heines Mahnungen sind immer noch – trotz der gescheiterten und darüber hinaus vergessenen Revolutionen des 19. Und 20. Jahrhunderts – gewissermaßen aktuell, da die Verwirklichung des Denkens in der Politik immer noch aussteht. Die Verleugner des Eigenen, also solcher Verwirklichung als nationaler Berufung, stehen, ohne es zu wissen, im Bunde mit den Gewalttätern. Denn wenigstens unbewusst funktioniert eine nationale Einheit, und es gibt so etwas wie Fehlleistungen des kollektiven Unbewussten. Wache Menschen konnten damals wissen, dass Deutschlands Berufung eine andere war als besinnungslose industrielle Revolution plus obrigkeitsstaatlicher Militarismus, wie das Beispiel Heines zeigt. Sie können es auch heute wissen, dass unsere Identität durch Mercedes-Stern und »Made in Germany« nicht zureichend symbolisiert ist.

Die Fixierung der deutschen Identität auf die Ebenen politischer und wirt-schaftlicher Macht statt auf seine geistige Identität und Berufung (ohne apolitisch ins bloß Schöngeistige abzudriften) war der Keim des Unheils und ist es immer noch. Auch wenn man, wie es heute diplomatisch gern geschieht, Ohnmacht oder »Normalität« statt Macht betont, ist damit noch kein Beitrag zur Identitätsfindung geleistet. Die oben gestellte Frage: hat Deutschland trotz oder womöglich wegen seiner denkerischen Kultur soviel Unheil an sich selbst wie an anderen gestiftet? ist eindeutig zu beantworten: trotz seiner Denker und Dichter, trotz seiner Forscher und Erfinder. Wohl hat die zur Goethezeit sowie in der Restaurationszeit begonnene unpolitische Teil-Strömung der unheilvollen Dominanz von Militär und Politik in die Hände gearbeitet. Philosophen wie Fichte und Hegel stehen nicht für diese Strömung, Dichter wie Hölderlin und Heine auch nicht. Etwas provozierend möchte ich ein berühmtes Hölderlin-Wort in diesen durchaus politischen Zusammenhang von deutscher Identität stellen: »Was bleibet aber, stiften die Dichter« (Schluss des Gedichtes *Andenken*). »Was bleibet«, ist nämlich eine Umschreibung von Identität des Gemeinwesens.

Die Spannungseinheit von Klarheit und Tiefe: Heideggers »Fall« und Jaspers Klarsicht

Nochmals, warum diese Orientierung an der deutschen Klassik? Wenn schon an Literatur und Philosophie, warum nicht an der Gegenwartsliteratur und -philosophie? Das ist einmal eine Frage der Kürze. Ich habe auf einige neuere Autoren angespielt. Doch es liegt mir nicht an einer literaturgeschichtlichen Arbeit. Wir hätten dann zurückgehen müssen von den Neueren auf die Klassiker wie zum Beispiel von Thomas Mann auf Goethe und Nietzsche, von Brecht zurück auf Schiller. Die Wende vom siebzehnten zum achtzehnten Jahrhundert ist nun einmal die Geburt Deutschlands als National-staat. Vorher war das Reich und die Fürstentümer. Zugleich ist es die Geburt, nein: die Aufgipfelung des spezifisch Deutschen im kulturellen Sinne einer gesteigerten Reflexions- oder Innerlichkeitskul-tur. Sie kommt mit Kant (1724–1804) und Herder (1744–1803) in der

Philosophie, mit Goethe in der Literatur zum vollen Durchbruch. Eben darin liegt etwas Spezifisches von weltgeschichtlicher Bedeutung, woran wir Späteren notwendig anknüpfen – weil wir in einer Geschichte stehen. Diese ist mindestens so sehr Kulturgeschichte wie politische Geschichte. Ich versuche nicht, beide Geschichten gegeneinander auszuspielen, sondern sie aufeinander zu beziehen. Auch die Geschichte der Naturwissenschaften und der Technik gehört natürlich zur Kulturgeschichte. Nachdem wir uns aber seit der »industriellen Revolution« so daran gewöhnt haben, diese als maßgebend anzusehen, wird hier der geistesgeschichtliche Anteil der Kulturgeschichte ins Licht gerückt.

Was die Philosophie angeht, so kann man wohl noch weitergehen, anschließend an das oben zitierte Urteil des Heidegger-Schülers Löwith: Mit Hegel hat die Philosophie, teils über Marx, endgültig weltgeschichtliche Bedeutung erlangt, auch in der Form der Ablehnung oder Verleugnung seines Denkens. Hegel ist nicht nur wie Goethe unüberholt, sondern mehr als Goethe noch nicht eingeholt. Man holt einen Denker nur ein, indem man über ihn hinausgeht, präzise das »aufhebend« (im Hegelschen Sinn), was er erarbeitet hat.

Das wusste auch Martin Heidegger (1889–1976). Ich sehe aber in seiner Gestalt nicht nur einen der vielen, die zeitweise dem Nazismus auf den Leim gegangen sind. Darüber gibt es inzwischen, besonders aus den letzten acht Jahren, eine ganze Literatur, auf die ich gar nicht eingehen will. Mir geht es, wie ich schon früher (im Kant-Buch von 1986) betonte, um eine tiefere Verwandtschaft Heideggers zu dem Irrationalismus, welcher der Humusboden des Nationalsozialismus war. Ich sehe bei ihm intellektuell einen gewaltigen Einbruch in die Landschaft des klaren, »den sicheren Gang einer

Wissenschaft nehmenden«[48] philosophischen Denkens, einen Einbruch, der mit dem Hitlers in der Politik vergleichbar ist. Da ich
Schüler von direkten Heidegger-Schülern bin (Johannes B.
Lotz, Karl Rahner – die allerdings von ihrem Hintergrund der scholas-
tisch-katholischen Philosophie her noch in gesunder Distanz zu
Heidegger blieben) und mit zahlreichen Heideggerianern diskutiert
habe, glaube ich zu wissen, worüber ich spreche, auch wenn ich
mich hier nicht auf den Heidegger-Tonfall einlassen kann und
möchte. Die Distanz zu dem meines Erachtens pseudo-mystischen
und pseudo-poetischen Denken Heideggers hat mich manches an
fachlichen »Beziehungen« gekostet.

Es geht nicht um eine Diffamierung der Person Heideggers und seiner subjektiven Aufrichtigkeit. Ohne die letztere hätte er nicht die
Ausstrahlung und Überzeugungskraft gehabt, die ihm eine für einen
Philosophen (vor Habermas) ungewöhnliche Wirkung und Berühmtheit noch zu Lebzeiten verschaffte. Doch kann ich nicht anders, als in seiner raunenden Art der Seins-Andachten, die natürlich
von großer, wenngleich monomanischer philosophiegeschichtlicher
Gelehrsamkeit umrankt sind, einen gewaltigen Abfall und einen
Missbrauch der Synthese von Klarheit und Tiefe, von Intellektualität
und Spiritualität erkennen, wie sie in der Philosophie des deutschen
Idealismus und der Frühromantik (Hölderlin eingeschlossen) erreicht war. Heidegger und viele seiner Schüler, vor allem Schüler
zweiter Hand, haben die Philosophie als kritisches Korrektiv und als

---

48 Immanuel Kant wird im Vorwort zur 2. Auflage der »Kritik der reinen Vernunft«
    (1787) nicht müde, diesen Ausdruck für die wissenschaftliche Strenge und Ge-
    nauigkeit der Philosophie zu verwenden und bringt ihn mit dem »noch nicht er-
    loschenen Geist der Gründlichkeit in Deutschland« in Zusammenhang (KrV, B
    XXXVI). Gründlichkeit war kein Klischee und keine »Sekundärtugend« für die
    Charakterisierung deutschen Geistes, sondern meinte eine spezifische Kraft zu
    Tiefe und Sammlung. Kar! Marx schrieb in seiner *Einleitung zur Kritik der He-
    gelschen Rechtsphilosophie* im Pariser Exil: »Das gründliche Deutschland kann nur
    von Grund auf revolutionieren.« Doch die besondere Gabe, auf den Grund der
    Dinge in der eigenen Innerlichkeit zu gehen, kann auch dazu führen, die Tiefe
    oder »das Sein« oder »sein Absolutes für die Nacht auszugeben, worin, wie man
    zu sagen pflegt, alle Kühe schwarz sind« (Hegel, *Vorrede zur »Phänomenologie des
    Geistes«*).

Partner der Einzelwissenschaften, der aufstrebenden Psychologie und Soziologie, aber auch der Naturwissenschaften »unmöglich« gemacht.

Der für Heidegger so zentrale Seins-Begriff selbst wird nämlich nicht geklärt, sondern zu einer unverständlichen, sakrosankten Zauberformel und Immunisierungsfloskel: Er ist – wenn wir es doch wagen, näher hinzusehen – ein Bastard zwischen dem verständlichen, wiewohl seit der kantischen Wende nicht mehr akzeptierbaren aristotelisch-thomanischen Seinsbegriff (»das, was allem Seienden zukommt«) und dem nach-Kantischen Sinn-Begriff (Sinn als Horizont all unserer geistigen Akte). Er schwankt also zwischen gedanklichem »Sinn« und dem »Sein« der naturhaften Einheit alles »Seienden«, jenem besonderen, unsinnlichen Urstoff, mit dem Aristoteles die altgriechische Frage nach dem Urstoff aller Dinge beendete.

Wenn man Heideggerianer um Klärung bittet, was »Sein« heißen soll, ziehen sie sich nach Art von Offenbarungs-Theologen in das unaussprechliche Geheimnis zurück, diesmal in das des »sich zusprechenden Seins«.[49] Damit sind die begriffskritischen Anforderungen, die an Philosophie zu stellen sind, unversehens bei einem der zentralsten Grundbegriffe aufgegeben. Keineswegs wird von mir ein eng rationalistischer oder ein grob empiristischer Maßstab angelegt, gefordert wird nur die Verifizierung der ersten Begriffe an einer Art intellektuellen Anschauung oder Erfahrung der eigenen Bewusstseinsvollzüge.

Eine ganz besondere, zentrale Rolle spielt bei alledem die *Zeit* in ihrem Verhältnis zum menschlichen Bewusstsein sowie zum Sein. Kant hatte Zeit und Raum als Formen als subjektive Anschauungsformen analysiert, unter denen uns die in ihrem Ansichsein unbekannte Wirklichkeit erscheint: wie Raum die Form sei, unter der uns äußere Dinge erscheinen, so ist Zeit die Form, unter denen das menschliche Bewusstsein sich selbst erscheint. Das wahre Ich ist

---

[49] Für Leser, die an der ontologischen Problematik aus kritischer Sicht näher interessiert sind, weise ich auf meinen Artikel *Ontologie* in der *Theologischen Realenzyklopädie* hin, Band 25, 1995. Inzwischen auch auf Kap. 8 von *Integrale Philosophie, Sankt Augustin 2014.*

nicht in der Zeit oder zeitlich, sondern Zeit ist ein Produkt des Bewusstseins. Fichte und Hegel haben diesen Ansatz weiter vertieft: *das Zeitbewusstsein geht aus den sich ständig wiederholenden Bewegungen der Selbstreflexion des menschlichen Bewusstseins hervor;* es ist dessen Wiederholungsprodukt: Nichtidentität des identischen Bewusstseins. Zeit ist (wie schon bei Aristoteles) Maß der Bewegung, jedoch nun primär nicht der Objekte, sondern des Bewusstseins selbst. Bei Heideggers Lehrer Edmund Husserl (1859–1939) wird das Verhältnis von Zeit und Bewusstsein aber umgekehrt und – in paradoxem Kontrast zu Husserls eigentlichen, erkenntniskritischen Absichten – mehr dem sogenannten gesunden Menschenverstand angenähert: Bewusstsein wird einfach von vornherein als ein »Zeitstrom« aufgefasst. Zeit wird dabei als etwas unhintergehbar Gegebenes hingenommen aber nicht mehr verstanden in seinem Hervorgehen aus dem Bewusstsein.

So kann dann bei Heidegger Zeit zum »Horizont« des Seins werden. Die traditionelle Seinslehre hat es nach Heidegger versäumt, das Sein des Daseins (d.h. des Menschen) ursprünglich von der Zeitlichkeit her aufzufassen, so dass von ihr aus kein Weg »von der ursprünglichen Zeit zum Sinn des Seins« führt.[50]

Mit Herder und Hegel hatte das geschichtliche Bewusstsein sich in der europäischen Geistesgeschichte Bahn gebrochen. Hegel hatte den kühnen, leicht zu kritisierenden (weniger leicht zu widerlegenden und zu verbessernden, wenngleich verbesserungswürdigen) Versuch gemacht, in der Geschichte logische Strukturen wiederzufinden. Denn Geschichte ist für ihn die Reflexionsbewegung eines sich durchhaltenden Geistes, der sich in immer neuen Schritten auf sich als denselben, aber doch andersgewordenen bezieht (Reflexion = Selbstbezug). Ob dieses sich durchhaltende Subjekt der Geschichte nur der jeweilige »Volksgeist« ist (so J.G. Herder) oder ob das Miteinander der Volksgeister eine breitere Identität voraussetzt, die Hegel »Weltgeist« nennt, und ob dieser gemeinsame Geist mehr als einen Kulturkreis umfasst, das sind wohl sinnvolle, produktive Fra-

---

[50] Martin Heidegger, *Sein und Zeit*, Gesamtausgabe Bd. II, Frankfurt/M 1977, § 83.

gen. Oswald Spengler (1880–1936) und Arnold Toynbee (1889–1975) haben später Theorien von organisch aufgehenden und wieder untergehenden Kulturkreisen entwickelt.

Jedenfalls folgte im Verlauf des 19. Jahrhunderts ein gewaltiges Aufblühen der Geschichtsforschung. Von daher lag der →*Historismus* schon nahe, das heißt der Versuch, alles und jedes als bloß geschichtliches Phänomen zu verstehen, auch überzeitliche, geschichtsunabhängige Strukturen, wie wir sie zumindest aus Logik und Mathematik zu kennen meinen. Erst mit Heideggers Umdeutung von *Sein als Zeit* wird die Stärke der deutschen Forschung, das geschichtliche Denken, aber zur undurchschauten »*deutschen Ideologie*«: *alles ist Produkt der irrational webenden Geschichte.* Es gibt keine übergeschichtlichen Strukturen der Wahrheit mehr. Logik und Mathematik sind untergeordnete Hilfsmittel der Naturbewältigung. Sie haben für die Philosophie und Sozialtheorie nichts Mustergültiges mehr.

Wo Zeit somit zum quasi-göttlichen Numinosum wird, sinkt Philosophie zu Raunen und anmutendem Spiel mit der deutschen oder einer anderen geschichtlichen Sprache herab. Den Zeitkrankheiten des 20. Jahrhunderts, dem →*Historismus* (alles ist nur als Geschichtsphänomen zu verstehen, es gibt keine übergeschichtlichen Strukturen) und dem →*Relativismus* (wer glaubt noch an Wahrheitserkenntnis?) sind Tür und Tor geöffnet. Deren praktische Seite ist der →*Opportunismus* als gelebter Wert-Relativismus: Wo es keine geltende Werte-Ordnung gibt bzw. wo es weltfremd wäre, einer solchen zu folgen, gelten bloß Vorteile und Machtdurchsetzung. Die *Kritik der zynischen Vernunft* von Peter Sloterdijk (1983), die solches Treiben sprachkräftig beschreibt, erhebt sich selbst nicht über den Zynismus. Es gibt den →*Zynismus* der Macht und den der Intellektuellen. *Zynismus* ist seiner selbst bewusster und sich selbst behauptender Opportunismus. Natürlich wollte Heidegger nichts mit all dem zu tun haben, als er seine Sprach-Andachten zu Sein als Zeit hielt. Dennoch hat er indirekt sehr wohl mit diesen Erscheinungen zu tun, weil Zeit eine an und für sich leere und irrationale Fiktion des Bewusstseins ist, solange sie nicht als Bewusstseinsprodukt durchschaut wird. (Es geht uns hier so wenig wie Heidegger an, was der physikalischen Zeit sonst noch zugrunde liegen mag.[51])

Andere Denker wie Max Scheler, Karl Jaspers, die Frankfurter Schule und sonstige waren wichtig, doch sie erreichten nicht diesen Ereignischarakter, wie ihn Heidegger schon bald nach dem Krieg erlangte. Von einer »Entnazifizierung« der Universitätsphilosophie lässt sich im Hinblick auf den Heideggerianismus und seinen unverkennbaren Sprachjargon der »Eigentlichkeit« nicht sprechen, auch wenn das Politische und Nationale kein Thema in diesen Kreisen mehr waren. Ist die Rückkehr zum unpolitischen Deutschen aber eine unpolitische Lösung?

Das philosophische Deutschland war durch den Heideggerschen »Jargon der Eigentlichkeit« (Adorno) in der Nachkriegszeit und länger in vielen Universitätsstädten ebenso ein Trümmerfeld wie das wirtschaftliche und politische. Nur ist diese Tatsache – das ist ein bedenkenswerter Unterschied – bis heute noch unerkannt oder umstritten.

Bei allem geht es mir nicht allein um Philosophiegeschichte als solche, sondern um die Frage der deutschen Identität, die in Deutschland nun einmal – ob man es erkennt oder nicht – an die Philosophie gebunden ist. Heidegger fühlte sich sehr deutsch. Doch das trifft auch auf den im selben Jahr (1889) geborenen politischen Führer zu. Es geht mir nicht um die Verurteilung, gar Dämonisierung eines Menschen und seines subjektiv wohl aufrichtigen Werkes. Es geht um das Aufzeigen von Grundalternativen und Wertentscheidungen zur deutschen Identität. In der Philosophie ist sie durch die Wortpaare *Klarheit und Tiefe, Rationalität und Intuition, Intellektualität und*

---

[51] Um dieses Problem kreist, allerdings auch unter der Husserlschen Voraussetzung einer »ursprünglichen« Zeitlichkeit des Bewusstseins, Carl Friedrich von Weizsäcker in seinem neuen großen Werk *Zeit und Wissen*, München 1992. – Eine in ihrem Bereich revolutionär neue Zuordnung von Zeit, Zahlen und dem für sich schon (nicht erst durch Hinzufügung der Zeit) vierdimensionalem Raum findet sich bei dem Physiker, Chemiker und Mathematiker Peter Plichta, *Das Primzahlkreuz*, II Bände, Düsseldorf 1991. Inzwischen erschien Band III, in 2 Teilen, Düsseldorf 1998 u. 2004.

Spiritualität gekennzeichnet. Diese fruchtbare Spannung durchzuhalten, das kann in diesem Zusammenhang *»typisch deutsch«* genannt werden.

Mag dieses Denken vom Standpunkt der angelsächsischen mainstream philosophy, die durch den Wiener Ludwig Wittgenstein (auch 1889 geboren) angestoßen wurde, unklar oder spekulativ wirken – es ist schon jetzt abzusehen, dass der Erkenntnisgewinn der Sprachanalyse trotz einer Unmasse von Literatur letztlich sehr gering ist, während die *weitergedachte* Linie Kant-Fichte-Hegel-Reflexionstheorie stets neue Aktualität und Fruchtbarkeit zeigt und zeigen wird. Diese Linie hat Heidegger – sehr zum Schaden seiner Philosophie wie der deutschen Kultur und trotz seiner völligen Abhängigkeit von ihr – zusammen mit der ganzen Philosophiegeschichte des Abendlandes als »Metaphysik« in einem negativen Sinn verworfen, um selbst raunende Pseudomystik zu produzieren. Suchende, besonders auch aus asiatischen Kulturen, die den Zusammenhang von klarem Denken und echter Mystik[52] nicht erkennen können, lassen sich vom Raunen beeindrucken, zumal wenn sie die Sackgassen und Labyrinthe heutiger Universitäts-Philosophiegeschichte genügend kennengelernt haben.

An gedanklicher Tiefe und vor allem an philosophiegeschichtlicher Weite des Blickes steht Karl Jaspers (1883–1969) seinem Kontrahenten Heidegger nicht nach. Doch er hat ungleich klarer die Zeichen seiner Zeit erkannt. Er wurde 1937 aus politischen Gründen seines Professorenamtes enthoben. Aufgrund seines Zusammenlebens mit einer »jüdischen« Frau (»die vielleicht Deutschland mehr geliebt hatte als ich«[53]) erfuhr er die Gefährdung durch das Nazi-Regimes in doppelter Wucht. Jaspers wurde es unerträglich, deutscher Staatsbürger zu sein, als der Verbrecherstaat herrschte, jedoch niemals: Deutscher im kulturellen Sinn zu sein.

---

[52] Vgl. meine Anm. 20 genannte Schrift *Handlung – Sprache – Kunst – Mystik* sowie den Artikel *Mystik* in: *Wörterbuch der Religionspsychologie*, hg. von Siegfried R. Dunde, Gütersloh 1993.

[53] Karl Jaspers, *Philosophische Autobiographie*, in: *Mitverantwortlich. Ein philosophisch-politisches Lesebuch*, Gütersloh o. J., 70.

Dieser bedeutendste politische Philosoph der Nachkriegszeit sah stets klar, dass sich Deutschland als Ganzes niemals in seiner Geschichte von der politischen Einheit und Ebene her definieren wollte und konnte. Diesen Anspruch auf ein politisches Großdeutschland erhob freilich das Nazi-Regime mit Gewalt. So existentiell wie kaum ein anderer Philosoph fühlte er sich während und nach dem Verbrecherregime, das er vorher freilich auch nicht in dieser Radikalität für möglich gehalten hätte, von der Frage betroffen: Was ist deutsch? Er ist ihr in seiner *Philosophischen Autobiographie* (1953) sowie in einem Rundfunkvortrag von 1962 nachgegangen.

»Damals, zerstört bis auf die Wurzeln, die selber aber noch lebten, wurde bewusst: Deutsch ist, wessen Muttersprache Deutsch ist, wer seine wahrsten und tiefsten Gedanken in deutscher Sprache denkt, wer in dieser Sprache liebt. (...) Als wir alles verloren hatten, da war doch unsere deutsche Sprache und das, was in ihr überliefert blieb, und da war für jeden Einzelnen seine Herkunft und da waren seine liebsten Menschen mit ihm. Das war unsere einzige Substanz. Da waren alle Deutschen Einzelne. Aber für jeden galt unverbrüchlich Shakespeares Wort: ›Ein Wesen, das verachtet seinen Stamm, kann nimmer fest begrenzt sein in sich selbst‹ (Lear IV, 2)
(…) Dem Deutschen ist auferlegt: wenn seine deutsche Umwelt zu versagen scheint, muss er sein eigenes Deutschsein finden. Es kann für den Einzelnen ein typisches deutsches Schicksal werden, unselig zu werden, weil ausgestoßen, ob faktisch oder in geistiger Feindseligkeit, ob im brutalen Verneintsein seines Daseins oder ob in den Formen verschleiernder Konventionen.
(…) Wenn Deutsche sich in der Tiefe verstehen, dann zuerst als Menschen, nachher als Deutsche. Wir sind nicht Emigranten im Entscheidenden. Denn wir leben mit den uns innig Verbundenen, mit den ewigen Deutschen eines Jahrtausends, die unter den Völkern ihr Wort sprachen und von der Menschheit gehört werden.
(…) Der politische Nationalgedanke ist heute nur noch unheilvoll. Der ethische Nationalgedanke beflügelt uns, wenn wir die Forderungen unserer Ahnen hören, die wir als solche anerkennen. «[54]

---

[54] Karl Jaspers, *Was ist deutsch?* a.a.O., 293–300

Hier würde ich allerdings gern das engere Wort »ethisch« durch das weitere »kulturell« ersetzen oder ergänzen. Die Unterscheidung von Politik und Kultur bedeutet (so auch bei Jaspers) nicht neue unpolitisch-deutsche Abwertung des Politischen und neuerliche Flucht vor ihm, sondern Einordnung, Integration des Politischen auf dem ihm gebührenden, vor allem in Deutschland gebührenden, systemtheoretisch untergeordneten Platz. Das könnte durch die künftige politische Einswerdung Europas leichter werden.

Wir müssen uns heute fragen, ob das wiedervereinigte Deutschland sich in Gestalt seiner politischen Repräsentanten bewusst ist, dass auch das jetzige vereinte, staatlich-politische Deutschland nur eine »kleindeutsche« Lösung im Bismarckschen Sinn darstellt, verglichen mit dem kulturellen Sinn von »deutsch«. Doch ein solches Bewusstsein wäre mit jener Selbsterkenntnis, nämlich Selbstrelativierung der politischen Ebene verbunden, von der wir schon handelten. Die wenigsten Politiker sind dazu bereit oder fähig. Sie könnten dergleichen daher auch nicht aussprechen, ohne im deutschsprachigen Ausland Anstoß zu erregen. (Jaspers hielt Holland und die Schweiz für die Länder, welche der alten, freiheitlich-kulturellen Bedeutung von »deutsch« seinerzeit politisch am gerechtesten geworden seien.)

Sri Aurobindos Zeugnis aus indischer Sicht

Wird alles das nicht vielleicht zu sehr aus deutscher Perspektive gesagt? Wäre es nicht interessant, ausländische Zeugen zu befragen? Zwar liefert die Übersetzung deutscher Bücher ähnlich wie im technischen Bereich der Kauf deutscher Patente ein beredtes Zeugnis der Fakten: Die neue historische Hegel-Ausgabe wird zu einem Großteil nach Japan geliefert. Doch hier sind wir zu nahe bei den Geld- und Markt- und Modefragen.

Ein andersartiges, selbst deutendes und philosophisch-spirituelles Zeugnis findet sich bei einem der bedeutendsten indischen Denker und Weisen des 20. Jahrhunderts, Sri Aurobindo, der zuerst neben Gandhi für die politische Unabhängigkeit Indiens kämpfte, sich von seiner Gefangenschaft an aber ganz der Ausübung seines »integralen

Yoga« sowie dem Lehren und Meditieren widmete. In einem seiner Hauptwerke *Der Zyklus der menschlichen Entwicklung,* das kurz nach dem Krieg geschrieben wurde, kommt Aurobindo besonders ausführlich auf Deutschland zu sprechen.

Er handelt von einem subjektiven Zeitalter der Menschheit, von der Notwendigkeit einer subjektiven Bewusstwerdung sowohl der Individuen wie der Nationen, bevor über-subjektives Bewusstsein erlangt werden kann. Es gibt eine »National-Seele«, die zu leugnen nichts als Unbewusstheit ist. Allerdings:

> »Soll das subjektive Zeitalter der Menschheit seine besten Früchte tragen, müssen sich die Nationen nicht nur ihrer eigenen, sondern auch der Seele der anderen bewusst werden und lernen, sich gegenseitig nicht nur wirtschaftlich und erkenntnismäßig, sondern auch subjektiv und spirituell zu achten, zu helfen und zu fördern.«[55]

Deutschland sieht er als das bemerkenswerteste Beispiel für das Betreten der subjektiven Stufe, das positiv durch sein geistiges Vorangehen wie negativ durch die missbräuchliche Aggression ein allgemeines Erwachen zur »subjektiven Stufe« nationalen Bewusstseins in der Welt herbeiführte.

> »Denn erstens war ihm eine Art Schau eigen – bedauerlicherweise mehr aus dem Verstand als der Erleuchtung – sowie der Mut, ihr zu folgen – unglücklicherweise wieder eher vital als intellektuell und spirituell.« (ebd.)

Das sei *der Irrtum Deutschlands:* sein vitales Ich, also sein Bedürfnis-Ich, für sein eigentliches Wesen zu halten. Deutschland hatte seine Seele gesucht und nur seine Stärke entdeckt. Es verwechselte, anders gesprochen, seine wahre kulturelle und seine spirituelle Identität mit militärischer und politischer Macht.

> »Wir dürfen uns durch den äußeren Anschein nicht zur Annahme verleiten lassen, dass Deutschlands Stärke durch Bismarck ge-

---

[55]   Sri Aurobindo, *Zyklus der menschlichen Entwicklung*, Planegg 1983, 43.

schaffen oder von Kaiser Wilhelm II. gelenkt wurde. (...) Die
wirkliche Quelle dieser großen, doch in ihrer objektiven Tat so
stark verunstalteten subjektiven Kraft lag nicht in Deutschlands
Staatsmännern und Soldaten, die überwiegend recht armselige
Typen waren, sondern in seinen großen Philosophen Kant, Hegel,
Fichte, Nietzsche, in seinem großen Dichter und Denker Goethe, in
seinen großen Musikern Beethoven und Wagner und vor allem in
der deutschen Seele und Anlage, die diese verkörperten. Eine Nation, deren größter Erfolg fast ausschließlich auf den beiden Gebieten Philosophie und Musik lag, ist klar dafür vorausbestimmt,
zum Subjektivismus[56] hinzuführen und wesentlich Gutes wie Bö-
ses in den Anfängen eines subjektiven Zeitalters auszulösen. Dies
war die eine Seite der Bestimmung Deutschlands. Die andere betrifft ihre Gelehrten, Lehrer, Wissenschaftler und Organisatoren.
Diese Nation war schon lange für ihren Fleiß, ihre Zuverlässigkeit,
ihren ehrlichen und sorgsamen Arbeitsgeist und die Treue zu ihren Ideen berühmt.« Ein Volk könne in seinen subjektiven Fähigkeiten hochbegabt sein, doch materiell und organisatorisch versagen, wodurch auch die geistigen Fähigkeiten nicht zum Tragen
kommen.»In Deutschland war diese Brücke vorhanden, wenn sie
auch meist durch einen dunklen Tunnel an einem steilen Abhang
entlangführte. Denn es gab keine ungestörte Verbindung vom
subjektiven Geist der Denker und Sänger zum objektiven der Gelehrten und Organisatoren« (ebd. 44).

---

[56] Dem vollen Sinn nach wäre »Subjektivismus« zu übersetzen: Selbstbewusstseins-
analyse und praktisches Innewerden des Individuums als Selbstbezug-im-Fremdbezug: Reflexionstheorie! – An dieser Stelle sei auf einen französischen Denker hingewiesen, der in seinen Werken kongenial, auch korrigierend
die »deutschen Idealisten« selbständig weiterdachte: Louis Lavelle (1883–1951).
Mehr als Sartre und im Gegensatz zu den Modeberühmtheiten der französischen
Universitätsphilosophie würde Lavelle eine gründliche Rezeption in Deutschland
verdienen. Auf Deutsch erschienen von seinen zahlreichen Werken nur *Die totale
Gegenwart*, 1952, und *Der Irrtum des Narziss* mit einer Einführung von Leo Gabriel,
Wien – München 1955 sowie eine Monographie von Karl Albert, *Zur Metaphysik
Lavelles*, Bonn 1975, worin Lavelles Seinsdenken jedoch zu sehr dem scholasti-
schen angenähert und dadurch nivelliert wird. – Unter der Wirkung eines so spi-
rituellen wie analytisch genauen Denkens wären keine Überheblichkeits- und
Hassausbrüche zwischen den Nationen Europas möglich gewesen!

Hier ist also nicht nur das Problem der Verbindung von *Geist und Macht* in Deutschland angesprochen, sondern das zwischen dichterisch-künstlerischer Subjektivität und Objektivität des Denkens, der die deutsche Philosophie mehr als andere, aber nicht ausdrücklich genug zuneigt. Diese Kluft wird heute mehr als je vom Tagesjournalismus gepflegt, insofern der objektive Erkenntnisgehalt wissenschaftlicher Philosophie in der Fülle subjektiver Äußerungen und Meinungen untergeht. Parallel aber zu der schwierigen Verbindung zwischen beiden Seiten sieht Aurobindo die Unterscheidung bzw. Verwechslung von wahrem *Selbst und vordergründigem Macht-Ego.*

> »Die ganze Wurzel des deutschen Irrtums aber liegt in dem Fehler, Leben und Körper für das Selbst zu halten. (...) Um den Irrtum aufzudecken, ist es nötig, die wahre Individualität von Mensch und Nation zu erkennen« (ebd.).

Was heute aber in Deutschland vor sich geht – hier gehe ich über das Referat von Aurobindo hinaus –, ist der Versuch, lieber auf Individualität der Nation zu verzichten, damit auf die geistige Berufung Deutschlands, als auf die materielle Bedürfnisbefriedigung für das niedere Ego der Nation. Dabei macht es nur einen hauchdünnen Unterschied, ob man dieses nationale Ego ganz zugunsten des individuellen Ego streicht (Multikulti-Rummel, soviel wie man will, Hauptsache die persönliche Kasse stimmt) oder es als nationales Ego gegen Fremde behauptet (»Ausländer raus« »Deutschland den Deutschen«). Die materialistische Vaterlandslosigkeit, weil Gedankenlosigkeit, berührt sich mit dem Extrem des nationalistischen, aber ebenso materialistischen Egoismus, auch wenn die einen »für«, die anderen »gegen« Ausländer sind.

Da viele aus der akademischen Oberschicht nur das nationale Konsum-Ego kennen, doch nicht selbst die materiellen Ängste erfahren, öffnen sie die Festung Deutschland und Europa leichter für alle Welt: nach uns die Sintflut. Womit sie allerdings nicht bloß an der niederen Volksseele (um die allein wäre es in der Tat nicht schade), sondern auch an der höheren nationalen Identität vorbeigehen. Beides ist ihnen als euro-amerikanischen Einheits-Weltbürgern einerlei.

Deutschland, das in der ersten Hälfte des bald zu Ende gehenden Jahrhunderts im Mittelpunkt zweier Kriege stand und seine Aggression teuer bezahlte, hat nach der wiedergeschenkten Einigung dessen, was noch zu retten war, durchaus die Berufung, sich selbst auf seine höhere nationale Identität zu besinnen und darin einen Schritt beispielhaft voranzugehen. Auf politischer Ebene bedeutet das Unterstützung der europäischen Einheit-in-Vielfalt (keinen Einheits-Staat, nur weil gemeinsamer Markt!) sowie nachhaltige Unterstützung der Völkergemeinschaft bei der internationalen Friedenssicherung.

Ebenso wichtig wäre auf kultureller und philosophisch-weltanschaulicher Ebene das Einbringen neuer denkerischer und spiritueller Impulse aus dem Besten seiner international anerkannten Tradition. →*Nationalismus* ist wesentlich die pseudo-religiöse Aufladung des kollektiven Egos einer Nation. Es gibt zu denken, dass die christlichen Kirchen diese Art von Nationalismus in den letzten hundertfünfzig Jahren nicht verhindern konnten. Daher wäre über die spirituellen Impulse des »deutschen Idealismus« sowie über das von Aurobindo aus indischer Sicht kritisierte Verhältnis von Spiritualität und Intellektualität in Deutschland und Europa ausführlicher nachzudenken. Liegt nicht Tragik darin, dass in Deutschland seit Karl dem Großen die Religion ultramontan geprägt war, d.h. von jenseits der Berge als eine aufgezwungene kam und sich das freie kulturelle wie intellektuelle Leben erst in einem Jahrtausendprozess langsam von dieser Überfremdung (Heteronomie) befreien musste?[57] Im Hinblick auf eine weltgeschichtlich wichtige, langsame Differenzierung weltlicher Kultur und Wissenschaft von der Religion hatte dies vielleicht seine positive Bedeutung. Im Hinblick auf den Verlust einer einheimischen Spiritualität (des alten Weistums, der weisen Frauen z.B.) scheint heute die Tragik größer.

Aus meiner philosophischen Sicht der Dinge steht heute vor allem auf der Tagesordnung der Geistesgeschichte: die Begegnung der

---

57 Vgl. hierzu Sigrid Hunke, *Europas eigene Religion. Der Glaube der Ketzer*, Bergisch-Gladbach 1983; dieselbe, *Vom Untergang des Abendlandes zum Aufgang Europas*, Frankfurt/M 1988.

stärker intellektuell und *methodologisch* betonten deutschen und europäischen Philosophie mit derjenigen der indischen Tradition, die zwar nie von der Religion differenziert war (wobei auch keine Überfremdung und kein kirchlich-autoritärer Druck ausgeübt wurde), aber dem Stoff, den teils hellsichtig erworbenen Einsichten nach wahrscheinlich noch reicher ist. Diese Begegnung beinhaltet mehr an Arbeit und Einsicht als etwa die Anmutungen der bisherigen »Transpersonalen Psychologie«. Ob sie gelingt oder ob das in Europa (natürlich nicht allein in Deutschland) Erarbeitete angesichts des großen materialen Reichtums Ostasiens auf lange Sicht in Vergessenheit gerät, hängt von unserer eigenen Selbstbesinnung ab. Noch fragen die Inder, Japaner, Chinesen, Indonesier usw. bei allem berechtigten Selbstbewusstsein intensiv nach dem Beitrag Europas zum Neuerwerb ihrer eigenen philosophischen Schätze. Dass Deutschland dabei eine Sonderstellung einnimmt, die auf mehr als auf seiner gegenwärtigen Wirtschaftskraft beruht, wird jedem deutlich, der durch Literatur oder auf Reisen mit diesen Strömungen in Berührung kommt.

5. Bedeutungen von »multikultureller Gesellschaft« (Thesen)

> Vermische alle Farben einer Palette: du bekommst Grau in
> Grau. Doch braucht die multikulturelle Buntheit die
> Grundfarbe einer jeweils gastgebenden Kultur, um nicht
> in farbloser Langeweile zu enden.

Die Thesen in Übersicht

Die bisherigen Ausführungen waren Vorbereitung auf das zentrale
Thema, das jetzt in Form der Kommentierung von Thesen zügig
abgehandelt werden soll. Manches wird dabei den Charakter von
Resümee und Wiederholung haben, manches soll neu auf den Punkt
gebracht werden.

*These 1: Nationale Identität ist heute bewusster als früher von der kulturel-
len Systemebene her zu definieren, das heißt weder von der weltanschaulichen noch von der ethnischen, aber auch nicht von der politischen oder gar
wirtschaftlichen Ebene her.*

*These 2: Der anachronistische Gedanke von Nation in der Nation aufgrund
von Abstammung (»Rasse«) und Religion hat Deutschland wie den Juden
großes Unglück gebracht.*

*These 3: Eine Selbstaufgabe der deutschen Kultur ist heute weder mehr-
heitsfähig noch irgendwie wünschenswert oder zumutbar.*

*These 4: Multikulturelle Gesellschaft im Sinne der Unterscheidung von
gastgebender (primärer) Kultur und Gastkulturen (sekundären Kulturen)
wird heute mehr und mehr zur Realität, wenn auch noch nicht zur bewusst
durchdachten und akzeptierten. Die mangelnde Unterscheidungsfähigkeit
stellt derzeit ihr größtes Hindernis dar.*

These 5: Multikulturelle Gesellschaft im Sinne einer völligen Parität verschiedener Kulturen unter Aufgabe von Sprachgebieten ist weder realistisch möglich noch eine wünschenswerte Form menschlichen Miteinanderlebens. Multikultur ohne die Unterscheidung von gastgebender Kultur und Gastkultur wäre in Kürze eine Unkultur.

These 6: Ein vertieftes, aufgeklärtes Bewusstsein kultureller Identität hat mit Nationalismus nichts gemeinsam. Im Gegenteil, es ist Voraussetzung für Multikultur.

These 7: Multikultur im strengen Sinn der paritätischen Begegnung gibt es nicht auf nationaler, sondern auf internationaler Ebene. Auch um ihretwillen bedarf es des Schutzes der Nationalkulturen.

Zu These 1: Nationale Identität als Kulturfrage

Die Parole »Deutschland den Deutschen« ist völlig inakzeptabel, sofern ein ethnisches (völkisches) Verständnis von Nation zugrunde liegt. Sie trägt den gegenwärtigen Tatsachen nicht Rechnung, aber auch den vergangenen nicht: dass das Gebiet des heutigen Deutschland seit Jahrtausenden Durchzugsgebiet für andere Rassen als die germanische war. Deutschland war zur Zeit des mittelalterlichen Reiches bereits wesentlich eine sprachlich-kulturell nach außen unterschiedene, wenn auch innerlich in der Religion integrierte, Organisationsform. Das Politische blieb demgegenüber sekundär bzw. gehörte den untergeordneten Einheiten (Fürstentümern) an. Auch heute ist ein kulturelles Selbstverständnis die einzige Rechtfertigung von deutscher Nationalität (wie meistens von Nationalität überhaupt). Das Christliche kann allerdings nicht mehr »als die religiöse Fundierung der westlichen Gesellschaften«[58] gelten, sondern ein humanistischer Grundkonsens über die Letztwerte. Hier ist der systemische Ort für »Universalismus«, wie ihn manche fordern, nicht in der Kultur. Eine Kultur, die noch stärker als die deutsche universali-

---

[58] Anders Meinhard Miegel, in: *Leben und Lernen in der multikulturellen Gesellschaft* (vgl. Anm. 1) 61. Ihm widerspricht im selben Band (83 f) mit Recht der evangelische Sozialethiker Wolfgang Huber, den ich freilich in *Revolution der Demokratie* (²2014, 163 f) wegen inkonsequenter kirchlicher Ansprüche kritisiere.

stisch sein wollte, hebt sich selbst auf. Die Tendenz zum Universalismus macht gerade die scheinbare Schwäche, das schwankende
Umherirren (Hölderlins *Gesang des Deutschen*) in der deutschen Kultur aus.

→*Kultur* ist alles, was sich aus der Gegenseitigkeit menschlichen
Handelns in gemeinsamen Sinngestalten objektiviert. Sie ist »objektiver Geist« (Hegel). Die Unterscheidung zur Religion ist manchmal
schwierig, weil Religion einerseits auf die über-kommunikativen
Voraussetzungen aller Kultur geht, andererseits aber sich kulturell
inkarnieren muss. Der geistige Kern der Religion hat immer auch
eine kulturelle Seite, was von Traditionalisten aller geschichtlichen
Religionen nicht als Unterschied in der Wesentlichkeit anerkannt
wird.

> W. Nieke definiert Kultur als »die Gesamtheit der kollektiven
> Deutungsmuster einer Lebenswelt. Damit ist klar, dass es keine
> Gleichsetzung zwischen Kultur und Nation gibt (es gibt nicht ›die
> deutsche‹ oder ›die türkische Kultur‹; innerhalb jeder Nation gibt
> es viele solcher Lebenswelten oder Kulturen ... «[59]

Zunächst einmal ist der Begriff der »Lebenswelt«, der aus Husserls
Phänomenologie stammt, von Habermas zur Abwehr systemtheoretischen Denkens eingeführt und seitdem zu den universitären Mo-
derequisiten gehört, keineswegs klarer, sondern viel definitionsbe-
dürftiger als derjenige der Kultur. Zweitens kann man aus dem Zitierten leicht erkennen, wie aus einer leichtsinnigen Definition gewichtige Folgerungen abgeleitet werden: Dass es in einem Sprachgebiet keine einheitliche Kultur gibt, weil das »lebenswelt-
lich«-phänomenologisch nicht mehr erschwinglich ist, hat ungefähr
den Argumentationswert der Behauptung, es gebe keinen einheitli-
chen Planeten Erde für die, die diese Einheit nicht mit ihren eigenen
Augen gesehen hätten. Dass es Subkulturen gibt und jede Hausge-
meinschaft, jeder Stadtteil usw. als eine solche (meinetwegen auch
als eine »Lebenswelt«) verstanden werden kann, ist damit nicht geleugnet. Doch mit dem schwammigen Lebenswelt-Kultur-Begriff

---

[59] W. Nieke, a.a.O. (Anm. 1), 127.

lässt sich nicht der elementare Zusammenhang von Nation und sprachlich definierter Kultur vom Tisch fegen oder gar als »Romantik« abtun.

Wohl vermochte man in der Epoche der sogenannten Romantik noch klarer zu denken und definierte deutsche Nation von der Kultur und diese wieder um von ihrem formellen Kommunikationsmedium, der Sprache her. Wie sehr sie damit Recht hatten, davon könnte sich jeder »Lebenswelt«-Erforscher überzeugen, indem er in die vielen Gebiete geht, wo Sprachstreitigkeiten bestehen.

Der sprachlich-kulturelle Nation-Begriff muss allerdings sekundär mit dem territorialen Gesichtspunkt verbunden werden: die USA und England unterscheiden sich zwar nicht (oder nur wenig) sprachlich, jedoch territorial. Und es gibt bekanntlich aus besonderen geschichtlichen Gründen entstandene Staatsterritorien, auf denen mehrere »Nationalsprachen« gesprochen werden (Schweiz, Belgien, Kanada). Durch diese Komplikationen wird jedoch der sprachlich-kulturelle Nationenbegriff nicht entwertet. Das zu sehen ist wichtig, um ethnische Vorstellungen zu verabschieden.

Die Ausdrücke »Volksdeutsche« und dergleichen, mit denen eine Bevorzugung von Aussiedlern aus Polen, Russland und anderen ehemaligen Ostblockländern begründet wird, und zwar auch im juristischen Sinn, lässt in der Tat Anklänge an »Blut und Boden« ertönen. Diese können von einem aufgeklärten kulturellen Selbstverständnis von Nation her auf Dauer keinesfalls legitimiert werden. Sie gehören der Sprache der Nachkriegszeit mit ihren ungeregelten, unfreiwilligen Zugehörigkeitsverhältnissen oder aber sehr unerleuchteter Politiker und Juristen an. Ich finde den Gedanken der Abstammung im neuen Ausländerrecht nur noch in leichten Anklängen. (Dazu finden sich weitere Bemerkungen in Auseinandersetzung mit einem »Sozialbiologen« in Teil II.)

Systemtheoretisch gehört das Rassische oder Ethnische keiner Handlungsebene an, es sei denn der physisch-wirtschaftlichen Ebene auf dieselbe Weise wie genetische und geographische Voraussetzungen. Der Gesichtspunkt der ethnischen, völkischen, rassischen

Zugehörigkeit gehört dem Gedankengut des Nationalsozialismus an, jedenfalls im deutschen Denken, oder aber den Nachkriegsfolgen (z.b. Deutschpolen, Deutschrussen).

Ob jemand als Deutscher im kulturellen Sinn in Betracht kommt, kann am einfachsten in einem Sprachtest ermittelt werden. Im Grunde müsste Deutsch dazu die geläufigste Sprache sein. Doch die Sprachfertigkeit allein garantiert wiederum nicht die Solidarität mit Kultur und Geschichte der Nation.

Die nicht-rassische, natürlich auch nicht religiöse, sondern sprachlich-kulturelle Definition von »deutsch« ist nicht etwa von gestern oder heute, sondern gehört der besten, wenn auch verdrängten und aus Unverständnis diffamierten patriotischen Strömung an, die zur Zeit der deutschen Klassik und Romantik maßgebend wurde, allerdings dann mit der unseligen Restauration nach den Napoleonischen Kriegen und dem Scheitern der 1848-Bürgerbewegung und Revolution von Seiten der monarchischen Politik ignoriert wurde. Der redegewaltige Johann Gottlieb Fichte begründet in seinen patriotischen, doch nicht im heutigen Sinn nationalistischen »Reden an die deutsche Nation« (1807/8) den Nationalgedanken ausdrücklich nicht vom Blut, sondern von der Sprache her. Er darf in dieser Hinsicht repräsentativ für das damalige Verständnis von »deutscher Nation« genannt werden. Bei allen großen Kulturträgern Deutschlands, einschließlich übrigens bei Richard Wagner, wirkt dieses und kein rassisch-blutsmäßiges Verständnis von »deutsch« nach. Es mag für Machtpolitiker angehen, nicht aber für Philosophieprofessoren und angeblich auf Volksaufklärung bedachte Journalisten, dergleichen als bloße »Romantik« im Namen eines »aufgeklärt« sein wollenden, bloß politischen Nationenverständnisses abzutun.

Zu These 2: Nation in der Nation aufgrund von Abstammung und/oder Religion?

Eine traurige Lehre über den Versuch, eine eigene Nation in der deutschen Nation zu sein, bietet das Schicksal des Judentums. Eine eigene *kulturelle* Definition dürfte für die deutschen und europäischen Juden ebenso wie für die amerikanischen kaum möglich (gewesen) sein, da sie seit der Aufklärungszeit aktiver Teil der nationalen Kulturen waren und sind. Die Tendenz, den kulturellen Beitrag von Deutschen jüdischer Tradition (Glaube oder Rasse?) der deutschen Kultur irgendwie entgegenzusetzen, ist kulturphilosophisch nicht akzeptabel. Von einem Beitrag der Juden zur deutschen Kultur zu reden, hat keinen anderen vernünftigen Sinn, als spräche man von einem Beitrag der Katholiken, Protestanten, Hugenotten oder der Freimaurer. Sie alle sind kulturell Deutsche.[60]

Es ließe sich fragen, ob für die Weimarer Republik oder für das heutige Amerika überhaupt noch von einer sekundär-kulturellen Ausprägung die Rede sein kann, abgesehen von der Religion und dem von ihr genährten exklusiven Auserwähltheitsgedanken. Es ist m.E. viel mehr dieser auch von den Christen negativ akzeptierte Auserwähltheitsgedanke mit seinen praktischen Auswirkungen (Absonderung, Nicht-Assimilation) als etwa der christliche Gottesmord-Vorwurf, der die Aggressionen unter den gastgebenden Völkern nährte und (soziologisch betrachtet) nähren musste. Die Absonderung wirkt in religiös pluralistischen Gesellschaften, was Deutschland schon im 19. Jahrhundert, erst recht in der Weimarer Republik war, paradoxerweise noch provokativer als in vorpluralistischen Zeiten, in denen man mit Menschen anderer Religion oder Konfession möglichst keinen Umgang pflegte, jedenfalls keine Vermischung zuließ.

Auch wenn eine Geschichte des Judentums in religiös vorpluralistischen Zeiten und im Übergang zum religiös-weltanschaulichen Pluralismus in diesem Rahmen nicht möglich ist, soll nicht unerwähnt

---

[60] Die Rede von einer »*deutsch-jüdischen Symbiose*« ist von vornherein schief, auch in dem kenntnisreichen Buch von Hans Mayer, *Der Widerruf. Über Deutsche und Juden,* Frankfurt a.M. 1994. Spricht jemand von einer »deutsch-katholischen« oder »deutsch-hugenottischen Symbiose«? Der Rest ist untergründiger Rassismus! Selbst große Trauer und Scham dürfen die *denkende* Besinnung aufs Geschehene nicht außer Kraft setzen. Die Gründe für die nicht gelungene bzw. unterbrochene Assimilation der »Juden« in Deutschland liegen nicht allein im Rassismus der späteren Täter! Diejenige der Opfer lebt unter dem Schleier der verständlichen Trauer weiter.

bleiben, dass die Ineinssetzung bzw. wechselweise Einsetzung (*Quidproquo*) von Religion und Rasse bzw. Volk bis heute ein ungelöstes, auch immanentes Grundproblem des Judentums ist. Dass Menschen jüdischer »Tradition« bis heute selten klare Auskunft geben, schon weil die Frage nicht klar gestellt wird, ob sie ihre Zugehörigkeit zum Judentum *ethnisch* oder *religiös* definieren, macht fast alles Reden über Fragen des Judentums sozialtheoretisch undurchsichtig, und dies mit vielen praktischen Auswirkungen.

Es wäre dringend zu wünschen, dass der latente Rassismus, der schon im Reden von »den Juden« und »jüdisch« liegt, und zwar auch von jüdischer Seite, zu Bewusstsein gebracht würde. Das einzig Zeitgemäße scheint mir, ist »jüdisch« im internationalen Sinn als eine Religionszugehörigkeit zu verstehen wie »islamisch« oder »katholisch« bzw. »christlich« *oder* für Zugehörigkeit zum Staat Israel (mit eigener »jüdischer Kultur«). Dass in der Zeit der Weimarer Republik darüber auf keiner Seite Klarheit bestand und daher ein längst überholter rassischer Sinn von »jüdisch« leider auf beiden Seiten unterstellt wurde, bildete schon den Anfang der rassistischen Katastrophe.[61] Hier prallte der neue, aktive und aggressive Rassismus auf den älteren, passiven des jüdischen Selbstverständnisses. Dass das Verbrechen auf Seiten der Nazi-Deutschen lag, wird damit in keiner Weise geleugnet. Nur dass das »rassische« Problem vom jüdischen Bewusstsein her objektiver Natur war, gerade kurz bevor es sich vielleicht durch weitere gesellschaftliche, nicht religiöse Assimilation aufgelöst hätte, sollte nicht unbedacht bleiben.

Das Alarmierende ist: Gedanklich scheint man noch keinen Schritt weiter, weil beide Seiten traumatisiert sind. Auf Seiten der Nachfolger der früheren Täter verhindern teils irrationale, doch stets genährte Schuldgefühle sowohl ein klares Denken wie dessen Ausdruck; auf Seiten der Nachfolger der früheren Opfer begnügt oder

---

[61] Es gibt »hochmoderne« Bücher, in denen Rasse, Clanzugehörigkeit und Religionszugehörigkeit als künftige Prinzipien des wirtschaftlichen Erfolges gefeiert werden. So wurde in der »Zeit« Nr. 15/1993, S. 25 von Christian Tenbrock völlig unkritisch besprochen: Joel Kotkin: *Tribes. How Race, Religion and Identity Determine Success in the New Global Economy*, New York 1993 (Random House).

gefällt man sich in der (erinnerten oder potentiellen) Opferrolle, als gäbe es da gar nichts zu lernen. Es gibt aber auf jüdischer Seite zu lernen, dass die ganze Rassenidee wesentlich aus der verschleierten, anachronistischen Ineinssetzung von Volk und Religion folgt und dass der Anspruch auf eine weltweite Sonderrolle religiös verbrämter Rassismus ist (wobei die biologische Grundlage wie in den meisten Rassismen höchst fraglich ist). Aus der Weigerung, sich in anderen Völkern zu assimilieren, d.h. zu vermischen und die Religionsausübung konsequent von der »Blutsfrage« zu trennen, müssen sich andernfalls selbst in den liberalen USA weitere Probleme ergeben.

These 3: Selbstaufgabe der deutschen Kultur?

Richard Wagner begriff an Johann Sebastian Bachs Musik, was deutscher Geist bedeutet, und er verstand diese Musik als dessen »Neugeburtsstätte« nach dem verheerenden Dreißigjährigen Krieg, dem damaligen, im Namen der Religion geführten, europäischen Weltkrieg.

> »Doch Bachs Geist, der deutsche Geist, trat aus dem Mysterium der wunderbarsten Musik, seiner Neugeburtsstätte, hervor. Als Goethes ›Goetz‹ erschien, jubelte es auf: ›das ist deutsch!‹ Und der sich erkennende Deutsche verstand es nun auch, sich und der Welt zu zeigen, was Shakespeare sei, den sein eigenes Volk nicht verstand, was die Antike sei, er zeigte dem menschlichen Geiste, was die Natur und die Welt sei. Diese Taten vollbrachte der deutsche Geist aus sich, aus seinem innersten Verlangen, sich seiner bewusst zu werden. Und dieses Bewusstsein sagte ihm, was er zum ersten Male der Welt verkünden konnte, dass das Schöne und Edle nicht um des Vorteils, ja selbst nicht um des Ruhmes und der Anerkennung willen in die Welt tritt: und alles, was im Sinn dieser Lehre in die Welt tritt, ist ›deutsch‹, und (...) nur, was in diesem Sinne gewirkt wird, kann zur Größe Deutschlands führen.«

Mit diesem sicher nicht exklusiven, aber als Selbstanspruch normativen, anspruchsvollen Verständnis von »deutsch« verbindet Wagner schneidende Kritik und Forderungen an die Regierenden:

»Es ist die höchste Zeit, dass die Fürsten sich zu dieser Widertaufe wenden: die Gefahr, in welcher die ganze deutsche Öffentlichkeit steht, habe ich angedeutet. Wehe uns und der Welt, wenn diesmal das Volk gerettet wäre, aber der deutsche Geist aus der Welt schwände.«[62]

Das schwer Denkbare haben wir heute näher vor uns als je und als wir glauben. Mit erstaunlicher Klarheit erkennt Wagner nicht nur die Gefahr des damals heraufkommenden Hurrapatriotismus, sondern in der Geburtsstätte deutschen Geistes auch den Grund der Fehler und die Gefahren: Kraft zur Innerlichkeit, Hang zur Beschaulichkeit werden im minder begabten Individuum zur Lust an der Untätigkeit, zum Phlegma, auch zum Größenwahn wegen der Verdienste anderer:

»Dass aus dem Schoße des deutschen Volkes Goethe und Schiller, Mozart und Beethoven entstanden, verführt die große Zahl der mittelmäßig Begabten gar zu leicht, diese großen Geister als von Rechts wegen zu sich gehörig zu betrachten, und der Masse des Volkes mit demagogischem Behagen vorzureden. sie selbst sei Goethe und Schiller, Mozart und Beethoven. Nichts schmeichelt dem Hange zur Bequemlichkeit und Trägheit mehr, als sich eine hohe Meinung von sich beigebracht zu wissen, die Meinung, als sei man selbst etwas ganz Großes, und habe sich, um es zu werden, gar keine Mühe erst zu geben. Diese Meinung ist grunddeutsch, und kein Volk bedarf es mehr, aufgestachelt und in die Nötigung zur Selbsthilfe, zur Selbsttätigkeit versetzt zu werden, als das deutsche.«[63]

Eine phantastische Gefallsucht sei die Kehrseite der hohen Möglichkeiten »deutschen Geistes«. Meines Erachtens kann man den Worten Wagners die Aktualität nicht absprechen, besonders im Hinblick auf die Rettung des Volkes durch die Wiedervereinigung bei drohendem

---

[62] Richard Wagner, *Was ist deutsch?*, in: *Mein Denken*, hg. von Martin Gregor-Dellin, München 1982, 326. Man macht es sich zu einfach, wenn man Wagner – wegen seiner unschönen Bemerkungen über seine »jüdischen« Rivalen – einfachhin als Antisemiten abstempelt.

[63] Ebd. 327.

Verlust des Geistes. Sie sind ergänzungsbedürftig, vor allem im Hinblick auf die bis zum Zweiten Weltkrieg überragenden naturwissenschaftlichen Leistungen deutscher Forscher und Erfinder seit Wagners Zeiten; sie bedürften der Vertiefung im Hinblick auf den Zusammenhang von Sprache und Geist, damit →Geist nicht doch als etwas Blutsmäßiges (Genetisches) und Mythisches missverstanden wird, sondern: *als eine, durchaus aus unbewussten, aber überrationalen Gründen gespeiste Organisationsform menschlicher Intelligenz.* In diesem Sinn ist »Geist« fast gleichbedeutend mit »Kultur«. Die Sprache ist vorzüglicher Träger und Übermittler dieses durch die Zeiten hindurch wirkenden Geistes.

Es kann durchaus sein, dass dieser »deutsche Geist« sich geschichtlich erschöpft. Es kann sein, dass er nicht bloß der Machtpolitik unsensibler Politiker unterliegt, sondern vor allem dem rein wirtschaftlichen Profitstreben, das unvernünftigerweise unser gesamtes soziales System dominiert. Am leichtesten ist es möglich, dass dieser deutsche Geist, wie Wagner ihn charakterisierte, als unbedingter Sinn für Wahrheit und andere Letztwerte ohne jeden äußeren Vorteil unter den Schlägen des durch das genaue Gegenteil, den Opportunismus, geprägten Zeitgeistes sich erschöpft. Doch scheint er immer noch in großen Restenergien vorhanden.

Solange historische und künstlerische Museen gebaut werden, solange Archive und Literaturdenkmäler gepflegt werden, solange Opernhäuser und Theater subventioniert werden, solange Heimatvereine blühen, solange wirkliche Dichter Deutsch schreiben und gelesen werden, solange ist es jedenfalls nicht mehrheitsfähig, eine Abdankung der deutschen Kultur zu verkünden. Der gegenteilige Anschein beruht auf demagogischer Vernebelung. Selbst wenn Teile der Bevölkerung, nicht bloß die »Ungebildeten«, sondern auch euro-amerikanisch orientierte bzw. unorientierte Intellektuelle und Studenten sowie kommerzielle Pragmatiker mit spezifisch deutscher Kultur bzw. mit Kultur überhaupt »nichts am Hut« haben. Aufklärung heißt hier in erster Linie zunächst Bewusstmachung des Problems, solange eine Verständigung darüber noch Sinn hat.

Faktum ist darüber hinaus, dass die Völker der Welt gerade von Deutschland etwas anderes erwarten als bloß Exportgüter, das technische Know-how und materielle Wirtschaftshilfe. Auf manchen Auslandsreisen, in vielen Gesprächen ist mir das überraschend klar geworden. Die wirkliche Begegnung von indischer und deutscher Philosophie steht, wie gesagt, noch aus. Es kann nicht bloß bei einer Oberflächenbegegnung von »östlicher Mystik und westlicher Physik« im Sinne der Bücher des New-Age-Physikers Fritjof Capra sein Bewenden haben – als sei die westliche Wissenschaft nicht tiefgreifend von der westlichen Philosophie, zumal von der deutschen seit Leibniz und Kant, geprägt und ermöglicht, mögen auch nur die Großen in der Naturwissenschaft darum ausdrücklich wissen.

Selbst wenn es Albert Einstein nicht bewusst gewesen wäre: Seine Relativitätstheorien wären ohne die um ein gutes Jahrhundert vorausgegangene gedankliche Subjektivierung von Raum und Zeit durch Kant (Raum als subjektive Form des äußeren, Zeit als subjektive Form des inneren Sinnes) nicht möglich gewesen.

Nun könnte jemand fragen: Wozu eigentlich dieses Beharren auf deutscher Kultur, als sei diese durch Multikulturalität gefährdet? Es geht doch um Annahme der anderen Kulturen, nicht um Aufgabe der eigenen. Das ist vollkommen richtig, deshalb wende ich mich mit den folgenden beiden Thesen der Frage zu: Unter welchen Voraussetzungen kann kulturelle Identität (deutsche oder eine andere) bewahrt und andere zugleich gastfreundschaftlich aufgenommen werden? Die dritte These charakterisiert den positiv möglichen, die vierte dann den nicht gangbaren Weg, der aber leider fast immer unter dem Schlagwort »multikulturell« im Nebel eingeschmuggelt wird.

Zu These 4: Die notwendige Unterscheidung von gastgebender (primärer) Kultur und Gastkulturen (sekundären Kulturen)

Liebe zur eigenen Kultur bedeutet nicht Ablehnung einer anderen. Ich liebe die französische Kultur, nicht obwohl, sondern gerade weil ich meine eigene deutsche Kultur liebe, und deshalb umso mehr. Ich kann eben deshalb die Beziehungen zwischen beiden mehr schätzen und lieben. Das heißt nicht zugleich, den ungebrocheneren französischen Nationalismus mit seiner Mischung aus Hochmut und Komplexen zugleich lieben zu müssen, sowenig ich deutscher Nationalist sein muss, um deutsche Kultur und »Heimat« zu lieben.

Ich schätze auch die türkische Lebensart, soweit ich sie vom Hören oder Erleben kennenlernen konnte, z.B. ihr praktiziertes Verständnis von Gastfreundschaft. Ich mag und schätze vielleicht jede andere Kultur auf der Welt in dem Maße, als ich sie kenne. Es mag sein, dass man bei »Kulturen« nur dann zwischen dem Liebenswerten und dem Negativen unterscheiden muss, weil es ursprüngliche, humane Kulturformen und Dekadenzformen gibt.

Viele Menschen lernen bei längeren Auslandsaufenthalten die eigene Kultur (Sprache und Lebensweise) mehr schätzen, nicht weil sie enttäuscht sind von der anderen, sondern weil sie die eigene aus dem Abstand neu erleben. Im Prinzip ist wohl jede in Jahrtausenden gewachsene Kultur liebenswert. Ich möchte mich hier nicht auf die Fragen von hoch und niedrig, entwickelt oder weniger entwickelt, stark und schwach einlassen. Möglicherweise haben solche Fragen nur unter Voraussetzung eines ganz bestimmten Maßstabes einen Sinn. In der Wirtschaft kennt man bestimmte Parameter: Umfang des Exports, Bruttosozialprodukt, Beschäftigungsquote usw. In der Kultur ist es etwas schwieriger: Nach der Zahl der Buchleser, Orchester, Chöre, Vereine (relativ zur Bevölkerung) schneidet Deutschland besser ab, Frankreich besser nach der Zahl der Kinobesuche, vermutlich auch der Weinkenner, und sicher der Anzahl gepflegter Mahlzeiten. Kulturelle Vergleiche sollten von Konkurrenzdenken frei gehalten werden, indem die wechselseitige Versicherung des unersetzlichen Eigenwertes jeder gewachsenen Kultur ausdrücklich die Grundlage alles Vergleichens bildet. Kultur besteht nicht aus Leistungsdisziplinen wie unser derzeitiger Sport oder die in Konkurrenz denkende Wirtschaft.

Aus wirtschaftlichen Gründen kamen Millionen von Türken in unser Land. Ob aus wirtschaftlichen Vorteilen allein, ob aus Sympathie für ihre neue Heimat, ob mit Voraussicht der Politiker oder ohne (was offensichtlicher ist) – viele sind jahrzehntelang geblieben, haben Kinder und Kindeskinder bei uns. Es ist nicht einzusehen, warum sie nicht bleiben sollten wie früher, schon vor dem Zweiten Weltkrieg, viele Polen und Italiener, die inzwischen völlig eingebürgerte und sprachgewandte Deutsche geworden sind. Denn Deutschsein ist, wie ausgeführt, nicht eine Sache der Abstammung, zumal wenn die natürliche Vermischung stattfindet. Eine gewichtige Voraussetzung wird allerdings bei dieser Zustimmung gemacht: *Die »Gastarbeiter« und ihre Familien lernen Deutsch und sie fühlen sich, je länger sie hier sind, als Deutsche.* Es ist dann auch nicht einzusehen, warum man ihnen die Staatsangehörigkeit vorenthält.

Die Religion ist sowieso kein Thema in einer pluralistischen Demokratie, solange die grundgesetzliche Toleranz der freien Meinungsäußerung usw. respektiert wird. Dass dagegen ein Fundamentalismus nach Art der iranischen Ayatollas oder neuerdings türkischer »Sultans« in Deutschland auch rechtlich-politisch nicht geduldet werden darf, ist völlig klar: Inkonsequenz in dieser Hinsicht würde uns große künftige Probleme bescheren.

Bleiben die Menschen nicht bloß aus wirtschaftlicher Notwendigkeit. ohne wirklich Deutsche im kulturellen Sinn werden zu wollen? »Gastarbeiter«, die ausschließlich aus ökonomischen Gründen in unserem Land weilen, innerlich jedoch voll Türken oder Polen usw. bleiben, die sich nicht für deutsche Sitten und Lebensweisen interessieren, nie ohne Not deutschsprachige Zeitungen kaufen, ihnen kann von diesen Gesichtspunkten aus nicht geraten werden, die deutsche Staatsbürgerschaft zu beantragen.

Der Keim des Unfriedens wird mit solcher ablehnenden Haltung auch von Seiten der Ausländer – und solche wären es, selbst nach Jahrzehnten Aufenthalt hier! – genährt, auch unter dem Schein völliger Friedlichkeit. *Ein Staat ist kein ökonomischer Betrieb, sowenig wie Gesellschaft, gar Nation, bloß rechtlich-politische Begriffe sind.* Kulturlosigkeit ist gegen die Menschenwürde, auf Dauer auch das Fehlen gemeinsamer Kultur! Also gehört zur Beantragung einer Nationalität auch die Bejahung ihrer Kultur. Es sollte verboten sein, die »Staatsbürgerschaft« im rein politisch-rechtlichen Sinn zu beantragen, ohne die »Nationalität« im kulturellen Sinn für sich zu bejahen.

Wäre das Sich-Abschließen von »deutsch« gewordenen Einwanderern in Dauer-Gettos eine wünschenswerte, eine auch nur zu verantwortende Entwicklung? Diese Frage wie die vorhergehende dürfen von den bisherigen Gastfamilien nicht ihrerseits vernebelt und heruntergespielt werden. Was würden sie davon halten, wenn Deutsche in ihrem Land blieben, ohne sich sprachlich-kulturell anpassen zu wollen? Wenn sich deutsche Kolonien etwa in der Türkei bildeten, gemeint sind nicht einige Ferienwochen? Die Türkei würde dergleichen sicher nicht dulden.

Auch eine doppelte Staatsangehörigkeit, eventuell für manche als Übergangslösung erforderlich, dürfte nicht zum Vorwand dienen, hier in Deutschland *auf Dauer* kulturell ausländische Gettos oder Enklaven zu errichten – zumal wenn eine innerlich grundsätzlich ablehnende oder gleichgültige Haltung gegenüber deutscher Sprache, Kultur und Lebensweise besteht.

Was »*kulturelle Minderheiten*« angeht, so werden diese ja nicht bloß in die gastgebende Kultur hinein aufgelöst, sondern zugleich auch erhalten aber als *Subkulturen,* die in dem Sinne sekundär sind, dass sie sich zusätzlich *zur verbindenden Mutterkultur oder Gastkultur* entfalten können.

Die Gesamtgesellschaft wird integriert nicht allein durch rechtlich-politische Normen (das, was »politische Kultur« heißen mag), sondern bildet eine sprachlich-kulturelle Einheit den legitimen und notwendigen Rest von Volksgemeinschaft. Zwischen der *gastgebenden* und den *gastrechtnehmenden Kulturen* besteht nur indirekt ein Verhältnis der Über- und Unterordnung, vielmehr in erster Linie ein Verhältnis des Umfassenden und des Eingeschlossenen. Vor allem besteht kein Wertungsunterschied zwischen der einen primären Grundkultur und der Vielfalt der Gastkulturen, sowenig ein menschlicher Wertungsunterschied zwischen einer Gastgeberfamilie und ihren Gästen besteht. Wohl bestehen unterschiedliche Rechte und Pflichten.

Sicher, der Vergleich hinkt, wo es um die Dauerhaftigkeit einer Gastkultur geht: Die kulturellen Gäste bleiben für immer im Land. Entsprechend können die Deutschen türkischer oder iranischer oder polnischer oder sonstiger Herkunft die Kultur ihrer ursprünglichen Herkunftsländer aber auch für immer pflegen. Diese Kultur kann bleiben, jedoch als Gast: auf dem Sockel der allgemeinen Sprache und Kultur. *Wohlgemerkt: die Kultur bleibt Gast, nicht der einzelne, der Deutscher wird und seine Herkunftskultur als Zweitkultur weiterpflegen kann.*

So haben es die Vereinigten Staaten von Amerika mit ihrer Art von »multikulturellen Gesellschaft« vorgelebt, und sie ist die – von ihrem Schwarz-Weiß-Konflikt abgesehen – in dieser Hinsicht am weitesten entwickelte: Die verschiedenen Volksgruppen (Landsmannschaften) können die Sprache ihrer Urheimat weiterpflegen, sie können sich heute sogar – um die problematischen Grenzfälle zu nennen – in chinesischen oder spanischen Vierteln niederlassen. Doch die allgemein geltende Sprache ist das amerikanische Englisch.

In dem Moment, wo ganze Städte und Landstriche im Süden der USA nur noch Spanisch sprächen, käme es unausweichlich zu Konflikten – wie sie in Kanada, trotz räumlicher Trennung des französischen Gebietes von Quebec, noch immer fortbestehen. Und beide Lösungen hätten Ähnlichkeit mit der Schweiz oder mit Belgien, d.h. die räumliche Trennung der Sprachgebiete bleibt ständig erhalten. Der staatliche Zusammenschluss ist dann – systemtheoretisch gesprochen – unterkulturell-politisch. Dergleichen geschichtlich bedingte Notlösungen können doch mit »multikultureller Gesellschaft« für die großen oder auch kleinen Nationalstaaten bzw. Nationalkulturen Europas nicht im Ernst gemeint sein. Mag die Schweiz auch in entfernter Weise ein Mini-Vorbild des künftigen Europa sein – sie kann sicher kein Vorbild für die einzelnen europäischen Nationen bilden. Eine »Verschweizerung« der europäischen Nationen wäre abzulehnen. Sie ist außerdem unmöglich, da es innerhalb der Nationen nicht zu großflächigen Sprachgebieten käme, sondern zu einem Mosaik verschiedensprachiger Enklaven. Solche Mosaiken würden jedoch auf Dauer zu einer kulturlosen Vermischung führen.

Es muss also ohne jeden nationalistischen Zungenschlag gesagt werden: Eine Nation, die etwas auf sich hält und nicht zwischen Selbstaufgabe und Überheblichkeit schwankt, darf, kann, muss erwarten, dass Einwanderer sich entschieden die Sprache des Landes zu eigen machen und sie als Medium der Basiskultur (zu der auch sonstige Landessitten gehören) praktizieren. Erst dann ist Gruppenbildung, Traditionspflege ausländischer Minderheiten, Multikultur in diesem Sinn, verkraftbar, ja wunderbar bereichernd. Diese Vorstellung ist es, die dem Schlagwort »multikulturell« seine Anziehungskraft verleiht.

Jeder, der im künftigen Europa der Nationen die Sprachgemeinschaft wechselt, sollte selbstverständlich bereit sein, sich die Sprache des Gastlandes als allgemeine Verkehrs- und Kultursprache anzueignen, auch wenn er seine Heimatsprache, gar -kultur in Landsmannschaften weiter pflegt. Dialog setzt die Vielfalt unterschiedener Kulturen voraus, und diese sind mit einem Allerwelts-Eintopf unvereinbar. Sie sind gleichberechtigt, jedoch nicht auf einem primären Sprachgebiet. *Gebietsweise gilt wechselseitige Gastfreundschaft.*

Ich schlage dringend vor, die bisher nicht bekannte Unterscheidung von Primär- und Sekundärkultur ernst zu nehmen, wenn schon von »multikultureller« Gesellschaft die Rede ist, und auf diese Weise dem schwammigen Begriff »multikulturell« Kontur zu geben. Ein deutscher *Masochismus,* der darin bestünde, den Anspruch einer verbindlichen Basiskultur und allgemeinen Sprache aufzugeben, schlägt unvermeidlich in *Sadismus* um, wie wir es derzeit erleben. Dass der Zusammenhang beider den meisten unbewusst bleibt, macht die Sache nicht besser. Das Haupthindernis ist das unklare Denken über die hier als notwendig vorgestellte Unterscheidung. Aus diesem unklaren Vorstellungsleben resultieren falsche Erwartungen und falsches Spiel auf Seiten der alteingesessenen Deutschen wie der ehemaligen Ausländer.

Es sind diese ganz einfachen Grundsätze, die alle sonstigen Probleme zu rein administrativen machen. Meine Behauptung ist: Würden sie bewusst gemacht und beiderseitig beachtet, gäbe es kein *Umfeld* für Ausländerhass mehr in Deutschland, nicht mehr die *stille Ableh-*

nung der Ausländer aus dem Gefühl heraus: Hier stimmt doch etwas nicht. In der Tat stimmen die Dinge bisher nicht, weil die Unterscheidung von gastgebender und Gastkulturen nicht bewusst getroffen ist. Mit dieser Unterscheidung fällt der Grund für den inneren Vorbehalt aber fort. Denn gerade die deutsche Kultur kann von ihren universalistischen Komponenten her ohne Schaden gastgebende Kultur für kulturelle Minderheiten sein, sofern diese sich im deutschen Sprachgebiet nicht in Gettos abschließen. Und auch auf der Seite des Deutschen ausländischer Herkunft (Einwanderer) ist klar, was von ihm erwartet wird.

Zu These 5: Parität verschiedener Kulturen auf demselben Gebiet?

Multikulturelle Gesellschaft als Durchdringung oder ständiges Nebeneinander von Kulturen in demselben Raum, die nur politisch-rechtlich vereint sind, existiert nirgends – außer in internationalen Stadtvierteln mit Vertretern verschiedener Nationen – und wird nirgends mit vollem Bewusstsein gewünscht, außer von einigen internationalistischen Theoretikern, sofern diese überhaupt volles Bewusstsein der Folgen ihrer Gedanken haben. Eine multikulturelle Gesellschaft ohne die (unbewusste) Unterscheidung von primärer, gastgebender Kultur und Gastkulturen hat es geschichtlich wahrscheinlich nie gegeben, jedenfalls nie dauerhaft, weil das Durcheinander verschiedener Sprachen und Kulturen zur Vermischung führt. Es wird sie aller Voraussicht nach auch nicht geben – weil sie keineswegs sinnvoll ist, sondern auf Dauer die Preisgabe eigener kultureller und nationaler Identitäten erfordert.

Es geht hier nicht darum, sämtliche gegenwärtigen Fälle von Nebeneinanderbestehen von Sprachen und Kulturen in einem Staatsgebiet zu diskutieren. Oben wurden schon Kanada, Belgien und die Schweiz als scheinbare, nicht zutreffende Gegenbeispiele aus der westlichen Hemisphäre genannt. Auf jedes Beispiel wäre eigens einzugehen. Keines widerlegt das hier Gesagte.

Ein markantes scheinbares Beispiel aus dem asiatischen Raum wäre *Indien* – flächenmäßig mit ganz Europa vergleichbar, einwohnermäßig bedeutend zahlreicher (demnächst eineinhalb Milliarden Menschen). Indien ist ein multinationaler Kulturraum, der nie durch eine einheimische Sprache geeint war. Die »kulturelle« Einheit war allenfalls religiöser Art und vor der Differenzierung vor Religion und Kultur, nämlich durch die alte vedische Religion gegeben. Wie bekannt, ist Englisch staatsübergreifende Verkehrssprache geworden. Die politische Einigung Indiens war an diese sprachliche Vereinigung gebunden. Was vorher an Einheit und gesamtindischem Bewusstsein da war, hat religiöse (hinduistische) Wurzeln. Wir können diesen Vielvölkerstaat hier nicht weiter analysieren. Jedenfalls bildet er keine »multikulturelle Gesellschaft« im Sinne des paritätischen Miteinanders unterschiedlicher Kulturen auf demselben Gebiet. Die Kulturen, sofern sie heute noch unterscheidbar sind durch verschiedene Sprachen, sind ähnlich regional abgegrenzt wie die Nationen Europas seit Hunderten von Jahren. Das alles hat mit dem modernen Schlagwort »multikulturell« nichts zu tun. Der religiöse Pluralismus, der heute wieder Probleme macht, ist etwas anderes als Multikultur. Im Gegenteil kann man vielleicht von nunmehr weltlicher kultureller Einheit Indiens bei religiösem Pluralismus sprechen.

Malen wir uns doch die scheinbare Idylle einer Multikultur einmal aus: Soll es Schulen für jede sprachlich-kulturelle Gruppe geben? Das ist zu aufwendig, wenn auch im Prinzip wünschenswert? Dann müssen wir uns also schon darin für eine (im Prinzip nicht gewünschte) Gastgeber-Kultur entscheiden.

Sollen wir die Bibliotheks- und Theater-Etats künftig auf die gleichberechtigten nationalen Kulturen verteilen? Die Folge wird sein, dass wir uns bald keine gut ausgestatteten deutschen Bibliotheken und Theater mehr leisten können. Man wird zur Vereinheitlichung auf eine Einheitssprache übergehen – vielleicht das Englische, mitten im größten europäischen Sprachgebiet (außer Russland)?

Soll jede kulturelle Gruppe ihre Feiertage und Feste haben? Sind alle anderen Kulturgruppen dazu eingeladen oder bleibt man unter sich? Es wird sich herausstellen: Selbst bei theoretischer Einladung würde es des Feierns für alle zu viel. Man wird unter sich bleiben. Es wird überhaupt keine übergreifende Feiertagsstimmung geben – es sei denn, man räumt der Gastkultur ein, die öffentlichen Feiertage festzusetzen.

Wird man durcheinander oder in kulturell getrennten Siedlungen wohnen wollen? Wird, im zweiten Fall, die Bildung solcher Gettos das Freiheitsgefühl und die wechselseitige Freundschaft zwischen den kulturellen Gruppen steigern oder eher zu Reibungen und Problemen führen? Man wird froh sein, dergleichen nach Jahrzehnten wieder nivelliert zu haben – aber in welche Richtung?

All diese und viele ähnliche Fragen mögen manchem Leser theoretisch und abstrus erscheinen. Sie folgen aber notwendig aus den klarer zur Sprache gebrachten, bisher vielfach undurchdachten Vorstellungen von »Multikulti« im Sinne der Preisgabe einer nationalen Gastkultur.

Gastfreundschaft gegenüber *konkreten Menschen,* noch nicht integrierten Ausländern schließt nach einiger Zeit eine gewisse Klärung ein, ob sie Ausländer bleiben und wieder gehen oder als Deutsche bleiben wollen.

Gastfreundschaft gegenüber *anderen Kulturen* bedeutet dagegen nicht bloß Toleranz, sondern Sympathie, Hochachtung, sofern sie *zusätzlich* zum allgemein verbindlichen Minimum an sprachlich geprägter Kultur eine Gastkultur pflegen, nicht aber eine paritätische Alternative aufbauen wollen. Dieser Versuch (sowie seine Zulassung und Förderung) beruht auf gedanklicher und politischer Falschmünzerei. Solche Unklarheiten im Miteinanderleben müssen Aggressionen erzeugen.

Zu These 6: Bewusstsein kultureller Identität als Voraussetzung für Gastfreundschaft

Wie schon gesagt: Der Masochismus nationaler Selbstaufgabe schlägt bei denselben oder zumindest bei anderen Individuen in Sadismus um. Der Selbsthass schlägt in Fremdenhass um. Zerstörerischer Nationalismus droht gerade da, wo ein gesundes Zugehörigkeitsgefühl unterdrückt wird oder zu oberflächlich bleibt. Fußballfans randalieren gewaltsam für ihre Mannschaften, weil ihnen das Erlebnis echter Gemeinschaft abgeht: Sie wollen es erzwingen.

Kulturelle Zugehörigkeit ist der Rest von Gemeinschaftsgefühl auf nationalstaatlicher Ebene. Der amerikanische Soziologe Talcott Parsons spricht von *societal community:* diejenige Art von Gemeinschaftlichkeit, die auch der pluralistischen Gesellschaft noch zukommt, nachdem sie keinen religiös begründeten Gemeinschaftscharakter mehr beanspruchen kann. Das Bedürfnis nach Zugehörigkeit und Gemeinschaft ist das Stück Lebensqualität Nr. 1, auch wenn Soziologen das Wort »Gemeinschaft« jahrzehntelang ignoriert haben und nur »Gesellschaft« und »Gruppen« kannten.

Die meisten Menschen erwarten allerdings das Gemeinschaftserlebnis nicht bewusst von der gesamten Sprachgemeinschaft. Doch das unbewusste Verbundenheitsgefühl kommt spätestens heraus, wenn die Nationalmannschaft um die Weltmeisterschaft kämpft oder bei nationalen Feierlichkeiten. Auch dann wird der Patriotismus noch auf die staatlichen Gebilde der Nation, auf die Bundesrepublik Deutschland und deren Untergliederungen, übertragen. Es ist – verständlicherweise – nicht im allgemeinen Bewusstsein, dass der politische Staat nur *eine,* allerdings wichtige Organisationsform des kulturellen Organismus »deutsches Sprachgebiet« ist.

Aufgrund der wirtschaftlichen und (wenngleich noch unklaren) politischen Einigung Europas wird weniger Grund zur Angst vor einer wirtschaftlich-politischen Übermacht Deutschlands von Seiten der kleineren Nachbarn gleicher Sprache mehr bestehen. Die politisch motivierten, wenn auch verkleideten Animositäten mancher Österreicher und vor allem Schweizer gegen eine deutsche Übermacht und Vereinnahmungsgefahr werden gegenstandslos werden – vorausgesetzt, eine deutschsprachige, das heißt deutsche kulturelle Identität ist bis dahin nicht in einen europäischen Supermarkt hinein ausverkauft und »deutsche Kultur« nicht zu etwas bloß Historischem und Musealem geworden.[64] Keiner gebe sich aber der Illusion hin, ein nationaler Ausverkauf sei friedensstiftend.

Mangelndes Bewusstsein kultureller Identität beruht auf *Verdrängung*, das heißt Verbannung von Wissensinhalten ins Unbewusste, wo sie ein seltsames und unproduktives Eigenleben führen. Wir wissen seit Freud, wie die verdrängten Inhalte nicht allein neurotische Blockaden mit ihren physischen Symptomen erzeugen, sondern auch mit Vehemenz wiederkehren – und meist nicht schön ordentlich da, wo es logisch am Platze wäre. Ziehen wir weiter in Betracht, dass diese Vorgänge der Verdrängung und der eruptiven Wiederkehr des Verdrängten nicht allein den Einzelnen betreffen, sondern den kulturellen Organismus, die Kulturgemeinschaft als ganze – dann wird deutlich, was ich hier schon mehrfach zu behaupten wagte: *dass eine geheime kompensatorische Komplizenschaft zwischen der schlicht unkultivierten oder internationalistisch über-kultivierten Vaterlandslosigkeit und dem rechten, nationalistischen Rabaukentum besteht.*

Warum nennt man sie »rechts«? Sie wollen etwas bewahren, etwas konservativ behandeln, am liebsten konservieren, wovon bei Hochintellektuellen wie Ungebildeten am wenigsten die Rede ist: im kollektiven Unbewussten begründete Liebe zum Vater-Land und zur Mutter-Sprache. Sie bedienen sich dazu keines vernünftigen Vokabulars, sondern der Wahnsinns-Sprache der Gewalt.

Eine ebenso einfache wie wichtige Überlegung zu kulturellem Identitätsbewusstsein und Multikultur ergibt sich aus dem Vergleich zur individuellen Psychologie: Ist derjenige »multikulturell« stärker, interessanter und gebefreudiger, der eine kulturelle Identität hat oder jemand, der kulturell nicht zu identifizieren ist? Ist – im Vergleich gesprochen – ein Mensch liebesfähiger, wenn er sich selbst gefunden hat bzw. neu findet und sich selbst liebt – oder wenn er sich quasi »selbstlos« im anderen bzw. in der Gemeinsamkeit verliert? Die Antwort fällt nicht schwer und auch nicht die Übertragung

---

64 Hierzu handelt, aus der Sicht eines österreichisch-deutschen Patrioten, mit erfrischend deutlichem Humor: Günther Nenning, a.a.O. – Das politisch-nationale Eigenleben der Österreicher und Deutschschweizer wird hier nicht in Frage gestellt, kann aber in diesem Rahmen auch nicht adäquat diskutiert werden.

auf Multikultur: Die Ausländer wie erst recht die neuen Deutschen wünschen, dass wir »echte« Repräsentanten Deutschlands sind. Ihnen ist nicht wohl bei identitätslosem Entgegenkommen. Sie spüren unbewusst bereits die Quittung eines sich aufbäumenden Nationalismus von anderer Seite. Sie verstehen nicht den Mangel an kulturell-nationaler Identifizierung, den sie bei uns Deutschen bemerken, während eine türkische Ministerpräsidentin (schon vor Erdogan) zur Amtseinführung die Worte spricht: »Unsere Fahne ist heilig und unser Vaterland wichtiger als unser Leben.« Nicht etwa, dass ich solcher religiösen Aufladung von Nation das Wort sprechen wollte. Doch Journalisten, die darin nur ein »Nachplappern hohler Phrasen« erkennen wollten, waren naiv. Vielen Türken auch in Deutschland schlägt das Herz höher, wenn sie dergleichen hören. Wir müssen solchen Gefühlen bei der Diskussion über »doppelte Staatsangehörigkeit« realistisch als Tatsachen Rechnung tragen.

Das besagte Bewusstsein kultureller Identität hängt selbstverständlich von der individuellen Kultur der einzelnen ab. Individuelle »Kultur« oder Bildung, ein schwieriger Begriff, der sicher nicht mit diplomierter Schul- und Hochschulbildung zu füllen ist, sondern – ähnlich wie das Verhältnis des einzelnen zur Sprache – mit einer existentiellen Wachheit und Aufrichtigkeit der Teilnahme an der allgemeinen Kultur. Bildung schließt Herzensbildung ein. Eine Trennung zwischen Herzens- und Kopfbildung wäre bereits ideologische Entstellung, da gerade ganzheitliche Selbstverwirklichung gemeint sein müsste. Gerade so war übrigens »Bildung« von Goethe und Humboldt gemeint, nicht im Sinne späterer Schulmeister-Bildungsphilister.[65]

---

[65] Zwar nicht das Wort, doch der begriffliche Gehalt von »Selbstverwirklichung« ist nicht erst eine Entdeckung der humanistischen Psychologie (Abraham Maslow, Carl Rogers usw.), sondern ein Hauptanliegen des deutschen Humanismus, der von den christlichen Kirchen lange als heidnisch oder als »Humanismus ohne Gott« unterdrückt wurde. Es ging schon vor mehr als 200 Jahren um einen religiösen Humanismus ohne kirchliche Bevormundung. Es ist bekannt, dass viele der geistigen Größen Zuflucht in der esoterischen Geheimtradition der Freimaurer und Rosenkreuzer suchten.

Viele Bauern, Arbeiter und Handwerker haben bedeutend mehr ganzheitliche Bildung als die studierten Leute, die in die Falle des *Bildungsphilisterturns* gehen: in die wirtschaftlich und sozial honorierte Einbildung, ein bisschen Fachwissen könnte die fragende Offenheit für das Ganze des Lebens ersetzen. Wobei zu befürchten ist, dass ganzheitliches Orientierungswissen unter dem Druck der rein wirtschaftlich gesteuerten Massenmedien sowie des intellektuellen und religiösen Opportunismus vorläufig noch weiter im Verfall begriffen ist. Wieviel an Gewalttätigkeit geht auf kindliche »Sprachzerstörung« (Alfred Lorenzer), auf weiterwachsende Sprachlosigkeit und auf mangelndes Sprachbewusstsein zurück? Wäre dem etwa abgeholfen, wenn wir die Nationalsprachen zugunsten einer gesamteuropäischen oder weltweiten *lingua franca* weiter verkommen ließen? Würde die Lust an sprachlichem Selbstausdruck und am Erlebnis von aktueller Gemeinschaft durch das Gespräch wachsen?

Auf den Punkt gebracht: Die nationale Selbstaufgabe, die hinter dem ungeklärten Begriff von Multikultur heute steckt, kann von den ausländischen Freunden im Grunde nicht begrüßt, sondern nur beargwöhnt werden. Geben wir den inländischen »Ausländern« nicht allein die formelle Staatsangehörigkeit, sondern auch das nötige Stück deutscher Identität, ohne welches sie sich selbst als Entwurzelte fühlen.

Zu These 7: Multikultur als paritätische Begegnung der Nationalkulturen.

Multikultur haben wir Europäer vor allem in Europa als bereicherndes Miteinander der unterschiedlichen nationalen Kulturen einzuüben. Während solche Multikultur in europäischen Gremien und Hauptstädten zum Erlebnis-Konzentrat wird, so erleben wir sie konkreter, wenn auch nur oberflächlich, in allen unseren Städten mit der Vielfalt von national geprägten Restaurants und Angeboten, intensiver bei jedem Auslandsbesuch. Wäre es nicht schade, wenn diese bereichernde Buntheit nivelliert würde? Mögen die Unterschiede weiterleben! Sie können aber auf Dauer nur weiterleben, wenn die Nationen selbst ihr Gepräge behalten.

Auf Weltebene bedeutet Multikulturalität: unbedingte Achtung für die sprachlichen und kulturellen Eigenarten eines jeden Volkes. Bekanntlich ist unser Planet zu einem »global village«, zu einer globalen Einheit, geworden. Doch das Wort »Einheit« zu gebrauchen, bedeutet noch lange nicht, dabei etwas Bestimmtes gedacht und gefühlt zu haben.

Über nichts können die Menschen so unbewusst uneins sein wie über ihr Verständnis von Einheit: Einheit der Wissenschaften, der Mathematik, der Philosophie, des räumlichen Universums, Einheit einer Glaubensgemeinschaft, einer Partei, Einheit einer Region, Einheit Deutschlands, die Einheit Europas, wirtschaftlich, politisch, kulturell-sprachlich, weltanschaulich, wenn den letztere Unterscheidungen an der Einheit erlaubt sind. Die Welt ist verkehrstechnisch eins geworden, weiß aber nicht, wie sie es weiter werden soll.

Gut ist es, auf Fundamentales zurückzugehen: Die menschliche Rasse bildet biologisch eine Einheit, insofern alle miteinander gemeinsame Nachkommen zeugen können. Die Erde ist eine einzige, ein hochverletzlicher Organismus. Das Ozonloch beispielsweise, das in einem Teil der Welt erwirtschaftet wird, hat Auswirkungen auf andere, auf alle anderen – wie das Wasser der schmelzenden Polarkappen sich gleichmäßig verteilen wird. Die Menschheit ist unwiderruflich zu einer einzigen Schicksalsgemeinschaft geworden.

Sind wir diesen Tatsachen bewusstseinsmäßig gewachsen? Mit unserer *euro-amerikanischen Einheits-Zivilisation* haben wir gut reden, natürlich in der Welteinheitssprache *Commercial English*. Haben wir aber, menschlich und nicht bloß kommerziell gesprochen, wirklich Interesse daran und Recht dazu, mit dieser Einheitssoße die kulturell so ungemein vielfältige Welt zu überziehen, aus der Perspektive internationaler Hotels, die in Frankfurt, Moskau, San Francisco, Nairobi oder Singapur so verteufelt gleich aussehen? Es ist nicht alles bornierter Fundamentalismus, was auf Unterschieden besteht. Im Gegenteil, nur der religiöse oder sonstige Fundamentalismus möchte seine wortwörtliche Version von der Welt weltweit-einheitlich gelten lassen.

Das eine Grundstück Welt besteht in unseren Köpfen zu Recht. Aber es wird – bildlich gesprochen – immer unterbrochen bleiben durch gewaltige Wasser. Das alles lässt sich mit dem Jet leicht überfliegen – aber nicht leicht übergehen. Für Nicht-Fundamentalisten und Nicht-Angehörige eines internationalen Familienclans (worin vorurteilsbelastete Nationalisten die Zukunft der Weltwirtschaft sehen wollen; vgl. Anm. 61) gibt es hier gewaltige Aufgaben der Zusammenarbeit von Kopf und Herz. Es gilt, die Liebe zum Eigenen mit der Liebe zum Fremden, das Bewusstsein des Einen Grundstücks mit der Hochachtung für die reiche Vielfalt der Gärten darauf zu verbinden. Kurz, die Rede vom »global village« darf keinen euro-amerikanischen Kulturimperialismus beinhalten, eine raffiniertere Form von Kolonialismus.[66]

Schon jetzt fühle ich mich auf internationalen wissenschaftlichen (philosophischen) Kongressen als Vertreter einer provinziellen Sprache, wenn ich spüre, dass ich die Nuancen meiner Gedanken doch nicht so schnell in ein allgemeinverständliches Englisch hineinzubringen vermag. Allerdings stellt sich dieses Problem gerade für Angehörige »großer« Kultur- und Wissenschaftssprachen, während die Angehörigen »kleiner« Sprachen, sagen wir Norweger, Finnen und Niederländer, der Ghanesen und der Menschen aus Sri Lanka ohnehin viel mehr Englisch zu sprechen und zu lesen gewohnt sind. Es mag sein, dass Englisch die künftige internationale Wissenschaftssprache wird, wie es jetzt schon die Sprache des Luftverkehrs ist. Doch sollten erstens diese Entwicklungen nicht einfach unbewusst, scheinbar naturwüchsig, ablaufen. Zumal in philosophienahen, also geisteswissenschaftlichen Disziplinen ist es keineswegs selbstverständlich, dass wir ohne gewaltigen Schaden für Er-

---

[66] Vgl. dazu Pankaj Mishra, *Das Zeitalter des Zornes. Eine Geschichte der Gegenwart*, Frankfurt/M. 2017. Vgl. auch sein *Spiegel*-Interview (23/2017) unter der Überschrift: *Wer den Dschihad verstehen will, muss auf Deutschland schauen.* Wenn jedoch Fichte oder Wagner mit den heutigen Dschihadisten in Parallele gesetzt werden, dann liegt hierin doch eine generelle Nivellierung des Unterschieds zwischen leistungsfundiertem kulturellem Anspruch und pseudoreligiösem Fanatismus vor, worunter die ganze brillante, hin und her springende Erzählung des Buches leidet.

kenntnis und ihren Ausdruck auf die bisherigen Kultursprachen verzichten könnten. Vielleicht kommt dem Übersetzungsvorgang in diesen Bereichen eine eigene Erkenntnisbedeutung zu.

Wissenschaft und Philosophie (im wissenschaftlichen Sinn) stellen nicht die Inbegriffe menschlicher Kultur im Sinne der künstlerischen Kultur sowie der Alltagskultur dar. Daraus folgt: eine *kulturelle Kolonialisierung* der eins gewordenen Welt durch einige Hauptsprachen oder gar eine einzige allgemeine Sprache wäre selbst bei einheitlicher Kongresskultur nicht zu verantworten. Spätere Generationen werden wahrscheinlich den Kopf schütteln, mit welcher Naivität wir das Problem der Einen Welt angegangen sind.

- *Wirtschaftliche* Einheit im Sinne des allmählichen Niveauausgleichs: ja! (Über deren Voraussetzungen bezüglich Geldsystem vgl. Anm. 17.)

- *Politische* Einheit im Sinne einer starken Völkergemeinschaft, also funktionierender friedenswahrender internationaler Institutionen, mit schrittweise abzutretendem Gewaltmonopol: sie ist ein dringendes Gebot der Stunde.[67]

- *Kulturelle* Einheit im Sinne einer Einheitskultur, also eines (euro-amerikanischen) kulturellen Einheitsbreis: nein! Kulturelle Einheit im Sinne der weltweiten Kommunikationsmöglichkeiten durch die so bereichernden Unterschiede der Sprachen, Sitten und Empfindungsweisen hindurch: ja!

- *Religiös-weltanschauliche* Einheit als humanistischer Konsens über Menschenrechte und menschheitliches Ethos auf der Basis der allgemeinverbindlichen, integralen Vernunft: ja! Vereinheitlichung der religiösen Traditionen mit ihren Riten, Sitten und Wertungen: nein!

---

[67] Vgl. dazu jetzt: Jo Leinen/Andreas Bummel, *Das Demokratische Weltparlament. Eine kosmopolitische Vision, Bonn 2017*. Meine kritische Rezension (auf Amazon sowie in *Aufklärung und Kritik 2/2017*) trägt den Titel: *Das Elend des heutigen Parlamentarismus auf Weltebene übertragen?* Denn die Autoren tun so, als hätten sie von einem viergliedrigen Parlamentarismus und einer Wertstufendemokratie nie etwas gehört.

Die Unterscheidung einer gemeinsamen humanistischen (keineswegs atheistischen) Menschheitsreligion von den vielen historisch gewachsenen Traditionen bedeutet allerdings eine Relativierung dieser Traditionen in Bezug auf ihre Formensprache. Diese Relativierung lassen sich allerdings gerade diejenigen Traditionen nicht gefallen, die am meisten einen neuen Schuss Humanität und Vernunft brauchten. Es würde zu weit führen, hier darauf einzugehen, wieviel an den religiösen Traditionen »nur« kulturell ist. »Multikulturalität« könnte ein gutes Stichwort für religiöse Verständigung sein, nämlich für die Selbstrelativierung der religiösen Ausdrucksformen, die weitgehend nur ein jeweiliges kulturelles Gewand, eine »Sprache« dessen sind, worauf es eigentlich und unbedingt ankommt. Dadurch würde das eigentlich Gemeinte, der in den vielen religiösen Formensprachen zu transportierende Sinn fürs Unbedingte (Göttliche) dialektischerweise erst wieder voll religiös im Sinne von spirituell.

Wie wir sehen, lässt sich Multikulturalität auch auf internationaler Ebene nicht rein emotional sinnvoll und menschengerecht verwirklichen, nicht ohne die »göttliche Vernunft« und ihre Auswirkung im menschlichen Denken.

Wer all diese Unterscheidungen nicht durchdenkt und ernstnimmt, zielt auf Dauer den kulturellen Einheitsbrei auf nationaler wie internationaler Ebene an. Da dieser aber gegen das berechtigte Interesse der Völker ist, sät er jetzt schon Unfrieden.

6. Ausblicke:
»Integration-durch-Differenzierung«

> Ich hätte nicht gedacht, dass es eine übergreifende Formel
> für die manchmal komplizierte Systemtheorie von Gesell-
> schaft und Politik, Psychologie, Sprache, Logik, Kunst, Re-
> ligion gibt. Aber es gibt sie, und überall gewinnt sie eine
> abgewandelte Bedeutung: Integration-durch-Differen-
> zierung. Zu dialektisch?

Festung Deutschland und Europa?

Im Vorhergehenden sollte deutlich geworden sein, dass die Frage,
wieviel Menschen aus Osteuropa oder aus der Dritten Welt wir in
unser Land aufnehmen, mit der Frage der Multikulturalität auf diese
Weise zusammenhängt: *Je stärker unsere nationale Identität ist, umso
mehr Menschen können wir im Notfall (als Asylsuchende) integrieren.
→Nation ist ein beseelendes Organisationsprinzip, von Blutsfragen völlig
loslösbar,* eher noch mit den Fragen des Bodens, des Heimaterlebens,
also Naturerlebens, der Geographie und des Klimas verbunden. Nur
vermittelt über seine kulturelle Identität kann unser Land sein Wirt-
schaftspotential in den Dienst der Völkergemeinschaft stellen und
noch viele Menschen aufnehmen, ohne sich aufzugeben. »Das Boot
ist voll« ist philisterhafter Egoismus, solange die von uns mit-
verursachte Not in Osteuropa und in der Dritten Welt nicht anders
gelindert ist und solange die Völkergemeinschaft nicht stark genug
ist, Menschenrechtsverletzungen wirksam zu sanktionieren.

Welch ein kleingeistiger Kurzschluss zu glauben, wenn wir uns nur
noch staatlich-rechtlich und wirtschaftlich definierten, also unsere
Kultur hintanstellten, würden wir unserer Verantwortung für Armut
und Hunger in der Welt gerechter werden! Wir würden nicht nur
geistig unseren Beitrag für die Völkergemeinschaft schuldig bleiben,

sondern solche innerstaatlichen und indirekt wirtschaftlichen Probleme heraufbeschwören, dass wir auch den uns möglichen materiellen Dienst schuldig blieben. Ist es ein Zufall, dass Japan, eines der wirtschaftlich erfolgreichsten Länder der Welt, in seiner kulturell-nationalen Identität viel unangefochtener dasteht, trotz Verwestlichung? Dass es nicht nur einen ungleich größeren Sinn für die *corporate identity* der Wirtschaftsbetriebe als Lebens- und Schicksalsgemeinschaften für ihre Belegschaftsmitglieder hat, sondern dass die »kommunikative Gesellschaft«[68] auch als nationales Identitätsgefühl bedeutend ungebrochener ist?

Das Gewicht der deutschen und der europäischen Stimmen gilt es voll in die Waagschale für die international anstehenden Probleme der Ökologie sowie der wirtschaftlichen Gerechtigkeit zu werfen. Wenn Deutschland (womöglich als einziges europäisches Land) im schlecht-utopischen Sinn »multikulturell« zerfließt, wird es sein Gewicht nicht mehr in diesem Sinn einbringen können. Mehr denn als Waffenfabrik braucht uns die Welt auch künftig als »Denkfabrik«. Es kann sich aber kein klärendes Denken entfalten ohne ein dazu günstiges kulturelles Umfeld.

Demokratie als kommunikative Gesellschaft

Der Verlust des Denkens, der hier bei der Zurückweisung des irrationalistischen Multikulti-Rummels genügend deutlich geworden sein sollte, das Versinken unserer intellektuellen Kultur in Wahrheits-und Werte-Relativismus und dessen praktische Seite, den Opportunismus[69], alles das stellt eine tödliche Gefahr für unsere Demokratien dar. Mir liegt daran, noch einmal zu betonen, dass aus der Unterscheidung der vier Subsysteme eines sozialen Ganzen sehr konkrete und dringliche Postulate folgen, die so etwas wie Demokratie als kommunikative Gesellschaft, also die Möglichkeit einer im

---

[68] *Freiheit – Sozialismus – Christentum. Um eine kommunikative Gesellschaft*, Bonn 1978.
[69] Vgl. Art. *Opportunismus*, in: *Wörterbuch der Religionssoziologie*, hg. von Siegfried R. Dunde, Gütersloh 1994.

Prinzip allseitigen Verständigung über gesellschaftliche Grundfragen, erst strukturell ermöglichen:

- die Unterordnung der Wirtschaft (1) unter Politik und Rechtssystem (2), trotz Eigengesetzlichkeit des Wirtschaftslebens;

- die Unterordnung der Politik unter das kommunikativ-kulturelle System (3), trotz Eigengesetzlichkeit der Politik im engeren Sinne der Macht- und Kompetenzenverteilung; hierzu gehört auch das Problem der politischen Gewaltenteilung als Systemproblem;

- die Unterordnung der Kultur unter das System religiös-weltanschaulicher, humanistischer Grundwerte (4), doch ohne heteronome (fremdgesetzliche) Überfremdung der Kultur durch religiöse Institutionen, wie wir das aus der europäischen Geschichte bis heute zum großen Schaden sowohl von Religion wie Kultur kennen.

Ohne diese gestufte Differenzierung der Ebenen hat das Denken als öffentliches keine Chance, damit nicht die Vernunft. Die Verkürzung aber der Vernunft ist die Verlängerung der Gewalt: gerade auch der Gewalttaten, von denen diese Schrift angestoßen wurde. Vernunftbeziehung ist noch nicht Freundschaft. Doch ohne sie kann keine Freundschaft gedeihen. Ich wünsche mir nicht nur ein korrektes, gewaltfreies Deutschland, sondern eines voll warmer Gastfreundschaft. Das entspricht der besten deutschen Kulturtradition: dem kosmopolitischen Patriotismus, dem von Wirtschaft, Militär und Politik sooft der Garaus gemacht wurde.

Der Vernunftspruch ist eindeutig: Viele der bisherigen »Ausländer« als *Personen* dürfen bei uns nicht länger bloß Gäste bleiben. Doch ihre jeweiligen *Kulturen* sollten unbegrenzte Gastfreundschaft bei denen genießen, die selbst eine starke kulturelle Identität haben. Die wechselseitige Unterscheidung von *Gästen und Gastgebern unter den Kulturen* ermöglicht, dass die Werte einer Jahrtausende währenden kollektiven Arbeit, der Herausbildung kultureller Identität, erhalten bleiben. Diese lange Entwicklung wurde blutig missbraucht, wird es stellenweise immer noch. Doch kein Missbrauch hebt den richtigen Gebrauch des Nationalgefühls auf; die Unterschiede, weswegen man sich blutig schlug, werden nicht nichtig, sondern zu großen Geschenkwerten wechselseitiger Gastfreundschaft. Am Ende steht das Natürlichste.

In der »Zeit« Nr. 33/1993 fand sich ein Artikel des Harvard-Soziologen Samuel P. Huntington unter der Überschrift »Kampf der Kulturen«. Seine These: dass die grundlegende Ursache künftiger Konflikte in Zukunft nicht ideologischer noch wirtschaftlicher, sondern kultureller Art sei. Huntington identifiziert Kulturen allerdings nicht mit Nationen. Er meint mit ihnen die großen Kulturkreise: »die westliche, die konfuzianische, die japanische, die islamische, die hinduistische, die slawisch-orthodoxe, die lateinamerikanische und möglicherweise die afrikanische Kultur«. Die Unterscheidung zwischen Religion und Kultur wird nicht getroffen, worunter die Aussagekraft des Artikels erheblich leidet. Huntington unterscheidet aber zwischen »westlich« und »modern«. Bislang habe nur Japan es geschafft, modern zu werden, ohne westlich zu werden.

Während *westlich* wohl die besondere kulturelle Lebensart der westlichen (europäisch-amerikanischen) Länder meint, wäre für den Begriff der →*Modernität* eine Klärung erforderlich. Meines Erachtens bedeutet sie nichts anderes als die Differenzierung jener Systemebenen, der Differenzierung von Religion und Politik sowie beider von der Kultur und aller drei von der Wirtschaft (und Technologie). In diesem Sinne ist die Moderne noch unvollendet und gehört die Rede von »Postmodernität« eher dem Feuilleton als der wissenschaftlichen Analyse an. Der Westen, so Huntington, müsse seine wirtschaftliche und militärische Macht bewahren, um seine Interessen gegenüber den modernen, aber nicht-westlichen Kulturen zu schützen.

> »Der Westen muss allerdings auch ein tieferes Verständnis für die religiösen und philosophischen Grundlagen anderer Kulturen und dafür entwickeln, wie die Menschen in diesen Kulturen ihre Interessen definieren. (...) Auch in Zukunft wird es keine universelle Kultur geben, sondern eine Welt unterschiedlicher Kulturen. Jede

von ihnen wird lernen müssen, mit den anderen zusammen-zuleben.«[70]

Diese Sichtweise geht über das hier entwickelte Konzept Gast-freundschaft einander akzeptierender Kulturen für den europäi-schen »Hausgebrauch« an globaler Weite hinaus. Doch hoffe ich, dass dieses Konzept die von Huntington angekündigten Kämpfe zwischen den Kulturen als solchen überflüssig macht, besonders wenn man sie von den Religionen unterscheiden lernt. Den univer-sellen Einfluss der philosophischen Prinzipien des Westens schätze ich höher ein als Huntington, entsprechend der Verbreitung westli-cher Wissenschaft und Technik. Der »Kampf« wird hauptsächlich den (auch einander offen oder latent bekämpfenden) religiösen Fundamentalismen gelten, wie die Gegenwart zeigt. Ein gemeinsa-mer Zug der Fundamentalismen ist – außer dem Wörtlichnehmen der heiligen Schriften – die Nichtdifferenzierung der Religion von Kultur und Politik. In Bezug auf diese strukturelle Modernität, kurz der Rechtsstaatlichkeit, darf der Westen keinerlei Abstriche machen, nachdem er sie in langen Jahrhunderten unter Blut und Tränen in-tern erstritten hat. Sie steht nicht als kulturelle Eigenart zur Disposi-tion. Wie lautet die Spruchweisheit der alternativen Szene?

»Wer heute den Kopf in den Sand steckt, knirscht morgen mit den Zähnen.«

---

[70] A.a.O. – Später erschien Huntingtons Buch auf Deutsch: *Kampf der Kulturen. Die Neugestaltung der Weltpolitik im 21. Jahrhundert*, München – Wien 1996.

.

II. Kulturelle Solidarität – der unerkannte Kern des Migrationsproblems[1]

»Hereinlassen des Anderen« als ontologische Struktur der Kommunikation

»Kann es überhaupt ein kulturelles, sein Attribut verdienendes Leben geben, das nicht ›den Anderen hereinlässt‹?« So fragen die Herausgeber eines Sammelbandes zum »Ethos europäischer Gastlichkeit«.[2] Meine Antwort lautet dezidiert: Nein, kann es nicht! Denn Kultur ist die kommunikative Ebene einer Gemeinschaft und Gesellschaft selbst. Und *Kommunikation* – in einem nicht technizistisch verkürzten Sinne – besteht in nichts anderem als in Gegenseitigkeit der Mitteilung: im Hereinlassen des Anderen als eines solchen, der sich auf mich einlässt – im Prozess der doppelten gegenseitigen Reflexion. Sie ist dem Menschen das Natürlichste, natürlicher als das Stehenbleiben beim bloß strategischen Umgang mit dem Anderen, bei dem ich einseitig meine Interessen verfolge. Kommunikation heißt, sich Einlassen auf den Anderen um seiner selbst, um seiner eigenen Erwartungen und Wünsche willen.

Für die Art von Reflexions-Systemtheorie, die ich seit Jahrzehnten in Fortsetzung einer »transzendentalen Dialogik«[3] verfolge (worin ich das kantische und das bubersche Relationsdenken zusammenzu-

---

1 Zuerst erschienen in *Aufklärung und Kritik* 1/2016.
2 Die Herausgeber sind Burkhard Liebsch und Michael Staudigl: *Perspektiven europäischer Gastlichkeit*, Weilerswist 2016.
3 Vgl. v. Verf. »Sinn und Intersubjektivität. Zur Vermittlung von transzendental-philosophischem und dialogischem Denken in einer ›transzendentalen Dialogik‹«, in: *Theologie und Philosophie* 45 (1970), S. 161–191. – *Reflexion als soziales System. Zu einer Reflexions-Systemtheorie der Gesellschaft*, Bonn 1976, Neuauflage unter dem Titel *Logik des Sozialen*, Varna – München 2005.

denken versuchte), gibt es folgende Reflexions-Stufen der interpersonalen Reflexion:

1. der einseitigen Intentionalität, des *instrumentalen* Umgangs mit dem Anderen: ich sehe und behandle den Anderen wie einen Gegenstand;

2. der einseitigen Reflexion, des *strategischen* Umgangs: Ich beobachte den Anderen als selbst Sehenden und kalkuliere seine Verhaltensweisen ein;

3. der doppelt-gegenläufigen Reflexion: ich trete in die *kommunikative* Gegenseitigkeit des Blicks;

4. der *metakommunikativen* Stellungnahme zu dieser Kommunikation und ihren Voraussetzungen: wir verabreden (zunächst und zumeist nicht-verbal) die Normen unseres ferneren Umgangs.[4]

Kommunikation und damit »Hereinlassen des Anderen« ist somit dem Menschen etwas Lebensnotwendiges und höchst Natürliches, noch unabhängig von seinem guten Willen, dem auch ethisch optimal Rechnung zu tragen. Wie diese sozialontologische Struktur sich in sozialethische Postulate, z. B. das einer »unbedingten« Gastfreundschaft, übersetzen lässt, das ist hier die Frage. Sie lässt sich sicher nicht allein von der primären Interpersonalität beantworten. Es ist eine gesellschaftliche Frage, die nach einer »kommunikativen Gesellschaft«[5], was für mich das Synonym von (weiter entwickelter) Demokratie ist. Deshalb werde ich später auf die systemtheoretische Bedeutung der soeben unterschiedenen Stufen der interpersonalen Reflexion zurückkommen.

---

4   Ich verwende hier einige Ausdrücke von Jürgen Habermas (*Theorie des kommunikativen Handelns*, 2 Bände, Frankfurt/M. 1981) der allerdings diese Stufung nicht als eine solche der interpersonalen, praktischen Reflexion erkannt hat, weshalb sie bei ihm unvollständig ist und der daher auch nicht vom Handeln der Einzelnen her zu einer Systemtheorie der Gemeinsamkeit gefunden hat, sowenig wie sein einstiger Kontrahent Niklas Luhmann.

5   Vgl. zuerst J. Heinrichs, *Freiheit – Sozialismus – Christentum. Um eine kommunikative Gesellschaft*, Bonn 1978.

Die Bedingtheit der Gastfreundschaft

Von einer »unbedingten« Gastfreundschaft zu sprechen, scheint mir allerdings ein ganz fehlgeleitetes Pathos. Es wird hier jene ontologische, unumgängliche Struktur mit einer ethischen Haltung verwechselt: Die Art, wie ich der kommunikativen Struktur in Form der Gastfreundschaft Rechnung trage, ist erstens ihrem Wesen nach freiwillig und zweitens vielfältig *bedingt*, vor allem gesellschaftlich. Auch wenn ich die Gastfreundschaft als einen sehr hohen Wert betrachte, kann ich sie in keiner Weise als »unbedingt« ansehen: Wenn ein Gast mich beraubt oder meine Tochter vergewaltigt, werde ich ihm die Gastfreundschaft kündigen. Wenn er sich an wichtige Spielregeln des Zusammenlebens nicht hält, wird die Atmosphäre getrübt werden und die Gastfreundschaft ebenfalls nicht lange halten. Ich weiß also nicht, was Unbedingtheit in diesem Zusammenhang heißen soll. Es kommt hier sehr auf realistische und philosophisch genaue Wortwahl an, und diese vermisse ich in dem religiös und ethisch motivierten Pathos von Levinas ebenso dem durch Andersseinwollen (gegenüber der bisherigen Philosophiegeschichte) motivierten von Derrida.[6]

Ich erinnere mich an eine Begegnung mit Jacques Derrida nach einer seiner Vorlesungen an der Pariser *École Normale*, bei der er zum »être de l'être« (Sein des Seienden) Heideggers mit pathetischen Meistergesten im Hörsaal auf und ab schritt. Vielleicht spürte er bei meinem Versuch einer Kontaktaufnahme im Café meine inneren Reserven. Jedenfalls half er mir, dem Fremdsprachigen, in keiner Weise, mit ihm in einen kurzen Gedankenaustausch zu kommen. Ich empfand das als Zurückweisung und – im Nachhinein und in diesem Zusammenhang – als einen Mangel an Gastfreundschaft. Aus diesem Grund wie aus theoretischen Gründen hat er wie alle Rhetoriker *à la*

---

[6] Vgl. näher B. Liebsch, *Für eine Kultur der Gastlichkeit*, Freiburg i. Br., München 2008. Ich stimme Egon Flaig (*Niedergang der politischen Vernunft*, Springe 2017) somit nachdrücklichst zu in Bezug auf den Primat des Ontologischen vor dem Ethischen, gegen die unglaubwürdige Inanspruchnahme einer willkürlichen, unrealistischen Ethik bei diesen Autoren.

française bei mir wenig Kredit in Bezug auf realistische Analysen, am wenigsten zu Gastlichkeit.

Bei Kant findet sich allenfalls eine unbedingte rechtliche Pflicht der Hospitalität:

> »das Recht eines Fremdlings, seiner Ankunft auf dem Boden eines anderen wegen, von diesem nicht feindselig behandelt zu werden. [...] Es ist kein *Gastrecht*, worauf dieser Anspruch machen kann (wozu ein besonderer, wohltätiger Vertrag erfordert werden würde, ihn auf eine gewisse Zeit zum Hausgenossen zu machen), sondern ein Besuchsrecht, welches allen Menschen zusteht, sich zur Gesellschaft anzubieten, vermöge des Rechts des gemeinschaftlichen Besitzes der Oberfläche der Erde, auf der, als Kugelfläche, sie sich nicht ins Unendliche zerstreuen können.«[7]

Kant tadelt in diesem Zusammenhang zwar sehr »das inhospitable Betragen« der europäischen Kolonialisten, also deren Überschreitung des Besuchsrechts und allenfalls Gastrechts, wie er überhaupt die Kolonisierung ablehnt, doch er nimmt folgende Stufung vor:

*   die rechtliche Pflicht der Hospitalität, die dem »Besuchsrecht aller Erdenbürger« entspricht;

*   das Gastrecht, wozu ein freiwilliger Vertrag gehöre (s. o.);

*   und das Recht zur Ansiedelung, »als zu welchem ein besonderer Vertrag erfordert wird«.[8]

Ein »unbedingtes Gastrecht« wird man bei dem besonnenen Kant vergeblich suchen. Unbedingtheit kommt allenfalls der Wahrung der Menschenwürde im Allgemeinen zu. Ein darüber hinaus gehendes »Ethos der Gastlichkeit« wäre für ihn eine Sache der freiwilligen, nicht des Rechts.

---

7   I. Kant, *Zum ewigen Frieden*, in: *Werkausgabe Bd. XI* (Hg. W. Weischedel), Frankfurt/M. 1964, S. 213 f. (= BA 40 f.).
8   I. Kant, *Metaphysik der Sitten*, in: *Werkausgabe Bd. VIII*, S. 476 (= B 260 f).

Menschenliebe und Verantwortung als ethische Grundlage der Gastlichkeit

Für diese über das bloße Recht hinausgehende Menschenliebe als Grundlage eines Ethos der Gastlichkeit plädiere ich allerdings entschieden, besonders in unserer heutigen Situation mit den seit 2014 sprunghaft angewachsenen Flüchtlingszahlen aus Syrien und Afrika. Es kommt eine moralische Verantwortung Europas aufgrund seiner kolonialen Vergangenheit hinzu. Ich plädiere ferner für eine entschieden größere nationale und europäische Solidarität gegenüber den Flüchtlingen sowie innerhalb der europäischen Länder, doch auch für ein mehr als proportionales Engagement Deutschlands aufgrund seiner Wirtschaftskraft, primär aus Hilfsbereitschaft, also Menschenliebe, doch auch im Hinblick auf die Verbesserung der demografischen Situation in Deutschland. Ich halte ferner die Drittstaatenregelung, wonach die Personen, die im Ursprungsstaat zwar politisch verfolgt wurden, aber über einen für sie sicheren Drittstaat einreisen, nicht das Recht auf Asyl wegen politischer Verfolgung geltend machen dürfen, gegenüber den Ländern an den Außengrenzen der Europäischen Union für völlig unzureichend, jedenfalls solange diese »Drittstatten« an den Außengrenzen Europas nicht adäquate gesamteuropäische Unterstützung erhalten.

Allerdings werden die humanitären Einstellungen der einheimischen Bevölkerung durch Unklarheiten strapaziert, was für die Einwanderungsfrage im Allgemeinen noch mehr gilt als für die Asylfrage. Diese gilt es auszuräumen. Für solche Klärungen ist gerade auch ein predigerhaft überstrapaziertes Pathos der Gastlichkeit ein Hindernis, wenn die strukturellen und kulturellen Voraussetzungen für diese Gastfreundschaft nicht benannt werden. Im staatlichen und gesellschaftlichen Zusammenhang müssen zunächst einmal *Recht und Sittlichkeit*, zumal eine über das Gebotene hinausgehende persönliche *Sittlichkeit der Liebe*, unterschieden werden. Es entsteht die Frage, wie persönliche Wertungen der Menschenliebe auf demokratisch saubere Weise in rechtliche Entscheidungen umgesetzt werden können. Diese Frage betrifft die einer *Wertedemokratie* im Allgemeinen: Welche politischen, insbesondere parlamentarischen Institutionen braucht es, um den Grundwerten und den aktuellen Wertungen der Bevölkerung tatsächlich Rechnung tragen zu können? Ich denke besonders an eine Grundwerte-Kammer als Teil eines viergestuften parlamentarischen Systems, wozu neben einer Wirtschafts- und Politikkammer auch eine Kulturkammer im Sinne eines direkt gewählten Teilparlamentes für Kultur gehört.[9] Ich fahre jedoch, vor dem näheren Eingehen auf Strukturen einer weiter entwickelten Demokratie, zunächst mit ganz evidenten, jedoch vernachlässigten Unterscheidungen fort, um diese später durch ein systemtheoretisches, demokratietheoretisches Raster zu vertiefen. Denn die individualethische und bloß appellative Personalisierung des Themas Gastlichkeit hilft für den öffentlichen Raum nicht weiter.

Notwendige Unterscheidungen

Erstens ist zwischen politisch verfolgten *Asylsuchenden (1), Immigranten aus wirtschaftlicher (manchmal auch kultureller und religiöser Not und Zwangslage (2) und der relativ freiwilligen Einwanderung (3)* zu unterscheiden. Eigentlich müsste nur über die Letzteren debattiert werden. Denn bei den Asylsuchenden kann sinnvoll, d.h. im Rahmen der deutschen Rechtslage sowie einer theoretisch allgemein akzeptierten Ethik der Menschenrechte, allenfalls über die Zahl der Aufzunehmenden und die Art ihrer möglichst zuvorkommenden und effektiven Behandlung gestritten werden. Bei Flüchtlingen aus »bloß« wirtschaftlicher Not – denken wir an die Menschen aus so genannten »sicheren Herkunftsländern« – ist der rechtliche Spielraum größer, der moralische jedoch nicht unbedingt, solange die Notlage in den Herkunftsländern nicht gesamteuropäisch angegangen wird. Ich trete, wie schon gesagt, für höhere Zahlen und zuvorkommendere Behandlung als die bis zum Sommer 2015 in Deutschland übliche ein, möchte jedoch auch emotionale Hindernisse der Einheimischen thematisieren.[10]

---

[9] Dazu ausführlich: *Revolution der Demokratie*, Sankt Augustin ²2014.
[10] Hierin weiche ich ab von der Sicht E. Flaigs (a.a.O.): Die Handlungsweise der Kanzlerin A. Merkel bedeutete keinerlei Aufhebung der Grenzen, sondern lediglich die Reaktion auf eine akute Notlage.

Zweitens muss der Unterschied zwischen zeitweiligen *Gästen und Einwanderern* viel klarer gestellt werden, als dies bisher üblich ist. Auch wenn sich viele Einwandernde erst im Laufe der Jahre entscheiden können, ob sie dauerhafte Immigranten oder zeitweilige Gäste sind, wird diese Unterscheidung in der öffentlichen Wahrnehmung viel zu wenig getroffen. Denn von einem Immigranten wird ein ganz anderes kulturelles Verhalten erwartet als von einem Gast.

Solange ein Gast klar als solcher zu verstehen ist, sind ihm aus Höflichkeit und Menschenliebe die schönen Freiheiten des Gastes zuzubilligen: Er braucht nicht unbedingt unsere Sprache zu sprechen. Er braucht sich nicht mehr, als ihm spontan daran liegt, um unsere Geschichte und Kultur zu kümmern. Er braucht unsere Sitten nicht notwendig voll zu erkunden oder gar zu übernehmen.

Wer von uns tut das als Urlauber in einer anderen Kultur und Sprachumgebung? Im Gegenteil haben viele Deutsche die Gewohnheit, sich im Ausland zusammen zu tun und als lärmende sowie anspruchsvolle Clique aufzufallen. Ein Aufenthalt kann für Gäste aber auch Jahre dauern, z. B. für Wissenschaftler oder Geschäftsvertreter, bei denen klar ist, dass sie nach einiger Zeit in ihre Heimat zurückkehren. Bei Studenten würden wir freilich erwarten, dass sie sich um das Deutsche bemühen und nicht verlangen, dass an deutschen Universitäten allgemein Englisch gelehrt und gesprochen wird, ein eigenes, derzeit erst untergründig – verborgen vor der großen demokratischen Öffentlichkeit! – viel diskutiertes Thema: Wieweit die akademische Lehre noch in unserer Muttersprache, die vor dem Zweiten Weltkrieg noch führende Wissenschaftssprache war, zumutbar ist. Hier begegnen sich ökonomische und kulturelle Fragen, für deren angemessene Behandlung uns derzeit die demokratischen Institutionen fehlen. Dazu später.

Schön, wenn sich die Gäste unseres Landes oder Bewohner auf Zeit freiwillig auf deutsche Sprache und Sitten einlassen. Doch Gäste genießen natürlicherweise einen Ausnahmestatus, sogar Vorzugsbehandlung. Über die eher rationale Achtung vor der »unbedingten« Menschenwürde des Anderen hinaus gibt es eine geheimnisvolle

Faszination durch das Fremde, die wir zum Glück auch unter den Europäern verschiedener Nationen noch kennen, bevor die Unterschiede in Sprache und Sitten durch ein eindimensionales Mehr-Europa-Denken nivelliert werden. Diese natürliche Faszination durch das Anderssein gesitteter Fremder wurde in der Vergangenheit oftmals von den Obrigkeiten in Konkurrenzgeist und Aggression umfunktioniert.

Erwartungen an Immigranten

Doch Einwanderer sind keine Gäste und können nicht dauerhaft diesen besonderen Status genießen. Diese Feststellung ist entscheidend wichtig, um nicht ein falsches Pathos der Gastlichkeit auf die Spielregeln der Einwanderung zu übertragen. *Es ist ein für alle Seiten wichtiges Postulat, dass die Entscheidung zwischen Gast- und Einwanderungsstatus möglichst bald und möglichst klar gefällt wird.* Ein unklarer Schwebestatus zwischen beiden ist für alle Seiten unerquicklich und bildet die Quelle emotionaler Verwirrung.

Auf die rechtliche Frage und Fragwürdigkeit der doppelten Staatsbürgerschaft und ihre Bewertung möchte ich hier nicht eingehen, um nicht auf einen komplizierten Nebenschauplatz zu geraten, bevor ich das mir Wichtige gesagt habe. Und dieses Wichtige ist die kulturelle und damit emotionale Identifikation mit der neuen Heimat. Von Einwanderern erwartet man mit Recht: dass sie sich nicht nur *wirtschaftlich* »integrieren« und mindestens dazu die Sprache ihres neuen Landes lernen. Zwar ist für viele ökonomisch Denkende (Migranten wie Deutsche) dies das Hauptmotiv, die deutsche Sprache zu lernen: ökonomische Nützlichkeit, um nicht Verwertbarkeit zu sagen. Doch diese ökonomische Motivation greift auf Dauer zu kurz. Eine Nation ist kein Wirtschaftsbetrieb.

Weder die Mehrheit der Ökonomen, ökonomisch orientierten Politiker und Wissenschaftler, doch die Mehrheit der Bevölkerung erwartet mindestens vorbewusst-unausdrücklich, dass die Migranten sich nicht allein durch die *formale Staatsbürgerschaft* und durch die Respektierung der Gesetze des Landes noch bloß wirtschaftlich »integrieren«. Sondern dass sie von innen her, in ihrem Denken und Fühlen, sich die Kultur ihres neuen Landes zu Eigen machen. Gewöhnlich wird – neben der wirtschaftlichen Eingliederung und Verwertbarkeit – die Respektierung der Gesetze mit Integration gleichgesetzt. Darin sind sich der nationalistische Erdogan und rationalistische Diskurstheoretiker à la Habermas einig. Doch beide Seiten irren. Zu einer wirklichen Integration, die dann nicht mehr so einfach von »Assimilation« unterschieden werden kann, gehört *die kulturelle und damit emotionale Identifizierung* mit dem neuen Land und seiner Geschichte – mag diese Geschichte auch schwierig sein und mag es immer noch zum guten Ton gehören, hauptsächlich zwölf grauenvolle, psychotische Jahre dieser Geschichte zu erinnern. Jedenfalls immer gerade dann, wenn die kulturelle Identifizierung mit diesem Land zur Herausforderung wird.

Wir sind hier an einem springenden Punkt, wie nicht nur die unverschämten, doch von unseren Politikern stillschweigend geduldeten Erdogan-Reden in Großveranstaltungen auf deutschem Boden zeigten, schon lange vor den neuesten Entwicklungen seit dem hochwillkommenen Putschversuch. Er appelliert an Gefühle, die nicht dem Verhalten von Gästen und noch weniger dem von Einwanderern entsprechen. Im Hinblick auf Gäste wären sie verständlich, aber zu unhöflich-ungehörig. Im Hinblick auf dauerhafte Immigranten sind sie schlicht unwahr, regressiv und unfair. Mir ist nicht bekannt, dass führende deutsche Politiker darauf adäquat eingegangen wären. Stillschweigendes Übergehen genügt für die notwendige soziale Hygiene nicht.

Keiner erwartet, dass Einwanderer ihre einstige Heimatkultur oder vielmehr die ihrer Eltern und Großeltern ohne Erinnerung und ohne Anhänglichkeit zurücklassen. Nichts ist gegen landsmannschaftliche Pflege der zurückgelassenen türkischen oder kurdischen oder – nunmehr hauptsächlich – syrischen Kultur zu sagen. Solche Pflege der Herkunftskultur findet man auch in den Vereinigten Staaten bei den irischen oder deutschen oder polnischen oder chinesischen Einwanderern. Doch sind die USA – entgegen den leichtfertigen Behauptungen vieler Multikulturalisten – keine bloße »Multikultur«, sondern eine neue Nationalkultur mit vielen *landsmannschaftlichen Sekundärkulturen*. Eine Ausnahme bilden vielleicht heute die lateinamerikanischen Einwanderer, die eine Spanisch sprechende Parallelkultur aufzubauen drohen. Ich sage drohen. Denn diese Entwicklung ist auch für die USA ungesund und problemschwanger – ebenso wie die Entwicklung von türkischen und anderen Parallelkulturen in Deutschland. Eine derartige Entwicklung beruht auf Unklarheiten und Unaufrichtigkeiten – auf der Vernachlässigung des Faktors Kultur durch die Mehrheit der Politiker, von den meisten Ökonomen zu schweigen.

Unklarheit von »multikulturell«

Auf Unklarheit und Unaufrichtigkeit beruht meist auch der Gebrauch des Wortes »multikulturell«, weshalb soeben eher abwertend von »Multikulturalisten« die Rede war. Während dieses Wort auf europäischer Ebene den »unbedingt« zu bewahrenden Reichtum der kulturellen Vielfalt Europas bezeichnet, also völlig in Ordnung und leider nicht selbstverständlich ist, bedeutet es auf nationaler Ebene uneingestanden nichts anderes als Kulturnivellierung: tendenziell die Auflösung der Nationen als der wichtigsten und wertvollsten Kultureinheiten.

Manche wollen ihre Alltagskultur in Kiezen, Städten oder Regionen finden. Das ist – besonders in den Zeiten der Arbeitsmobilität quer durch die Nation – eine der unklaren Illusionen auch von manchen Deutschen, die nicht zu schätzen wissen, was eine gemeinsame Muttersprache, eine gemeinsame Literatur und eine gemeinsame Geschichte im Guten wie im Üblen alles bedeuten, einen welch unschätzbaren Wert eine nationale Kultur darstellt. Es ist eine solche Art *kultureller Unbewusstheit*, wie sie sich die türkischen oder kurdischen Einwanderer jedenfalls nicht leisten! Wie sich die syrischen Bürgerkriegsflüchtlinge diesbezüglich verhalten, bleibt abzuwarten. Für die Erstgenannten ist Nation noch etwas, wofür ihr Herz schlägt und was ihnen unreflektierte und/oder unaufrichtige Multikulti-Ideologen von »Heimat Babylon«[11] oder kulturvergessene Diskursrationalisten (die sich nicht einmal über die genaue Bedeutung von »Diskurs« meinen verständigen zu müssen) noch nicht zerredet haben.

Wenn in der ersten Hälfte des zwanzigsten Jahrhunderts der Missbrauch des Nationalen traurige Blüten trieb (wenngleich dieser gegenüber den Jahrhunderten des Missbrauchs der Religionen für Hass und Kriege nur kurz dauerte), so kann man heute von einem *Missbrauch des transnationalen (europäischen und weltbürgerlichen) Denkens* zum Abbau der in Jahrtausenden gewachsenen Kultureinheiten namens Nationen sprechen. Und dazu dient der mehr oder weniger bewusst und absichtlich unklare Gebrauch des emotional besetzten Wortes »multikulturell« als vorzügliches Werkzeug.

Bereits 1994 in meinem Buch *Gastfreundschaft der Kulturen*[12] betonte ich, zur Abgrenzung gegen alle Das-Boot-ist-voll-Sprüche, dass es nicht um die Zahl der Einwanderer gehe, dass wir deren noch viele gebrauchen, vielmehr willkommen heißen können, sondern fast ausschließlich um ein kulturelles Problem, welches weder von den Nur-Ökonomen noch von den nur-rechtsbeflissenen »Verfassungspatrioten« (D. Sternberger, verdünnt aufgegriffen von J. Habermas und Nachfolgern) noch überhaupt von der übergroßen Mehrzahl der Politiker als solches erkannt und gewürdigt wurde. An dieser völligen *Unterbelichtung der kulturellen Dimension unseres Gemeinwesens* hat auch die Einrichtung eines Kulturstaatsministeriums nichts geändert, weil es dabei gar nicht primär um die offizielle Hochkultur geht, sondern um die Volkskultur in allen Lebensäußerungen, gebündelt durch die Sprache, die unerhört viel an informeller Gemeinsamkeit transportiert, besonders in ihrer idiomatischen Dimen-

---

[11] D. Cohn-Bendit, Th. Schmitt, *Heimat Babylon. Das Wagnis der multikulturellen Demokratie,* Hamburg 1992. Im neuen, gemeinsam mit Guy Verhofstadt verfassten Buch »Für Europa«, München 2012, plädiert Cohn-Bendit entschieden für »mehr Europa«. Wie dies mit der verbal verteidigten kulturellen Eigenständigkeit der Mitgliedsländer vereinbar sein soll, dazu entwickeln die Autoren kein Konzept!

[12] Allgemeiner zur Kultur-Thematik: *Kultur – in der Kunst der Begriffe,* Varna, München 2007.

sion.[13] Doch hier liegt der unerkannte Kern des Immigrations-Problems. Nationen sind nach wie vor kulturelle Kraftzentren, die viel an frischem Blut im wörtlichen Sinne der genetischen Zuwanderung vertragen können – sofern sie selbst noch kulturell vital sind.

Ich habe nicht die geringsten Sympathien mit den ausländerfeindlichen Parolen von »Pegida« oder AfD, ganz zu schweigen von den beschämenden derzeitigen Ausschreitungen gegen Asylbewerberheime. *Was viele dieser Menschen jedoch vorbewusst, dunkel umtreibt, ist das emotionale Bedürfnis nach kultureller Identität.* Genau das findet in dem politischen »Diskurs« (was immer das heißt: rationale Argumentation oder Schlagabtausch der Reden überhaupt?) keinen angemessenen Platz. Schon im eben erwähnten (von den *Mainstream*-Medien trotz seiner Aktualität offensichtlich unterdrückten) Buch »Gastfreundschaft der Kulturen« von 1994 habe ich behauptet, dass die Multikulti-Mentalität, die mit der besagten Unklarheit über die verschiedenen Bedeutungen von »multikulturell« arbeitet, genau diese tatsächlich oder vermeintlich Rechten hervortreibt. Es gibt keine größere Provokation der Ausländer-raus- oder Das-Boot-ist-voll-Parolen als das unklar bleibende Multi-Kulti-Gerede, das ebenso lange ein gefährliches Gerede bleibt, als die Bedeutungen von multikulturell nicht unterschieden werden: Ist transnationale Multikulturalität gemeint (z.B. auf europäischer Ebene), ist das Willkommenheißen von landmannschaftlichen Sekundärkulturen gemeint, bei Bejahung einer kulturellen (nicht religiösen, nicht bloß staatsbürgerlich-rechtlichen) Gemeinsamkeit und Solidarität – oder wird die kulturelle Gemeinsamkeit einer primären, gastgebenden Kultur geleugnet? Mit bloß moralisierenden Sprüchen von einem Ethos der Gastlichkeit und Appellen an die Einzelnen ist

---

[13] Wir stehen in der Linguistik wie in der *Ordinary-Language*-Philosophie der Sprache vor dem Phänomen, dass man sich – in ganz einseitiger Art der Berufung auf W. v. Humboldt – jagend und sammelnd heftig um die je einmalige »Weltsicht« der Muttersprachen bemüht, diese jedoch nicht fassen kann, wenn man nicht zuvor die Folie der universalen Strukturen von Sprache erfasst, was eine Aufgabe der philosophischen Reflexionslogik ist. Vgl. dazu v. Verf., *Sprache* in 5 Bdn., Varna, München 2008/9.

dem wahrhaftig nicht beizukommen. Das hieße, die kulturellen und strukturellen Bedingungen von Gastlichkeit zu verkennen. Um die es mir hier geht.

Die »Grünen« distanzieren sich längst, wenn auch undeutlich, vom Gröbsten der jahrelang vertretenen Multi-Kulti-Ideologie, nachdem sie die SPD angesteckt haben. Es fehlt ihren Wortführern noch die Wahrhaftigkeit, sich der eigenen Geschichte zu stellen (da die Untersuchungen nicht so scharf geführt werden wie in Sachen Pädophilie). Ich selbst weiß, warum ich die grüne Partei in den Achtziger Jahren wieder verlassen habe.

Gern wird von Seiten halbherziger Immigranten betont, auch die gastgebende Kultur (sofern sie dieser Terminologie mächtig sind) müsse sich ändern. Das sei ein Geben und Nehmen, ein gegenseitiges Sich-Arrangieren. Das ist einerseits selbstverständlich. Richtig ist, dass jede lebendige Kultur sich ständig verändert, und eine gastgebende Einwanderungskultur umso mehr, und dies im Allgemeinen zu ihrem Vorteil – sofern nur die Verwirrung der Begriffe und Gefühle nicht überhand nimmt und das Gefühl einer kulturellen Gemeinschaft und Solidarität erstirbt. Andererseits spiegelt jene Rede vom gegenseitigen Sich-Arrangieren eine Symmetrie vor, die in Wahrheit nicht besteht. Wer so redet, beachtet nicht den grundsätzlichen Unterschied und die notwendige Asymmetrie zwischen der einen gastgebenden Kultur und den vielen Gastkulturen, die nur in Gestalt von landsmannschaftlichen Sekundärkulturen einen vernünftigen Status finden, »sekundär« nicht im wertenden, sondern im soziologisch beschreibenden Sinne. Die Deutschen sind anpassungswillig und im Prinzip außerordentlich gastfreundlich wie auch spendefreudig. Doch sie erkennen instinktiv, woran die Politiker und intellektuellen Wortführer mehrheitlich gerne vorbeisehen und –reden: Dass da ein fauler Punkt und ein Doppelspiel vorliegen, wenn die selbstverständlichen Voraussetzungen der kulturellen Angleichung und Solidarität nicht erfüllt werden. Wenn die derzeit (Herbst 2015) überaus gastfreundliche Mehrheit der Bevölkerung sich in dieser Voraussetzung getäuscht sehen sollte, würde die Stimmung zweifellos kippen. Das Erlernen der deutschen Sprache wird erfreulicherweise inzwischen überall vorausgesetzt. Doch man weiß nicht, ob und wo aus bloß wirtschaftlichen Gründen des Arbeitsmarkts oder aus kultureller Solidarität – und ob damit Ernst gemacht wird.

Viele Einwanderer (sofern sie sich über ihre Einwanderung schon im Klaren sind, was man von vielen traumatisierten Asylsuchenden nicht erwarten darf) wollen Wirtschaftsdeutsche und Verfassungsdeutsche, jedoch keine Kulturdeutschen sein und werden. Darüber hinaus wird das Ganze noch mit der religiösen Frage vermischt. »Der Islam gehört zu Deutschland« ist eine für deutsche Spitzenpolitiker beschämende Nicht-Differenzierung:

- Die einzelnen Moslems gehören selbstverständlich als Immigranten zu Deutschland, selbstverständlich auch mit ihrem Glauben (sofern dieser nicht fundamentalistische Verfassungswidrigkeit einschließt). Denn in Deutschland herrscht für den Einzelnen Religionsfreiheit.

- Es herrscht jedoch bei Weitem keine Fairness zwischen den Religionen und Weltanschauungen. Die Konkordatsverhältnisse (zurückgehend auf das Hitler-Konkordat von 1933, doch versteckt in Staats-Kirchen-Verträgen und Kirchenverträgen mit den Ländern) überprivilegieren die »großen« Kirchen in einem Maße, das der großen Öffentlichkeit bei Weitem nicht bekannt ist und das nur deshalb noch immer fortbestehen kann.[14] Soll jener Spruch von der Zugehörigkeit des Islams zu Deutschland das Angebot zu größerer Fairness für den Islam sein, da angeblich auch er staats- und kulturtragende Religion Deutschlands geworden ist, oder ist es nicht vielmehr der unbewusste Ersatz für solche Fairness?

- In jener pauschalen Aussage »Der Islam gehört zu Deutschland« werden (bisher vorzüglich türkische) Volkszugehörigkeit und islamische Religionszugehörigkeit implizit ebenso gleichgesetzt wie die von christlich und deutsch

---

[14] Vgl. neuestens: L. Prothmann (Hg.), *Kirche – Konten – Konkordat*, Salzburg 2015.

(neuerdings politisch korrekter, aber nicht wahrhaftiger: jü-
disch-christlich und deutsch). Es kommt jedoch wesentlich
darauf an, diese Zugehörigkeiten grundsätzlich zu unterscheiden, während die türkischen Immigranten sie emotional gerade nicht unterscheiden. Und dies stellt ein Problem
dar, auf das man mit viel größerer Klarheit reagieren muss.
Dazu kann die Einwanderung nicht-türkischer Muslime sogar helfen.

Moderne Nation: Kulturgemeinschaft, nicht primär Abstammungsgemeinschaft

Der hier betonte Charakter einer modernen Nation als *Kulturgemeinschaft* steht im Gegensatz zu einer blutsmäßigen *Abstammungsgemeinschaft*. Im Gegensatz zu manchen Vorurteilen wurde dies schon
von dem angeblichen Nationalisten J. G. Fichte, dem Verfasser der
wirkungsmächtigen *Reden an die deutsche Nation* (1808) unter der
damaligen französischen Besatzung formuliert: Sprache und Kultur
sind es, was eine Nation begründet, nicht eine vorgebliche Reinheit
der Abstammung.[15] Trotzdem werden etwa vom Verfasser einer
»Sozialbiologie«[16], als Antwort auf meine kritische Vorbehalte gegen seine Auffassung der Nationen als Abstammungsgemeinschaf-
ten, folgende Gesetzestexte angeführt:

> »Deutscher im Sinne dieses Grundgesetzes ist [...], wer die deut-
> sche Staatsangehörigkeit besitzt oder als Flüchtling oder Vertrie-
> bener deutscher Volkszugehörigkeit oder als dessen Gatte oder
> Abkömmling in dem Gebiete des Deutschen Reiches nach dem
> Stande vom 31. Dezember 1937 Aufnahme gefunden hat« (Artikel
> 116 GG).

Diese »Definition« von Deutschsein ist rein rechtspositivistisch und
lässt völlig offen, was die sachliche Grundlage von nationaler

---

[15]   J. G. Fichte, *Reden an die deutsche Nation*, in: *Sämtliche Werke*, Nachdruck Berlin
     1971, S. 313 f.
[16]   Andreas Vonderach, *Sozialbiologie. Geschichte und Ergebnisse* (Berliner Schriften zur
     Ideologiekunde), Schnellroda 2012.

Volkszugehörigkeit ist. Den bloßen Begriffe »Volk« und damit »Volkszugehörigkeit« biologistisch zu verstehen, wäre ein bloßes Zirkelargument: weil jemand »Volk« so verstehen will.

> »Deutscher Volkszugehöriger im Sinne des Gesetzes ist, wer sich in seiner Heimat zum deutschen Volkstum bekannt hat, sofern dieses Bekenntnis durch bestimmte Merkmale wie Abstammung, Sprache, Erziehung, Kultur bestätigt wird.« (Bundesvertriebenengesetz (BVFG), § 6,1 [1952])

Dieser Satz wurde ohne Veränderungen in die neue Fassung des § 6 des Bundesvertriebenengesetzes vom 30. August 2001 übernommen. Die Tatsache, dass hier auch »Abstammung« als *ein* Kriterium von nationaler Zugehörigkeit genannt wird, bedeutet keineswegs, dass es das einzige unabdingliche Kriterium neben den anderen darstellt.

Dieser Punkt ist – zur Abgrenzung nach »Rechts« – äußerst wichtig, um eine vorwiegend abstammungsmäßige, in der Tendenz damit sogar rassistische Auffassung von Nation als vormodern und lange nicht mehr aktuell abzuweisen und um die hier vertretene kuturalistische Auffassung davon abzugrenzen. Die rechtskonservativen Kreise, vertreten etwa durch »Die neue Freiheit« oder das »Institut für Staatspolitik«, sprechen paradoxerweise auch von einer multikulturellen Gesellschaft in Deutschland als Faktum, weil sie Abstammung und Kultur nicht unterscheiden. Das Verständnis der Nation als Kulturgemeinschaft steht zwischen

- jener rein rechtlichen Auffassung mit dem entsprechenden bloßen »Verfassungspatriotismus« (einer emotionsfreien, aber unklar vertretenen Ersatzform des kulturell begründeten Patriotismus)

- und der hier abgewiesenen Abstammungsgemeinschaft, worin die Nation noch als blutsmäßige Großfamilie verstanden wird, was aber für ein Transitland mitten in Europa schon seit Jahrhunderten nicht mehr zutrifft. Der gegenteilige Eindruck beruht auf der Verwechslung von Abstammungs- und Kulturgemeinschaft.

Das systemtheoretische Raster

Nunmehr sollen die anfangs aufgeführten Reflexionsstufen der Inter-personalität in ihrer systemtheoretischen Reichweite verdeutlicht werden. Denn diese interpersonalen Verhältnisse bestehen ebenso wie die gesamte Gesellschaft (als solche, abgesehen von ihren naturalen Voraussetzungen) aus nichts anderem als aus einer Verflechtung von Reflexionsverhältnissen. Deren Stufen seien nur in äußerster Kürze umrissen, da sie von mir schon vielfältig und ausführlich entfaltet wurden.[17] Es bestehen folgende Entsprechungsverhältnisse zwischen primärer Interpersonalität (individuelle Referenz) und Systemebenen aus kollektiv-gesellschaftlicher Sicht (kollektive Referenz):

einseitig-intentionaler Objektbezug   → Wirtschaft

einfach reflektierter, strategischer Bezug   → Politik

doppelt reflektierte Kommunikation   → Kultur

abschließende Metakommunikation   → Legitimationssystem

Wenn diese Subsysteme weiter – nach demselben Reflexionsprinzip – untergliedert werden, ergibt sich folgendes differenzierte Bild vom gesellschaftlichen Haus (Oikos):

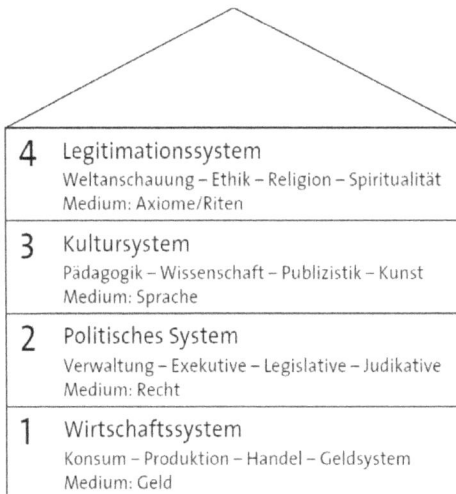

4 Legitimationssystem
Weltanschauung – Ethik – Religion – Spiritualität
Medium: Axiome/Riten

3 Kultursystem
Pädagogik – Wissenschaft – Publizistik – Kunst
Medium: Sprache

2 Politisches System
Verwaltung – Exekutive – Legislative – Judikative
Medium: Recht

1 Wirtschaftssystem
Konsum – Produktion – Handel – Geldsystem
Medium: Geld

---

[17]   Vgl. *Revolution der Demokratie*; speziell im Hinblick auf Europa: *Die Logik des euro-päischen Traums*.

Differenzierung als Spezifikum Europas

Das Spezifikum Europas liegt nicht etwa in einer mysteriösen Kultur der Gastfreundschaft. Im Gegenteil, andere, naturnähere, d.h. hier der einfachen, ursprünglichen Zwischenmenschlichkeit nähere Völker sind spontan bei weitem gastfreundlicher als die europäischen, wie jeder Reisende abseits des kommerziellen Tourismus leicht erleben kann. Spezifisch für Europa ist vielmehr die fortschreitende Differenzierung von:

- *Religion und Politik*: im Anfang des Christentums die damals ungewöhnliche Unterscheidung von Religion und Volksgemeinschaft; diese wurde mit der Konstantinischen Wende zur Staatsreligion (313 n. Chr.) rückgängig gemacht und seit der Reformation, der ersten Trennung von Kirche und Reich, über die Aufklärung bis hin zur modernen Trennung von Kirche und Staat schrittweise wieder eingeholt, auch wenn diese Differenzierung bis heute nirgends befriedigend durchgeführt wurde. Auch in den USA oder in Frankreich sind die (notwendigen) weltanschaulich-religiösen Einflüsse auf das rechtlich-politische Gemeinwesen keineswegs befriedigend geklärt.

- *Religion und Kultur*: Zwar hat jede Religion kulturelle Einbettung und Ausdrucksformen; es differenzierten sich in Europa jedoch mit der Herausbildung autonomer (religionsfreier) Wissenschaften und Künste die nationalen Kulturen von der im Prinzip übernationalen Religion. Religion (um diesen populären Titel für das ganze Legitimationssystem zu verwenden!) ist die Wertsphäre der *unbedingten Letztwerte*, dessen,»worauf es unbedingt ankommt[18], Kultur die Wertsphäre der *bedingten Gestaltungen* in Lebensformen, Technik, Wissenschaft, Künsten. Die Vermischung beider Sphären führt zu einem pseudoreligiös aufgeladenen Nationalismus

---

18 P. Tillich, *Die religiöse Substanz der Kultur,* in: *Gesammelte Werke Bd. IX,* Stuttgart 1967.

(der Nationalsozialismus war nur die extremste Form) oder zu einer folkloristischen Verflachung der Religion.

- *Kultur und Politik*: Mit dem Aufkommen einer bürgerlichen Kultur im Unterschied zur feudalen Kultur wurde die gesamte nationale Volkskultur von der offiziellen Politik unabhängiger.

- *Die Differenzierung von Wirtschaft und Politik* ist bis heute nicht bewusst vollzogen, insofern unsere »kapitalistischen Demokratien« als solche unter der Dominanz der Wirtschaft stehen. Dennoch ist zumindest informell anerkannt, dass es sich um zwei verschiedene Sphären handelt. Man weiß nur nicht, wie ihre Beziehung zueinander rationaler gestaltet werden könnte. Beziehungsweise, die *beati possidentes* (die glücklichen Besitzer von Geld und Macht) wollen es – trotz der vorliegenden Vorschläge zu einer viergegliederten Wertedemokratie – noch nicht sehen.

Folgerungen für eine Gastfreundschaft der Kulturen

Ob die genannten, speziell in Europa und im Westen in langen Mühen, Kämpfen und Irrwegen erarbeiteten Differenzierungen von den Einzelnen sowie von ihren Herkunftsländern als solchen erkannt, akzeptiert und innerlich (verstandes- und gefühlsmäßig) nachvollzogen werden oder nicht, das hat enorme Auswirkungen auf die Gastfreundschaft gegenüber den Einzelnen wie gegenüber den Einwandererkulturen als solchen. Doch leider redet man aneinander vorbei, sobald es über die scheinbar schlichte Unterscheidung von rechtlicher Staatszugehörigkeit und Religionszugehörigkeit hinausgeht. Selbst diese Unterscheidung wird von Salafisten und islamistischen Gruppen nicht anerkannt, wo immer der Gedanke einer »Scharia«, damit einer Verbindung von Religions- und Rechtssphäre nicht völlig fallen gelassen wird. Es ist jedoch auch Sache der deutschen Rechtssprechung und Politik, hierin konsequenter zu sein als bisher! Man tut weder den Einwanderern, den Deutschen mit Migrationshintergrund, noch den seit langem Einheimischen einen Gefallen damit, hier um des vordergründigen lieben Friedens willen ständig Fünf gerade sein zu lassen.

Erst recht, wenn es um die Unterscheidung von Volkskultur (mit ihrer Sprache) und Religion geht. Die »alteingesessenen« Einheimischen werden oft Bio-Deutsche oder Abstammungsdeutsche genannt – womit man in anachronistischer Weise auf das Genetische, Blutsmäßige abhebt, als gäbe es nicht Millionen von Polen, Italienern und anderen, die in Deutschland längst einheimisch geworden sind. Von Deutschsein als Kultur ist bei solcher Rede von Bio-Deutschen dezidiert nicht die Rede. Auch in der intellektuellen Diskussion der Achtziger- und Neunziger Jahre wurde stets nur der Unterschied zwischen *jus sanguinis*, dem Recht des Blutes, und *jus soli*, dem Recht des Geburtsortes, gemacht. Eine juristisch gelehrt klingende, aber völlig unzureichende Alternative. Ich habe damals, vor und nach dem Büchlein *Gastfreundschaft der Kulturen* (1994) vergeblich in Leserbriefen, z. B. an DIE ZEIT, auf das gefährlich Unzureichende dieser bloß zweiwertigen Entweder-Oder-Logik aufmerksam gemacht. Zu schweigen davon, dass mir Raum für einen diesbezüglich klärenden Artikel gewährt worden wäre. Wo blieb und bleibt so etwas wie ein *jus culturae, also das Recht einer Kulturgemeinschaft, diese ihre geschichtlich gewachsene Identität als einen sehr hohen Wert zu verteidigen?* Die Juristen scheinen noch nicht soweit, die kulturelle Gemeinschaft namens Nation, die sich selbst, in eigener Souveränität, einen staatlichen, d.h. rechtlichen Rahmen gab,[19] als eigene, nach Abschluss von Völkerwanderung und Territorialkriegen in Europa entscheidend wichtige Werte- und Rechtsgrundlage formell anzuerkennen. Doch das Recht muss der vorrechtlichen Werte-Ordnung (und einem gesunden Menschenverstand) folgen. Und in diesem

---

[19] Vgl. dazu ein Kapitel in Jean Zieglers neuem *Buch Ändere die Welt! Warum wir die kannibalische Weltordnung stürzen müssen*, München 2015. – Zu dem von Ziegler gemeinten Kannibalismus gehört wesentlich die Zwangsherrschaft der Wirtschaft über Grundwerte, Kultur und Politik im engeren Sinne.

Sinne ist ein *jus culturae* (mindestens ebenso wie ein *jus naturae*[20]) als Rechtstitel zu postulieren.

Nach der *Pseudologik* der »Multikulturalisten« im besagten Sinne hätte man z.b. nicht bloß Türkischlernen für Deutsche, sondern auch die gleichwertige Bestückung deutscher Bibliotheken mit türkischsprachiger Literatur fordern müssen. Ein offensichtliches Ding der Unmöglichkeit, zumal wenn man an die vielen anderen Einwanderergruppen in Deutschland denkt. Kurz, mit solcher Unlogik ist keine echte, gar emotional herzliche Gastfreundschaft möglich.

Das Verhältnis der Kulturen als solchen zueinander, ihre wechselseitigen Rollen von Gastgeber und Gast, das ist die Bedeutung von »Gastfreundschaft der Kulturen«: Jede Kultur kann nur guter Gast sein, wenn sie auch als Gastgeber der anderen die Gastfreundschaft ausüben kann und z.b. nicht Dinge zusammenbindet wie Volkskultur und Religion – oder etwa Forderungen an ihre Gastkultur stellt, die sie selbst als Gastkultur der anderen bei Weitem nicht erfüllt. Zu schweigen von der Religionsfreiheit für Christen in islamischen Ländern.

Auch diese Überlegung kann weiterhelfen: Was würde der türkische Staat dazu sagen, wenn in seinen Städten deutsche Parallelkulturen entstünden? (Ich spreche nicht von Ferienhotels.) Kein europäisches Land möchte solche Entwicklungen. Es ist Folge der falschen Multi-Kulti-Ideologie, wenn dergleichen geduldet wird. Wobei Ansätze dazu in Frankreich oder England eher auf sozialer Diskriminierung beruhen, weil die französische bzw. englische Sprache in einer Weise als selbstverständlich vorausgesetzt wird, wie dies in Deutschland noch keineswegs bzw. schon nicht mehr der Fall ist.

Das Doppelspiel der Halb-Immigranten

Die Halbimmigranten sind emotional gespalten und nähren deshalb ständig emotionale Ressentiments. Die »gastfreundlichen«, meist

---

[20] Klaus Bosselmann, *Im Namen der Natur. Der Weg zum ökologischen Rechtsstaat*, Bern-München 1992.

halbintellektuellen Gutdeutschen sind »multikulturell« und sehen darin kein Problem, zu Unrecht. Sie wollen den Halbimmigranten schuldbewusst immer weiter entgegenkommen. Die anderen nähren ihrerseits emotionale Ressentiments, die sie allerdings nicht auf den Punkt, d.h. auf eine rationale Weise zu Sprache bringen können. Siehe Pegida und Randalierer gegen Asylbewerberheime.

Bei den intellektuellen Vertretern der früheren türkischen Immigranten sieht das Doppelspiel etwa so aus wie bei Zafer Şenocaks angeblicher »Aufklärungsschrift« unter dem Titel »Deutschsein«.[21] So verdienstvoll das bi-kulturelle Wirken des Autors sein könnte oder sonst auch sein mag – seine Theorie läuft auf Multi-Kulti im kulturdestruktiven Sinne hinaus. Senocak unterscheidet nicht zwischen der systemischen Ebene der Grundwerte – dort sind die Religionen einerseits, deren mögliche Aufklärungs-Kompatibilität und die universellen Werte der Aufklärung anzusetzen – und der Ebene der Kultur anderseits. Auch Letztere hat mit Volk im blutmäßigen Sinn – jedenfalls bei uns, außer bei retrograden Rechten – nichts mehr zu tun, wohl aber viel mit Nation als kultureller Einheit. Beides verschweigt Senocak. Nationale Kultur kann und braucht nicht universell zu sein – was Senocak von den Deutschen im Namen der universellen Werte der Aufklärung verlangt, allerdings ganz einseitig. Von Aufklärung seiner türkischen Herkunftskultur ist keine Rede. Ein philosophischer Zug Universalismus ist zwar den Deutschen mehr eigen als anderen und kann sogar zur Falle werden. Es geht aber um die Grundfrage: Sind Nationen im modernen Sinn von Kultureinheiten (die sich politisch z.B. als Österreicher organisieren können und trotzdem zur deutschen Sprach- und Kulturgemeinschaft gehören) um einer »globalen Aufklärung« willen von Gestern, wie eine »linke« (was immer das heute bedeutet) Mehrheit wohl immer noch meint, jedenfalls lange meinte? Oder sind die Nationen zukunftsfähige, wertvolle Errungenschaften eines aufgeklärten, tatsächlich multikulturellen Europa und der Menschheit? Trotz allen Missbrauchs von Nation in den vergangenen 150 Jahren, den man mit den Religionen schon viel länger und weiter treibt?

---

[21]   Z. Şenocak, *Deutschsein. Eine Aufklärungsschrift*, Hamburg 2011.

Multi-Kultur gibt es – zum Glück – noch in der Verschiedenheit der europäischen Nationen sowie in internationalen Städten wie Brüssel. Doch innerhalb der Nationalstaaten wird fast überall sonst auf der Welt der Unterschied zwischen der jeweiligen gastgebenden Kultur und den Gastkulturen der Immigranten gemacht, die z.B. in den USA sekundäre Landsmannschaften innerhalb Einer nationalen Kultur bilden können. Da hat Multi-Kultur einen ganz anderen Sinn, der geflissentlich ungeklärt bleibt. Eine strukturelle Gleichberechtigung mehrerer Kulturen auf einem Territorium bildet immer nur eine Übergangslösung.[22] *Denn Kultur ist gerade nichts anderes als Gemeinsamkeit in Gebräuchen und Sitten, nicht zuletzt im Sprachgebrauch auf einem angestammten Territorium.* Sie ist nichts anderes als der wichtige Rest von Gemeinschaft und Heimat in der modernen, weltanschaulich pluralistischen Welt.

Senocak hat Recht damit, dass die Liebe der Deutschen zu ihrer eigenen Kultur – dass es diese gibt, braucht man vor der Welt, trotz gewisser 12 Jahre – wohl nicht mehr zu demonstrieren – Voraussetzung für die wirkliche Annahme der Immigranten ist. Richtig, und dabei käme es auf die Zahl gar nicht an, wie man den konservativen Abwehrern von Einwanderung entgegenhalten muss. Wohl aber kommt hier alles darauf an, dass der strukturelle Unterschied zwischen *gastgebender Kultur* und *Gastkulturen* mit allen Konsequenzen respektiert wird. Nochmals, ich spreche von den *Gast-Kulturen als solchen, nicht etwa davon, dass die einzelnen Immigranten Gäste blieben!* Es ist selbstverständlich, dass sich auch die gastgebende Kultur selbst dabei verändert. Wir stehen derzeit wieder in einem besonderen Veränderungsprozess. Doch diese Veränderung so einzufordern, dass sie zum Vorwand für dauerhafte Nicht-Integration und Nicht-Assimilation dient, bedeutet, jenen wichtigen Unterschied zu verwischen.

---

[22] Allerdings gibt es zahlreiche Fälle, wo kulturelle Gemeinschaft und staatlich-rechtliche Ordnung nicht zur Deckung gebracht werden können und daher eine Föderation einem Nationalstaat vorzuziehen ist. Dies ist das Grundanliegen bei Michael Wolffsohn, *Zum Weltfrieden. Ein politischer Entwurf*, München 2015.

Der moderne Rechtsstaat ist auch als Nationalstaat, und das heißt als Kulturstaat, zu respektieren. Ihm die volle Solidarität zu verweigern, bedeutet, sich selbst vom vollgültigen Mitbürger zum Gast oder zum Angehörigen einer Parallelkultur zu machen. Mit der Nicht-Unterscheidung dieser vier Ebenen (Wirtschaftsstaat, Rechtsstaat, Kulturstaat, religiös neutrale und universale Wertegemeinschaft) stellt sich Senocak freilich in »beste« Gesellschaft mit allen deutschen Pseudo- und Halbaufklärern, welche die Kulturnationen der angeblich aufgeklärten Globalisierung opfern, wissentlich oder unwissentlich. Senocak weist die Vorstellung einer territorialen Invasion mehrfach als lächerlich zurück. Nicht integrations- und assimilationsbereite Einwanderer sind jedoch tatsächlich *kulturelle Invasoren!* Das trifft auf den gebildeten und Deutsch schreibenden Senocak und Seinesgleichen selbst sicher nicht zu. Wohl aber zeigt er widersprüchliches, weil durchaus nationalistisches Herzklopfen für die kulturelle Gleichberechtigung der türkischen Einwanderer-Kultur. Ein sehr unglaubwürdiges, trotz vieler schöner Zeilen für mich (als Sozialanalytiker) schwer genießbares Gemisch. An dem sich freilich viele pseudo-aufklärerische Gutmenschen und politisch Überkorrekte laben – was echte Gastfreundschaft der Kulturen im Deutschland aber noch schwieriger macht und unsere schon sehr lädierte Kultur, zusätzlich zu ihrer angelsächsischen Globalisierung, weiter herunterwirtschaftet. Es geht bei uns zur Zeit um einen *stillen kulturellen Überlebenskampf* an mindestens diesen zwei äußeren Fronten: Globalisierung und Migration. Die eigentliche Front aber, verläuft im Inneren unseres deutschen Bewusstseins selbst, nur anders, als ein Senocak sich das denkt. Er denkt, die deutschen Gastgeber müssten auf Dauer fähig bleiben, die bei ihm selbst gespaltene, beim Gros der Immigranten jedoch *fehlende kulturelle und damit emotionale Solidarität* zu ertragen.

Ein anderes Beispiel fand ich am 30. 12. 2014 in der »Westdeutschen Allgemeinen Zeitung« unter der Überschrift »Wichtig ist nur Bildung, Bildung, Bildung. Suat Yilmaz versucht, Kinder aus Nicht-Akademiker-Familien für die Uni zu begeistern«. Dieser Talentscout einer deutschen Hochschule führt aus, wie wichtig gesellschaftliche Teilhabe sei, damit die jungen Menschen die Werte unse-

rer Demokratie verstehen. Dann antwortet er auf die Frage des In-
terviewers: »Ist es da nicht kontraproduktiv, wenn die Heranwach-
senden sich politisch, religiös und traditionell dem Heimatland ihrer
Eltern und Großeltern zuwenden?« Seine Antwort: »Es ist doch in
Ordnung, wenn einer seine Religion auslebt. Das ist ein Grundrecht.
Aber dem können wir ein anderes Verständnis noch dazustellen,
eine Verbundenheit mit den Grundwerten dieses Landes. Das eine
schließt das andere nicht aus. Wenn Sie mich fragen, ich bin über-
zeugter deutscher Staatsbürger. Ich bin ein Riesen-Fan unseres
Grundgesetzes. Gleichzeitig bin ich in meiner türkischen Kultur
verankert. Das ist kein Widerspruch.«

Im Klartext: Deutsche Wirtschaft und deutsches Verfassungsdach
gern, doch für die Einwanderer türkische Kultur, die zudem krass
mit der Religion verwechselt wird. Sofern es sich bei diesem »Talentscout« nicht um die übliche Ungenauigkeit und Unbeholfenheit
in der Ausdrucksweise handelt – dass er nämlich Verankerung und
damit emotionale Bindung zu beiden Kulturen meint – ist das ein
völlig untragbares Doppelspiel, umso untragbarer, als die überwie-
gende Mehrheit der Politiker dies weder durchschaut noch (unter
der intellektuellen Führerschaft unserer »Diskurstheoretiker«) zu
benennen vermag. Aber die Bevölkerung spürt es dunkel – und
bringt es mangels klarer Artikulierungsmöglichkeit in solchen eher
dumpfen Fehlleistungen wie den Protesten gegen die Aufnahme von
Asylsuchenden zum Ausdruck.

Fazit in einigen Leitsätzen

1. Gastlichkeit ist ein normaler zwischenmenschlicher »Instinkt« von
Menschenliebe, wenn die Rahmenbedingungen stimmen, weil der
kommunizierende Mensch von Natur aus nicht anders kann, als den
Anderen hereinzulassen. Man muss aber zwischen ontologischer,
»unbedingter« Grundstruktur des Menschen (wie das notwendige
»Hereinlassen des Anderen«) und dem freiwilligen, keineswegs
unbedingten Ausleben dieser Grundstruktur im ethischen Verhalten
unterscheiden.

2. Das Predigen aber über Gastlichkeit von theologisch motivierten Ethikern wie E. Levinas (der trotz des Leidens seiner Familie unter dem Holocaust[23]) noch immer nicht die notwendigen Unterscheidungen von Religion und Volkszugehörigkeit, demgemäß auch von philosophischen Unbedingheitsstrukturen und bedingten, aber wichtigen Werten der kulturellen Solidarität trifft), bleibt unproduktiv, wenn sie die kollektiven und strukturellen Rahmenbedingungen von Gastfreundschaft außer Acht lässt.

3. Der Abweis von bedrohten, asylsuchenden oder in wirtschaftlicher Not befindlichen Menschen ist gegen die Gesetze der Menschenliebe. Wenn unsere demokratischen Rechtsstrukturen, besonders auf europäischer Ebene, diesen tieferen Gesetzen des Menschseins nicht gerecht werden, stellen sich Fragen zum Funktionieren der Demokratie, die auf jeden Fall (besonders auf europäischer Ebene) weiterentwickelt werden muss).

4. Verwechselt werden gewöhnlich zeitweilige Gäste mit Immigranten, welche beiden einen vollkommen verschiedenen Status haben. Hier bedarf es der möglichst rechtzeitigen Klärung.

5. Von Immigranten wird nicht zuletzt kulturelle Solidarität gefordert, nicht allein wirtschaftliche Verwertbarkeit und staatsbürgerliche Verfassungstreue.

6. Kulturelle Solidarität ist etwas Emotionales, das von rationalistischen »Diskurstheoretikern« übersehen wird und von den Politikern mangels Fehlinstruktion und Unsicherheit bisher zu wenig eingefordert und, z.B. durch vermehrte Sprachkurse, ermöglicht wird. Deshalb weichen sie reflexartig allein auf den Rechtstaat aus, wo von Kulturstaat bzw. Volkskultur die Rede sein müsste.

---

[23] Der Holocaust war nicht möglich ohne die Verwechslung von kultureller Volksidentität, Blutgemeinschaft und Religion auf Seiten der Opfer wie der Täter! Juden betrachteten sich nicht einfach als Religionsgemeinschaft, sondern als Nation in der Nation – und wurden denn auch unklar-ressentimentvoll als solche wahrgenommen. Diese soziologisch fällige Erkenntnis bietet keine Entschuldigung für die ungeheuren Verbrechen, doch eine Mahnung, die hier besprochenen Unterscheidungen ernst zu nehmen.

7. Die Rede von »multikulturell« ist unverantwortlich mehrdeutig und meist missbräuchlich, wenn das Wort nicht im Kontext klar definiert wird. Man sollte es nicht mehr undefiniert durchgehen lassen.

8. Unterschieden werden müssen in einem Gemeinwesen (einer Gesellschaft) die Subsysteme Wirtschaft, Politik im engeren Sinne, Kultur und Religion. *Bedingte kulturelle Werte* dürfen in einer modernen Gesellschaft auf keinen Fall mit den *unbedingten Letztwerten* der Religionen bzw. spirituellen Weltanschauungen verwechselt werden. Deshalb dürfen z. B. kulturelle Sitten wie Schächtung beim Schlachten von Tieren oder Kopftuch bzw. Burka nicht den Schutz von Religion genießen. (Die Beschneidung im Islam ist ein Grenzfall, selbst wenn sie im Judentum zur Religion selbst gerechnet werden muss.[24])

9. Die Differenzierung dieser Subsysteme oder Wertebenen ist ein weltweit einmaliges Spezifikum Europas bzw. der westlichen Welt. Ihre Nichtdifferenzierung macht eine echte, womöglich herzliche »Gastfreundschaft der Kulturen« (als solchen, nicht nur für Einzelne) auf Dauer unmöglich.

10. Leider spielen selbst »aufgeklärte« Wortführer der Einwanderer ein Doppelspiel zwischen Dazugehörenwollen und Verweigerung jener Differenzierungen. sowie der vollen kulturellen Solidarität.

11. Die Gastlichkeit und hilfsbereite Solidarität der Deutschen und Europäer ist nicht weniger gegeben als in weniger differenzierten Kulturen. Sie wird aber behindert durch falsches Appellieren und Übergehen der strukturellen Bedingungen für spontane Gastlichkeit, besonders durch das Ignorieren der notwendigen kulturellen Gemeinsamkeit und ihres wertvollen emotionalen Charakters.

12. Die dynamische Umsetzung von Gastfreundschaft aus den natürlichen Ressourcen der Menschenliebe und Solidarität wird unter den modernen Bedingungen der Differenzierung nur in einer Wer-

---

[24] http://www.deutschlandfunk.de/religioeses-brauchtum-oder-essenz-der-religio n.691.de.html?dram:article_id=210608

tedemokratie mit einem nach jenen Werte-Ebenen gestuften und differenzierten Parlamentarismus möglich sein. Für das Thema Gastlichkeit gegenüber Asylsuchenden und Einwanderern kommen besonders die direkt gewählten Teilparlamente für Grundwerte und Kultur in Betracht.

13. Eine Weiterentwicklung von Gastlichkeit in Europa wird folglich an die Weiterentwicklung der spezifisch europäischen Differenzierung zu einer gegliederten Wertedemokratie gebunden sein. Diese ist die systemtheoretisch rationale Form der demokratischen Verfassung, die auch dem Emotionalen der kulturellen Verbundenheit bzw. der Aufnahme des Anderen den angemessenen Raum gibt.

14. Die Kulturfrage bildet den Kern der derzeitigen Einwanderungsproblematik. Sie kennzeichnet auch am markantesten das Defizit einer ökonomiedominierten Demokratie – was, streng genommen, ein Widerspruch in sich ist. Denn entweder gelten die Grundwerte sowie die kulturell geprägte Volkssouveränität – oder das Geld.

15. Da die Volkssouveränität derzeit mit großer Mehrheit für die Aufnahme von Flüchtlingen entscheidet, lässt sich das Gesagte in einem Satz zusammenfassen: *Die Zahl macht's nicht (in finanziell verkraftbaren Grenzen), wenn die besagten kulturellen Voraussetzungen bewusster beachtet werden wie die rechtlichen.*

16. Zu den kulturellen wie rechtlichen Voraussetzungen gehört, dass schon die Gesinnung, die religiöse Scharia über das deutsche Grundgesetz zu stellen, nicht geduldet werden sollte. Über rechtlich relevante Gesinnungen ist m. E. neu nachzudenken, nicht nur im Zusammenhang mit Neonazismus und so genanntem Antisemitismus.

III. Gastgebende Primärkultur versus Leitkultur

Ein Offener Brief an Bassam Tibi

Sehr geehrter Bassam Tibi,

Ihre Neuauflage 2016 von *Europa ohne Identität?* im ***ibidem***-Verlag, mit dem neuen Untertitel *Europäisierung und Islamisierung* und dem ausführlichen neuen Einführungsteil von 150 Seiten, habe ich erneut studiert, übrigens mit Freude an der handlichen Flexibilität des umfangreichen, stattlichen Buches (521 Seiten) sowie mit sehr viel Zustimmung zu Ihrer Hauptthese: Europa braucht eine gemeinsame oder vielmehr konsequenter hochgehaltene »Leitkultur« dringender als je, um zu einer echten Integration der islamischen Einwanderer fähig zu sein. Ich bin völlig einverstanden mit Ihrer Ablehnung der Multikulti-Ideologie, die auf »Kulturrelativismus« und Werterelativismus beruht. Sie heben gegen diese Haltungen mit Recht die Grundwerte der europäischen Demokratien hervor, nicht zuletzt die Trennung von Religion und Staat, die mit einem Scharia-Fundamentalismus völlig unvereinbar ist.

Ist die derzeitige Zuwanderung der Flüchtlinge echte Einwanderung?

Der besagte Fundamentalismus wird, wie Sie als Muslim aus altem syrischem Geschlecht, der seit einem halben Jahrhundert in Deutschland lebt, sehr zu Recht beklagen, in den vielen städtischen Gettos widerrechtlich zugelassen – solange er nicht offen gewalttätig wird. Dies schafft, so darf ich draufsatteln, ein *Milieu von Sympathisanten der Gewalttäter*, während man von Demonstrationen der grundgesetztreuen Muslims gegen Gewalttäter aus ihren Reihen noch kaum gehört hat. M.E hat die Getto-Bildung allerdings viel weniger mit der amerikanischen Strömung des Kommunitarismus zu tun, wie Sie es S. 271–286 nahelegen, als mit demokratietheoretischer Inkonsequenz sowie mit purer Gedankenlosigkeit und vor allem mit Gleichgültigkeit gegenüber kulturellen Fragen, die Sie unter dem Titel »Kulturrelativismus« zu Recht beklagen.

Sie vertreten demgegenüber seit langem einen Euro-Islam, welcher der westlichen Welt und ihrem demokratischen Geist gerecht wird und der umgekehrt die volle Anerkennung des Westens genießen kann. Dies anstelle der bisher herrschenden wechselseitigen Ignoranz zwischen Einheimischen und den islamischen Zuwanderern, die Sie von echten Einwanderern (wie solche in die USA und andere Einwanderungsländer) unterscheiden. Klare Einwanderungsgesetze fehlen, weshalb man in Ihrem Sinne immer noch von »Zuwanderung« statt »Einwanderung« sprechen muss. Solche würden die schleichende Islamisierung Deutschlands und Westeuropas stoppen und der positiven Alternative Raum geben: einer Europäisierung des Islams auf europäischem Boden.

Allerdings kann man hier einwenden, dass die derzeitige Flüchtlingsbewegung, vor allem aus Syrien, eben keine eindeutige Einwanderung darstellt. Das macht die Sachlage wesentlich komplizierter, als Sie diese in Ihrem neugeschriebenen Einführungsteil des Buches darstellen. Nur in diesem Punkt muss ich die derzeitigen Gesetzgeber und Regierenden verteidigen.

Darüber hinaus gestehen Sie Ihre Resignation ein, dass der von Ihnen gewünschte Euro-Islam nicht zustande kommt – und mit ihm die Spannungen zwischen Migranten und einheimischen Europäern nicht behoben werden. Die Gründe, warum ein europäischer, mit Demokratie voll vereinbarer Islam hier nicht gedeiht, sehen Sie auf deutscher Seite in der protestantisch geprägten Gesinnungsethik oder Gutmenschen-Mentalität der Multikulti-Ideologen, welche die Wertgrundlagen der Demokratie nicht wirklich – verantwortungsethisch – einfordern. Diese unverantwortliche Gesinnungsethik wird, wie Sie mit Recht betonen, durch die bekannten deutschen Schuldkomplexe genährt.

Ethnisch-abstammungsmäßiges Nation-Verständnis in Deutschland vorherrschend?

Sie selbst nähren allerdings diese Schuldkomplexe, schon dadurch, dass Sie immer wieder behaupten, 2016 ebenso wie 1998, dass in Deutschland ein *ethnisches Nationenverständnis* vorherrsche, wobei Sie unter »ethnisch« im Allgemeinen nicht das Kulturelle verstehen, sondern das Blutsmäßige, die Abstammung. Dies sei eine Fortsetzung des alten deutschen Sonderweges: Nation nicht von der politischen Sphäre her, als virtuellen Vertrag freier Individuen zu verstehen, sondern als Abstammungsgemeinschaft. Hierin muss ich Ihnen deutlich widersprechen. Es ist eine kleine, rechte Minderheit in Deutschland, die »Nation« und »Volk« noch blutmäßig, von der Abstammung her, versteht. Allerdings wird der vernünftigeren Mehrheit, die ein kulturelles Nation-Verständnis hat, von den Sozialwissenschaftlern und selbst von der gehobenen Publizistik (wie der ZEIT) keine Hilfe dabei geleistet, zwischen dem bloß politischen Verständnis von Nation und dem einer alten Abstammungsgemeinschaft den dritten, hier entscheidenden Weg klar zu sehen und zu artikulieren: dass nämlich »Nation« den Staat unter dem Aspekt der Kulturgemeinschaft meint. Ich habe bezeichnenderweise noch keine Umfrage gesehen, die meinen Einwand belegen würde, dass die große Mehrheit der Deutschen die nationale Gemeinschaft nicht vom Blut, sondern von der kulturellen Gemeinsamkeit (Sprache, Gebräuche, Geschichte) her versteht.

Im Gegenteil fiel mir schon in den Debatten der 90er Jahre gerade bei der liberalen ZEIT auf, dass ständig die unzureichende Alternative zwischen jus soli (allein der Geburtsort entscheidet) und jus sanguinis (das Blut, die Abstammung entscheidet) beschworen wurde. Ein jus culturae, wie ich es in mehreren Leserbriefen und dann in meinem Büchlein *Gastfreundschaft der Kulturen* (1994) vertrat, schien es noch nicht zu geben.

Wenn Sie voraussetzen, dass etwa für die Franzosen und Engländer, wegen ihres früheren Erfolgs ihrer Nationen im Kampf gegen den Obrigkeitsstaat – darum handelt es sich! – der Aspekt des Kulturstaats im öffentlichen Bewusstsein weniger ausgeprägt sei, ist das ein Irrtum – auch wenn Habermas, Ihr Frankfurter Lehrer, diesen Irrtum schon lange propagiert. Nicht die politischen Institutionen waren und sind den Menschen dieser früher vereinheitlichten Nachbar-Nationen die Grundlage für ihr bis heute viel stärker ausgeprägtes Nationalgefühl sondern – ihr Kulturbewusstsein, ihr Identitätsgefühl als Kulturgemeinschaft. Das gilt so sehr, dass das dort ohne große Brüche gepflegte, also ungebrochen starke Nationalgefühl in Deutschland heute als Nationalismus, nicht bloß als Patriotismus gelten würde.

Ein wichtiger Unterschied zwischen diesen westeuropäischen Nationen und der deutschen liegt allerdings darin, dass die politische Einigung Deutschlands lange nach der kulturellen und informellen erfolgte: dass Deutschland als Kultureinheit (einschließlich des deutschen Österreichs) längst als »Heiliges Römisches Reich deutscher Nation« bestand, bevor es politisch vereinigt wurde – leider von oben, nach dem gewaltsam niedergeschlagenen Versuch von unten (1848). Der von Ihnen mehrfach gelobte »jüdische« Philosoph Helmuth Plessner hat das in seinem Buch *Die verspätete Nation* (zuerst 1935) korrekter erfasst. Sie gestehen erfreulicherweise zu, anders als die Kulturrelativisten (die ich lieber Kulturnivellierer nenne), dass Herders Rede von Völkern und ihrem Eigenleben kein ethnisches (abstammungsmäßiges), sondern ein kulturell betontes, ein kulturalistisches war (258 f). Der Hervorhebung wert wäre das auch bei dem oft als Nationalisten verfemten Johann Gottlieb Fichte, dem philosophischen Vater der Frühromantiker, der in seinen mutigen *Reden an die deutsche Nationen,* untern den Augen der französischen Besatzungsmacht, ganz klar einen kulturellen Nation-Begriff vertrat, im Gegensatz zu einem abstammungsmäßigen. Nicht das gemeinsame Blut, sondern die gemeinsame Sprache und damit Kultur sei das Fundament der deutschen Nation.[95] Es ist dies, was die von

---

[95] So J.G. Fichte in der 4. seiner *Reden an die deutsche Nation* von 1808. – Vgl. v. Verf., *Nationalsprache und Sprachnation. Zur Gegenwartsbedeutung von Fichtes ›Reden an die deutsche Nation‹,* in: *Fichte-Studien 2 (Kosmopolitismus und Nationalidee),* Amsterdam 1990. Diese denkwürdige Tagung der deutschen Sektion der Internationalen J.G. Fichte Gesellschaft fand wenige Wochen vor dem Fall der Berliner Mauer statt.

Ihnen weder definierten noch geschätzten Romantiker (zusammen mit den deutschen Idealisten Fichte, Schelling, Hegel) von den einseitig rationalistischen Aufklärern unterschied.

Freilich hätte man sich die Befreiungskämpfe gegen Napoleon in Ihrer Sicht ersparen können. Deutschland wäre dann nicht allein in seiner damaligen Oberschicht frankophil geblieben, sondern vollends französisch geworden. Zum Glück brauchen wir über diese Geschichtsperspektive einer solchen europäischen »Leitkultur« nicht mehr zu entscheiden.

Dass freilich die europäischen Nationen gerade im Namen ihrer unterschiedlich ausgeprägten Kulturen, als Kulturstaaten also, 1914 in den Bruderkrieg gegeneinander zogen und das alte Europa zerstörten, spricht nicht gerade gegen ihr ausgesprochen *kulturell* betontes Eigenleben und kann auch dieses bis heute bestehende Eigenleben nicht diffamieren. Es unterstreicht vielmehr ex negativo die vielfach vernachlässigte Bedeutung der kulturellen Ebene. Der damalige grobe kriegerische Missbrauch des Kultur- und Nationenbegriffs, von Seiten aller Beteiligten übrigens und zudem ganz wesentlich provoziert von den eng verschwägerten monarchischen Protz-Obrigkeiten, nicht etwa von den leidtragenden Völkern und einfachen Soldaten, spricht keineswegs gegen den Eigenwert der jeweiligen Kulturen. *Corruptio optima pessima*, lautet eine alte römische Einsicht: Der Missbrauch des Besten ist der schlimmste. Dasselbe lässt sich im Hinblick auf die Religionen sagen, auf deren ebenfalls dringend notwendige Unterscheidung von der kulturellen Ebene ich später im systemischen Zusammenhang zu sprechen komme.

Wer den europäischen Nationenbegriff im Namen der inzwischen doch längst vorhandenen (!) europäischen »Leitkultur« auf die politische Ebene reduziert, versteht weder vom geschichtlichen noch vom gegenwärtigen Europa das Wesentliche: die zivilisatorische Einheit in der vielleicht einmaligen kulturellen Vielfalt, die immer eine solche des Austausches war, ähnlich wie persönliche Individualität dem Austausch der Individuen keineswegs widerspricht.

Autobiografische Einbettung eines kulturellen Nationenbegriffs

Bevor ich diesen Einwand, Ihr Verfehlen des kulturellen Nationenbegriffs, systemtheoretisch vertiefe und erweitere, möchte ich mich kurz vorstellen, wie Sie es in Ihrem Buch vielfach tun: als Wahl-Europäer islamischen Glaubens mit Primärsozialisation in Syrien, Sekundär-Sozialisation bei der Frankfurter Schule (Horkheimer, Adorno, Habermas) bis zum deutschsprachigen Wissenschaftler und Professor und zu tertiärer akademischer Sozialisation in den Vereinigten Staaten, wo sie eine ganz andere Liberalität und Sachlichkeit der Diskussion antrafen als in Deutschland.

Meine primäre Sozialisation fand dagegen in Deutschland statt, in einer recht traditionellen, kinderreichen Familie mit Bäckerei und Lebensmittelgeschäft, in der damaligen Krupp-Stadt Rheinhausen, die heute zu Duisburg gehört, wobei das ehemalige Werksgelände von Krupp zu einem Teil des größten europäischen, wenn nicht noch immer weltweit größten Binnenhafens geworden ist. Während der Schulzeit war ich sehr stark in den elterlichen Betrieb eingespannt. Schon vor der Schule trug ich morgens Brötchen aus, und oft musste ich einen ausbleibenden Gesellen oder Lehrling schon ab 3 Uhr morgens ersetzen. Das städtische naturwissenschaftliche Gymnasium war für mich geradezu ein Raum der Freiheit vom Familienbetrieb. Was ich der großen Familie verdanke, war nicht der intellektuelle Austausch, den ich in der Schule mit den Kameraden und Lehrern fand, als vielmehr ein emotionales Hineinwachsen in eine »typisch deutsche« Kultur. Man kommunizierte am Feierabend, besonders sonntags, durch Lieder: Volkslieder und Kunstlieder, besonders von Schubert und Schumann. Diese Großen haben übrigens beide zahlreiche Gedichte von Heine vertont, die seit ihrer Veröffentlichung fortdauernd gespielt und gesungen wurden. Bei Schumann ist es ein ganzer Zyklus, die »Dichterliebe«. Die Behauptung, die Sie zweimal zustimmend wiedergeben, Heine sei wegen seiner jüdischen Abstammung (nicht Kultur) im 19. Jahrhundert nicht als deutscher Dichter anerkannt und rezipiert worden, ist in dieser Verallgemeinerung tendenziös und falsch. Ich möchte hier jedoch nicht in Spezialuntersuchungen abgleiten und komme auf die jüdische Abstammungsbetrachtung später zurück.

Worauf ich zunächst hinaus will, ist das jugendliche Erleben von deutscher Kultur, vom der Alltagskultur abgesehen vor allem in sprachlicher und musikalischer Form. Es war Nachkriegszeit. Meine Eltern hatten sich nicht kompromittiert, zumal mein Vater nur in der Versorgungsmarine tätig war. (Ein Riss war vielmehr durch die Familie seiner Eltern gegangen, in der es unter den sieben Geschwistern auch ein SS-Mitglied gab. Dieser Bruder und zwei andere überlebten den Krieg nicht.[96]) Vater mahnte, frühzeitig zurück aus englischer Gefangenschaft, ständig zu einem bescheidenen, demütigen Verständnis von Deutschsein. Doch selbst als musikalischer, in mehreren Chören aktiver Bäckermeister konnte er ein wenig mitgeben von dem, was weltweit als deutsche Kultur anerkannt und geschätzt wurde. Ohne meine eigene Wahl wurde mir zum Abitur (1962) vom Direktor der Schule das zweibändige Werk *Deutscher Geist*[97] überreicht, das ich sehr in Ehren gehalten habe. Meine erste kleine Veröffentlichung erfolgte 1960 in der Schülerzeitung des Gymnasiums unter dem Titel *»…und die Vernunft verhüllt ihr Antlitz. Das Engagement Thomas Mann am politischen Denken zwischen den beiden Weltkriegen«*[98], die aus einem allgemeineren Seminar *»Das Engagement der deutschen Literatur am politischen Denken zwischen den beiden Weltkriegen hervorgegangen war«*. Ich kann für meinen Teil nicht bestätigen, dass die Auseinandersetzung mit der NS-Zeit erst mit der 68er Bewegung begonnen hätte.

Es ist in hohem Maße ungerecht, den Ungeist des Nazitums als Konsequenz des deutschen Geistes darzustellen. Sie tun das zwar nirgends explizit, doch implizit vielfach, schon im ungeklärten Um-

---

[96]   Einer der Brüder leistete in einem Gemälde über Nikolaus Lenaus Gedicht *Die drei Zigeuner* heimlichen Widerstand gegen die Diktatur. Ich habe diesem mit meinem Gedichtband *Sprache spricht mir,* Leipzig 2013 (Araki) ein Denkmal gesetzt.

[97]   *Deutscher Geist. Ein Lesebuch aus zwei Jahrhunderten,* 2 Bände, hg. von Oskar Loerke und Peter Suhrkamp, Büchergilde Gutenberg, ca. 2050 Seiten.

[98]   http://www.johannesheinrichs.de/media/155/cms_5373665e377ce.pdf

gang mit den Wörtern »Romantik« und »Romantisierung«[99]. Es ist, als würden wir – mit mehr Recht wahrscheinlich – den derzeitigen Donald Trump als Konsequenz des amerikanischen Geistes oder Ihren schon länger als 12 Jahre tätigen syrischen Massenmörder als Konsequenz syrischen Geistes darstellen. Dass Sie einen solchen Zusammenhang für Deutschland nicht dementieren, nicht zuletzt mit jener pauschalen Behauptung, ein völkisches, abstammungsmäßiges Nationenverständnis sei in Deutschland stets und heute noch maßgebend – wogegen die schon erwähnten klassischen Autoren und viele andere stehen – sehe ich als psychologisch schwer wiegendes Versäumnis in Ihrem Buch, das so voller Klagen gegen die ungerechte Behandlung Ihrer selbst durch die deutsche Öffentlichkeit oder Publizistik oder Wissenschaft ist. Dass einfache Leute die Ebenen Abstammung und Kultur leicht verwechseln, wie in der Geschichte (unter dem Einfluss des Führungspersonals) vielfach geschehen, ist nicht verwunderlich. Es geschah übrigens auch in den »moderneren« westeuropäischen Nationen. In diese unzureichende Alternative von Grundwerte-Ebene und Abstammungs-Ebene wollen Sie die Debatte zwängen – und wundern sich, wenn man Ihnen nicht noch stärker als durch die missverstandene Rede von »Leitkultur« entgegenkommt.

Zuspitzend will ich das Gesagte vorläufig so zusammenfassen: Wer nicht, besonders aus den »Liedern der Völker« (Herder), ihren Dichtungen, ihrer Philosophie und ihrem Alltagsleben die Besonderheit dieser Völker tief emotional und rational erfasst hat, kann nicht qualifiziert über europäische Nationen reden. Ganzheitliches Erfassen ist freilich nicht Sache einer Diskurstheorie, die nicht einmal ihren eigenen Begriff samt seiner Grenzen sauber zu erfassen vermag, was ich schon vielfach vergeblich zu Ihrem verehrten Lehrer Habermas angemerkt habe.

---

[99] Ich sehe diese Begriffsklärung auch keineswegs geleistet in Ihren *Zehn Gedanken über die Entromantisierung der Begriffe Volk, Nation und Europa*, in: *Volk – Nation – Europa. Zur Romantisierung und Entromantisierung politischer Begriffe*, hg. von Alexander Bormann, Würzburg 1998.

Ein Gegenbeispiel finde ich bei dem großen indischen Philosophen Sri Aurobindo, den ich in *Gastfreundschaft der Kulturen* zur Charakteristik des deutschen Geistes zitiert habe. Hier eine wesentliche Passage:

> »Die wirkliche Quelle dieser großen, doch in ihrer objektiven Tat so stark verunstalteten Kraft lag nicht in Deutschlands Staatsmännern und Soldaten, die überwiegend recht armselige Typen waren, sondern in seinen großen Philosophen Kant, Hegel, Fichte, Nietzsche, in seinem großen Dichter und Denker Goethe, in seinen großen Musikern Beethoven und Wagner und vor allem in der deutschen Seele und Anlage, die diese verkörperten. Eine Nation, deren größter Erfolg fast ausschließlich auf den beiden Gebieten Philosophie und Musik lag, ist klar dafür vorausbestimmt, zum Subjektivismus hinzuführen und wesentlich Gutes wie Böses in den Anfängen eines subjektiven Zeitalters auszulösen. – Dies war die eine Seite der Bestimmung Deutschlands. Die andere betrifft ihre Gelehrten, Lehrer, Wissenschaftler und Organisatoren. (…) In Deutschland war diese Brücke vorhanden, wenn sie auch meist durch einen dunklen Tunnel an einem steilen Abhang entlang führte. Denn es gab keine ungestörte Verbindung vom subjektiven Geist der Denker und Sänger zum objektiven der Gelehrten und Organisatoren. (…) Die ganze Wurzel des deutschen Irrtums aber liegt in dem Fehler, Leben und Körper für das Selbst zu halten. (…) Um den Irrtum aufzudecken, ist es nötig, die wahre Individualität von Mensch und Nation zu erkennen.«[100]

Was Aurobindo »subjectivism« nennt, ist nichts Geringeres als die reflexive Wendung nach Innen, die bei Kant begann, bei Fichte die Innerlichkeitskultur der frühen Romantik auslöste und bei Hegel wie Marx in einer Sozialphilosophie gipfelte, die keine Sache zum Ausruhen, sondern zur disziplinierten Weiterführung auf reflexionstheoretischem Niveau herausfordert.[101] Das angelsächsische Denken ist daran, angefangen von B. Russels diesbezüglich unsäglich verständnis- und niveaulosen in seinen *Denkern des Abendlandes*, besonders zu

[100] Sri Aurobindo, *Zyklus der menschlichen Entwicklung, Planegg 1983,* 41–46.
[101] Vgl. v. Verf., *Revolution der Demokratie,* Sankt Augustin ²2014.

Fichte und Hegel, bis hin zur zeitgenössischen so genannten »Sprachanalyse«, im Wesentlichen vorbeigegangen.

Das existentielle Erleben der Staats-Kirche-Verquickung in Deutschland

Um das Autobiografische in groben Zügen weiter zu führen, weil es nicht minder als in Ihrem Leben mit dem Sachlichen eng verwoben ist: Nach dem Abitur suchte ich eine geistigere Familie und fand meine philosophisch-theologischen Interessen zunächst im Jesuitenorden befriedigt. Der große geschichtliche Atem des Katholizismus hatte es mir angetan. Ich sah dazu keine Alternative – leider, nicht zuletzt wegen des staatlichen Religionsunterrichtes, in welchem man zwar flüchtig von »exotischen« Religionen wie Hinduismus, Buddhismus und Islam, doch nicht etwa von abendländischen Alternativen im Sinne einer überkonfessionellen spirituellen Philosophie hörte, worin der Geist der Aufklärung mit dem religiösen Geist integriert war. So z.B. hörte ich nicht einmal von der Existenz der Theosophie und ihres Ablegers, der Anthroposophie. Der modernen Theosophie (seit Helena P. Blavatsky, 1831–1891) stehe ich heute mit meiner »integralen Philosophie« nahe, wobei ich niemals auf die aufklärerische und im kantischen Sinne kritische Komponente zu verzichten bereit bin. Ich betrachte die bestehenden Religionen alle als im Keim fundamentalistisch, im weiteren Sinne: das kirchliche Christentum wegen der Absolutsetzung des Einen »Sohnes Gottes«, den Islam wegen der Absolutsetzung des Einen Propheten usw. Beide wegen ihrer Absolutsetzung heiliger Schriften und autoritärer, heteronomer Glaubensbegriffe. Doch setze ich mich in meiner viergegliederten Demokratietheorie für ein faires dialogisches Miteinander der Weltanschauungen, Ethiken, Religionen und Spiritualitäten in einem Grundwerteparlament ein.

Meine Entfernung von der kirchlichen Lehre war ein Hauptgrund, weshalb ich nach 15 bzw. endgültig nach 18 Jahren den Orden der Jesuiten und also meine zweite, geistige Familie verließ. Ein zweiter Grund war die Ablehnung sexueller Doppelspiele unter dem Deckmantel des Zölibates. Das Verlassen des Ordens beinhaltete jedoch nicht nur das Herausgehen aus einer geistigen Familie, worin ich sonst keinerlei Konflikte mehr hatte, sondern auch den Verzicht auf einen philosophischen Lehrstuhl, sowohl in Frankfurt, Hochschule Sankt Georgen, wie in Rom, der Päpstlichen Universität Gregoriana. Die Jesuiten-Universitäten der ganzen Welt hätten mir offen gestanden. Ich verließ mit demselben hochgemuten Idealismus den Orden, wie ich in ihn eingetreten war, wenngleich unter ungleich größeren Schmerzen. Ich hegte allerdings die berechtigte Hoffnung, bald eine neue Professur an einer weltlichen, »freien« Universität zu erlangen.

So interessierte man sich zuerst in Bonn für mich, wo ich 1972 mit der Hegel-Arbeit *Die Logik der »Phänomenologie des Geistes«* mit bestem Prädikat und einem zusätzlichen Universitätspreis promoviert hatte. Ich war bis dahin nicht darauf gefasst gewesen, dass mir durch gewisse Lehrstuhlinhaber im Philosophischen Fachbereich, die vom kirchlichen Placet abhingen, lebensentscheidende Hindernisse in den Weg gelegt wurden. Ich spreche von den Inhabern der Konkordatslehrstühle, deren Einrichtung auf das Konkordat von 1933 zwischen Hitler und dem »Heiligen Stuhl« zurückgeht und deren weiter bestehende Existenz durch die Staatsverträge zwischen Vatikan und Bundesländern verschleiert wird. In Bonn erlebte zuerst ich die intrigenhafte Behinderung durch das verborgene Wirken des dortigen Konkordatslehrstuhlinhabers für Philosophie, und zwar bei wiederholten Bewerbungen. Anderswo hieß einmal offen: »Wir wollen keinen zweiten Küng« – als ob ich mich als Theologe oder auch nur auf einen solchen Konkordatslehrstuhl beworben hätte.

Ich bringe das so ausführlich wegen der demokratiewidrigen Privilegien in Deutschland. Wenn Sie an vielen Stellen Ihres Buches die mangelnde Debattenkultur in Deutschland bemängeln, so weiß ich einen sehr konkreten Grund dafür. Es ist nicht das »deutsche Wesen« generell. Es gibt vielmehr in Deutschland strukturell keine freie Philosophie, weil die Lehrstühle nach konfessionellen und zudem noch parteipolitischen Proporz-Gesichtspunkten besetzt werden. Dass dieser Missstand der kirchlichen Privilegien, z.B. theologische Lehrstühle für die zwei »großen« Konfessionen, nun auch noch für jüdische und islamische Theologie, so lange ertragen, ja staatsrecht-

lich weiter gerechtfertigt wird, diese Mischung aus Staatsorientie-
rung und anti-aufklärerischer, »frommer« Geduld, das mag derzeit
noch spezifisch deutsch sein. Dass besonders Sozialwissenschaftler
und Staatsrechtler solche Missstände auf sich beruhen lassen, sehe
ich für einen neuen Fall von bequemen, ja opportunistischem Mit-
läufertum an. Eines ist es, pauschal über Deutschland zu klagen, ein
anderes, zumindest aus gesicherten und beachteten Positionen, mit
Mut gegen bestimmte Zustände anzugehen.

Ich habe in meinem Buch *Revolution der Demokratie* (2003/2014) und
bereits vorher konstruktive Vorschläge zu einer Wertstufendemokratie gemacht, worin den Subsystemen Wirtschaft, Politik, Kultur
und religiös-ethische Grundwerte durch einen differenzierten Parlamentarismus Rechnung getragen wird. Doch es sind nur relativ
wenige helle und unabhängige Köpfe, die auf diese Reflexions-Systemtheorie (in stringenter Korrektur und Weiterentwicklung
der Handlungs-Systemtheorie von Talcott Parsons) reagieren. Obwohl ich einige handlungstheoretische Unterscheidungen von Habermas in fairer Weise aufgegriffen und die Anfang der Siebziger
Jahre heiß debattierte Kluft zwischen Handlungs- und Systemtheorie
(Habermas-Luhmann-Debatte) m.E. befriedigend und mit sehr konkreten demokratietheoretischen Folgerungen zu schließen vermochte, hat Habermas nie darauf reagiert.[102]

Was meinen persönlichen Werdegang angeht, abschließend nur
noch dies: Ich musste mich mit einer zeitweiligen Lehrstuhlvertre-
tung in Bonn (Lehrstuhl für Kantforschung) sowie später einer Stif-
tungs-Gastprofessur in Nachfolge von Rudolf Bahro an der Land-
wirtschaftlich-Gärtnerischen Fakultät (!) der Humboldt-Universität
Berlin begnügen, ansonsten einen dornigeren schriftstellerischen
Weg gehen, der nicht – wie bei es bei Ihnen überreichlich der Fall
war – durch internationale Einladungen und Kostenerstattungen für
Konferenzen geprägt war. Insofern scheinen mir Ihre an sich berech-

---

[102] An Jürgen Habermas schrieb ich in meinem Buch *Handlungen* (Varna – München
2007) einen Offenen Brief, ohne jede Reaktion von seiner Seite. Vorher ging mein
Buch *Reflexion als soziales System. Zu einer Reflexions-Systemtheorie der Gesellschaft*,
Bonn 1986, 2. Aufl. Varna – München 2005 unter dem Titel *Logik des Sozialen*.

tigten Beschwerden über die universitären Zustände in Deutschland und seine Debattenkultur doch ein Klagen auf Luxusniveau zu sein. Um aus langen Zeiten der Arbeitslosigkeit (zwischen Lehrstuhlvertretungen und kleinen Forschungsstipendien) heraus zu gelangen, musste ich mich hingegen zeitweise als wissenschaftlichen Ghostwriter verdingen, worüber ich überdies zum Schweigen verpflichtet bin. Eine der Ihren auch nur von entfernt vergleichbare Pension oder Rente kann ich sicher nicht vorweisen.

Ich hätte also weit mehr Gründe, über mein Heimatland zu klagen als Sie über Ihr Gastland, in welchem Sie – leider, in Folge Ihrer eigenen Denkweise – ein Gast, ein »Fremder« bleiben wollen. Ich liebe mein Vater- und Mutterland trotzdem, aus tief emotionalen wie rationalen Wurzeln und klage nicht wie Sie über die »deutsche« Mentalität schlechthin, sondern über einzelne Kreise, die am Maßstab der nach wie vor hohen Berufung dieses Landes in der Mitte Europas versagen. Dazu gehören Versager in den Rängen der Mittelmäßigkeit, welche Wissenschaft und Philosophie als bloßen Broterwerb betreiben, doch auch solche wie die »Weltmacht Habermas« (DIE ZEIT, Juni 2009), die der großen Verantwortung, die aus ihrem Prestige erwächst, in keiner Weise gerecht werden. Was ändert sich durch ein sein pseudosystematisch-eklektisches, den meisten Studierenden zudem in seiner Diktion unverständliches Denken, das die für sich nicht genügende »negative Dialektik« der großen kritischen Theoretiker vor ihm – Sie bemerken deren Ungenügen selbst – nicht ins Konstruktive zu wenden vermag? Denn die demokratische Kultur der Republik verbessert sich mit seiner SPD-Mentalität nicht sprunghaft, wie es bei Ernstnehmen meines Demokratiemodells sofort geschähe.

»Gastfreundschaft der Kulturen«: Gastgebende Kultur und Gastkulturen

Habermas' Artikel »Die Festung Europa und das neue Deutschland« in der ZEIT Nr. 22/1993 wurde für mich zur Herausforderung, ihm in derselben Zeitschrift zu antworten, was mir jedoch bezeichnenderweise nicht eingeräumt wurde, woraufhin ich spontan und sehr schnell das kleine Buch *Gastfreundschaft der Kulturen* schrieb. Im Wesentlichen war mein Einwand gegenüber Habermas, dass er das spezifisch Kulturelle gar nicht in den Blick bekäme, wenn er zum Beispiel befindet:

> »Nun muss im demokratischen Rechtsstaat die Ebene der politischen Kultur, die alle Bürger umfasst, von der Integrationsebene der verschiedenen innerstaatlichen Subkulturen entkoppelt bleiben. Er darf deshalb von den Einwanderern nur die politische Akkulturation fordern (…). Auf diese Weise kann er die Identität des Gemeinwesens wahren, die auch durch Immigration nicht angetastet werden darf; denn diese hängt an den in der *politischen Kultur* verankerten *Verfassungsprinzipien* und nicht an *den ethischen Grundorientierungen einer im Lande vorherrschenden kulturellen Lebensform.*«

Kurz, Integration im Sinne der politischen Kultur ist von den Migranten zu fordern, nicht aber im Sinne der kulturellen Lebensformen. Immerhin gibt es diese nicht bloß politische Dimension von Kultur abstrakt für Habermas, eine Dimension, die auch Sie auf gut 500 Seiten nur beiläufig unter dem Titel »Lokalkulturen« thematisieren. Im Übrigen ist Ihre Position von »Leitkultur« dieselbe einseitig politisch akzentuierte und nur gesamteuropäische wie die von Habermas, wobei Sie zusätzlich das Islam-Problem thematisieren, allerdings ohne den Euro-Islam theologisch in diesem Buch näher zu charakterisieren, als dass er mit der europäischen Differenzierung von Staat und Religion kompatibel sein muss. Ich nehme an, dass dies mindestens in einem Ihrer Bücher zum Islam geschieht. In Ihrem jüngst ebenfalls im *ibidem*-Verlag neu aufgelegten Buch *Islami-*

sche Zuwanderung und ihre Folgen[103] bewegen Sie sich allerdings im Rahmen des auch in *Europa ohne Identität?* erhobenen politologischen Postulats eines Euro-Islam.

Ich habe in jenem Büchlein von 1994 meine seit 1975 entwickelte Reflexions-Systemtheorie dahingehend umrissen, dass sich unter dem Gesichtspunkt der sozialen Reflexion (der als gelebte Reflexion analysierten dialogischen Intersubjektivität) vier Reflexionsstufen ergeben, die sich in einem staatlich organisierten Gemeinwesen zu folgenden Subsystemen ausformt:

1. *Wirtschaft* als Inbegriff des auf Sachgüter bezogenen Handelns

2. *Politik* im engeren Sinne der strategischen Macht- und Kompetenzverteilung

3. *Kultur* als Inbegriff des kommunikativen (die Wünsche und Erwartungen des Anderen einbeziehenden) Handelns

4. *Grundwerte-Ebene* als Inbegriff des meta-kommunikativen, auf ein gemeinsam vorausgesetztes Sinnmedium und Normen bezogenen Handelns

Sie mögen hier bei den Ausdrücken »strategisch« und »kommunikativ« mit Recht Anknüpfungen an Habermas erkennen. Doch hat dieser niemals eine Systemtheorie und das verbindende Prinzip zwischen Handlung und sozialem System erkannt, weshalb die Debatte mit Niklas Luhmann ohne Verständigung, mit dem Ergebnis beiderseitiger Verfestigung in Irrtümern, verlaufen ist. Wegen man-

---

[103] Das Buch (Stuttgart 2017) trägt den neuen Untertitel *Wer sind die neuen Deutschen?*, weil es durch die hinzugefügte Polemik gegen Herfried und Marina Münkler, *Die neuen Deutschen* und ihre Apologie der Merkelschen Einwanderungspolitik geprägt ist. Das inhaltlich Neue und Wertvolle an dieser Neuauflage sind zwei neue Kapitel. In Kapitel 9 werden vorzügliche Informationen zur verfahrenen Situation im Syrien-Konflikt und zur Türkei geboten. Tibi betrachtet nicht allein Erdogan, sondern die AKP als ganze als fundamentalistische Bewegung, über deren Charakter sich der Westen in Illusionen ergehe. Im Mittelpunkt des neuen Kapitels 10 stehen die Täuschungsversuche der hiesigen Islamverbände. Deren demokratische, geschweige denn kulturelle Solidarität sei geheuchelt.

gelnder Systemtheorie des Sozialen gehen im zitierten Text »ethische Grundorientierungen« (wozu dann auch religiöse Grundorientierungen gezählt werden müssen) und »kulturelle Lebensform« ganz offensichtlich durcheinander.

Die Kultur hat es mit der gelebten, informellen, besonders nicht formell-ethischen Gemeinsamkeit zu tun, die Sie zutreffend als soziale »Identität« bezeichnen (z.b. 436 f). Doch trotz dieser bei Ihnen latenten Einsicht thematisieren Sie nirgends adäquat das Kulturelle als solches, jenseits der politischen Kultur. Deshalb bleiben Sie mit Habermas bei einem zwar notwendigen und wichtigen, doch vorkulturellen, in kultureller Hinsicht äußerst dürren Verfassungspatriotismus stehen. Dieser kann nur eine, zugegeben wichtige, Minimalbedingung für Einwanderer sein.

Derzeit (Frühjahr 2017) beweist Habermas seine *Kulturblindheit* durch die verschärfte Behauptung, es sei grundgesetzwidrig, Migranten zur Einhaltung der deutschen Gebräuche sowie des Gebrauchs der deutschen Sprache anzuhalten. Muss ich die Abstrusität dieser Haltung in umständlicher rechtlicher Argumentation beweisen? Wieviel Ahnung hat ein Sozialwissenschaftler von der Gesellschaft, die auch Kulturgemeinschaft, nicht allein Rechtsgemeinschaft ist, wenn er die Normen einer Gesellschaft auf das Grundgesetz und überhaupt auf rechtliche Muss-Normen einschränken will? Es gibt in jeder Gesellschaft informelle Erwartungs-Normen, die zur kulturellen Gemeinsamkeit gehören.

Allerdings ist es ebenfalls wenig glücklich von Seiten des Innenministers de Maizière, einen Katalog von Normen einer »Leitkultur« aufzustellen, wie z.b. Begrüßung durch Handschlag. Kulturelle »Normen« sind keine Rechtsnormen, wie überhaupt eine nationale Kultur sich – nicht anders als die Kultur einer Familie – gegen rationale Definitionen sträubt. Kulturelle Eigenarten und Gemeinsamkeiten brauchen nicht definiert, sondern nur respektiert zu werden. Das offene Zeigen des Gesichts ist allerdings etwas rechtlich zu Forderndes. Dennoch stellt die Übernahme Ihres politisch gemeinten Begriffes »Leitkultur« auf das eigentlich Kulturelle auch sprachlich einen Fehlgriff dar, der allzu sehr an »Leitwährung« erinnert.

Zwar schreiben Sie, »jedes Land hat eine kulturelle Identität« (125). Indessen, der einzige Zusammenhang, in welchem Sie Kultur über politische Kultur hinaus thematisieren, ist die Gegenüberstellung zu Zivilisation, wobei Sie die »internationale«, sprich amerikanische Perspektive gegen die »überholte« deutsche Perspektive stellen, wonach Zivilisation sich primär auf die materiell-technischen Errungenschaften bezieht, Kultur auf die sozialen und geistigen Bewandtnisse. Sei's drum, über *Worte* streite ich nicht gern. Die Bezeichnungen müssen flexibel bleiben, wenn nur die Genauigkeit des Umgangs mit den *Begriffen* gegeben ist. Sie setzen also fest:

> »Kultur bezieht sich stets auf die lokale Sinnstiftung der Menschen, ist also nicht Ausdruck von Geistigem im Gegensatz zum Materiellen, wie es hierzulande heißt; Zivilisationen sind dagegen Gruppierungen von Lokalkulturen. So gibt es nur eine westliche bzw. nur eine islamische Zivilisation, dafür aber im Westen wie in der Welt des Islam Tausende von unterschiedlichen, wenngleich auch westlich oder islamisch geprägten Lokalkulturen. (…)
> Lokale Kulturen wie regionale Zivilisationen haben ihre eigenen, jeweils unterschiedlichen Normen und Werte und eine hiermit verbundene Weltsicht. Menschen verinnerlichen bereits als Kinder in ihrer primären Sozialisation diese Wert-Systeme und ihre Weltsicht. Das sind Fakten und keine moralischen Urteile. Nun kommen die deutschen Linksintellektuellen, die ihre überholten marxistischen oder verdrehten romantisch-ökologischen, vulgärmaterialistischen Maßstäbe auf die veränderte Situation in Europa und in der Weltpolitik anwenden, und bestreiten, dass Menschen eine kulturelle Identität haben und entsprechend in Kulturen einzuordnen sind; für sie sind dies ›Vorurteile‹, wenn nicht noch schlimmer: ›Kulturrassismus‹« (435).

Es scheint zunächst so, dass Sie hier (mit mir) in Richtung Anerkennung einer nationalen, gastgebenden Kultur gehen, mit der sich zu solidarisieren ein Höflichkeitsgebot, ja auf Dauer eine soziale Notwendigkeit für Migranten ist:

> »Die Stadt Frankfurt, in der weit mehr als ein Viertel der Bevölkerung aus 165 Nationen und Kulturen kommt (die UNO hat nur zwanzig mehr: 185 Nationen), ist ein Forum für die Veranschauli-

chung der in diesem Kapitel nur scheinbar abstrakt vorgetragenen Thesen. Entscheidend für die politischen Konflikte, die in diesem Kontext entstehen, ist deren kultureller Hintergrund.

Nach Meinung vieler Linksintellektueller, die ihre deutsche Kultur und sich selbst verleugnen, ja sich in manchen Fällen hassen, müssen Angehörige anderer Kulturen ähnlich verfahren. Diese Gesinnungsethiker lehnen es zwar nach der Maxime ›Am deutschen Wesen soll die Welt genesen‹ ab, Menschen nach Kulturen einzuordnen, teilen aber selbst die Welt in ›links‹ und ›rechts‹ ein. Bei einer Veranstaltung, auf der eine solche Diskussion geführt wurde, habe ich empört meine deutschen Diskussionspartner gefragt, mit welchem Recht sie ihre eigene Selbstverleugnung als Erwartung auf uns Fremde übertragen und auch von uns verlangen, unsere kulturelle Identität zu verleugnen. Die Tatsache, dass ich beispielsweise deutscher Bürger geworden bin, gilt nur für meine Zustimmung zur Grundgesetz-Gemeinschaft, d.h. zum politischen Verfassungspatriotismus; meine arabisch-islamische Identität ist und bleibt ein Bestandteil meiner Persönlichkeit« (436f).

Des Rätsels Lösung für einerseits Ihre Betonung des Kulturellen an dieser Stelle, andererseits Ihre dezidierte Beschränkung auf Verfassungspatriotismus: Sie wollen vielleicht auf Lokalkulturen unter Überschlagung einer gemeinsamen nationalen Kultur hinaus: Die Deutschen mögen, sofern sie keine kulturrelativistischen Linksintellektuellen oder Grünen sind, ihre deutsche (oder, gleichviel, hessische, Frankfurter) Lokalkultur behalten, die Einwanderergruppen ebenso.

Merken Sie nicht, verehrter Herr Tibi, dass Sie damit die deutsche als eine der großen europäischen Nationalkulturen, auf die Ebene von beliebigen (hessischen, rheinischen, bayerischen) Lokalkulturen stellen – und dass dies für alle Deutschen, die nicht allein Verfassungspatrioten, sondern zugleich Kulturpatrioten sind, eine völlig inakzeptable Position ist? Nicht etwa, weil diese Lokalkulturen keinerlei Bedeutung hätten, sondern weil die entscheidende Kultureinheit die nationale Sprach- und Geschichtsgemeinschaft ist. Vielleicht sind Sie durch Ihre dritte, die amerikanische Sozialisation sowie schon durch Ihre gesamtislamische oder gesamtarabische Zivilisation dazu verleitet, dieses Nationale mit dem »Internationalen« und dem bloßen Verfassungspatriotismus gleichzusetzen, wenngleich Ihnen die US-Amerikaner mit der Hand auf dem Herzen heftig widersprechen werden. Es geht auch diesen nicht allein um ihre politischen Institutionen. Die Angehörigen keiner der großen, nicht einmal der kleineren europäischen Nationen würden Ihnen erlauben, ihre einheimische Kultur mit den diversen Kulturen von Einwandergruppen auf ihrem Territorium strukturell gleichzusetzen. Sie sind hier nicht weit entfernt von den links-grünen Verleugnern einer nationalen Kultur, die Sie als Kulturrelativisten (im Sinne der Einebnung, der Unerheblichkeit aller kulturellen Unterschiede) in den zitierten Sätzen angreifen.

Es gibt einen einzigen vernünftigen Weg zwischen Verleugnung der eigenen Kultur sowohl auf Seiten der (fälschlich »Biodeutschen« genannten) Einheimischen wie auf Seiten der Einwanderer. Diesen habe ich in *Gastfreundschaft der Kulturen* (1994) aufgezeigt: die *Unterscheidung von jeweils gastgebender Kultur und den Gastkulturen.*

In Frankfurt mag es 164 Kulturen neben der deutschen geben, wobei Sie die deutschen »Lokalkulturen« wohl noch nicht mitgezählt haben. *Die deutsche Kultur muss jedoch vernünftigerweise eine strukturelle Vorzugsstellung als die gastgebende einnehmen.* Die Einwanderer bzw. vorübergehenden Gäste (zwischen beiden Gruppen muss sich der einzelne Mensch auf Dauer entscheiden) können ihre hergebrachte Kultur in landsmannschaftlichen Zirkeln durchaus weiterpflegen, als *Gastkulturen*, selbst wenn die Einzelnen keine Gäste bleiben. Doch sie müssen den strukturellen (nicht wertmäßigen) Vorrang der gastgebenden Kultur anerkennen. Dies ist das Prinzip der Gastfreundschaft der Kulturen.

In Frankreich oder England/Schottland oder Schweden oder Italien, auch in der Türkei, spielt selbstverständlich die jeweilige Landeskultur die Gastgeber-Rolle, nicht allein für Zuwanderer aus islamisch geprägten Ländern. Außer in dem noch immer »neurotisch« geprägten, besser gesagt traumatisierten Deutschland, was die Selbstverleugnung angeht, ist diese Lösung für alle Länder mit eigener Kultur und Tradition eine Selbstverständlichkeit – auch wenn die Intellektuellen dies nicht korrekt auf den Punkt zu bringen vermögen und es *deshalb* in Deutschland das Schwanken zwischen nationalistischer Selbstbehauptung und Selbstverleugnung gibt. Die Selbstverleugnung nicht allein bei solchen Linken (die den Marxschen Internationalismus[104] undialektisch missverstehen), sondern auch bei den Grünen, die zwar biologische Reservate schützen wollen, jedoch nicht in Jahrtausenden gewachsene Kulturen. Ihre unhaltbare, bis heute zwar halb verleugnete, doch nicht wirklich korrigierte Multikulti-Ideologie ist der Hauptgrund, weshalb ich 1983 die Grünen (im Bonner Kreisverband) verlassen habe.

Diese von Ihnen bisher übersehene Position – die Zweiheit von *gastgebender Kultur* und *Gastkulturen* – bietet die vernunft- wie realitätsgerechte Lösung für das friedliche Miteinander mit den Einwanderern, gleich aus welcher Kultur und Religion, sowie zugleich der Einwanderer untereinander. Ohne Verständigung auf die Basis einer gastgebenden Kultur würden ihre »Lokalkulturen« auseinander fallen, vor allem, darin stimme ich mit Ihnen überein, wenn sie sich in lokalen Gettos organisieren. Die Respektierung der demokratischen Grundregeln ist dabei zwar Minimum. Doch dieses Minimum reicht nicht, weder in Deutschland noch in Europa. Es für ausreichend zu erklären, wäre total kulturnivellierend.

Nicht nur Ihr intellektuelles, auch Ihr persönliches Problem würde sich bei der Unterscheidung von gastgebenden und Gastkulturen lösen: Sie brauchen kein »Fremder« zu bleiben, obwohl Sie es be-

---

[104] Marx betonte die internationale Gemeinsamkeit des Klassen- und Kapitalproblems. Man lese jedoch etwa am Schluss der *Einleitung zur Kritik der Hegelschen Rechtsphilosophie* nach, wie sehr er nationale Unterschiede machte, etwa in dem Diktum: »Das *gründliche* Deutschland kann nicht revolutionieren, ohne *von Grund aus* zu revolutionieren. *Die Emanzipation des Deutschen ist die Emanzipation des Menschen.* Der *Kopf* dieser Emanzipation ist die *Philosophie*«. Würden sich die Deutschen die bereitliegende, weiter entwickelte Demokratietheorie auf den Schultern des deutschen »Idealismus« zu eigen machen, könnte nach wie vor die Prophezeiung gelten: »Wenn alle inneren Bedingungen erfüllt sind, wird der *deutsche Auferstehungstag* verkündet werden durch das *Schmettern des gallischen Hahns.*« Es ist heute wieder die politische Zusammenarbeit mit Frankreich, welche über die Schwäche der derzeit tonangebenden Philosophien beider Ländern hinweghelfen könnte!

dauerlicherweise mehrfach betonen: Sie können sich kulturell – nicht nur als Professor und ein glänzendes Deutsch schreibender wissenschaftlicher Autor – voll als Deutscher fühlen, *wenn* Sie selbst die Solidarität mit der Kultur und Geschichte dieses Landes zu leisten gewillt sind, was von ihrer deutschen Gattin hoffentlich ohnehin zutrifft. Um diese Solidarität zu leisten, brauchen Sie in keiner Weise Ihre Solidarität mit Ihrer ersten, syrischen Heimat aufzugeben. Die syrische Kultur kann allerdings, ebenso wie die türkische, hier nicht als eine Lokalkultur *neben* der deutschen gewertet werden, sondern als Gastkultur *unter* dem Primat der gastgebenden deutschen Kultur! Hier gilt ein struktureller Unterschied, der keinerlei Werturteil über die jeweiligen Kulturen einschließt. Wenn Sie sich, trotz Ihrer langen Vergangenheit als deutscher Professor, noch immer als Fremder fühlen, liegt das befremdende Hindernis in Ihrem eigenen Kopf.

Damit möchte ich die deutschen Untugenden nicht leugnen, die jedoch Schattenseiten von Tugenden sind. Friedrich Hölderlin hat dies im vorletzten Brief seines Briefromans *Hyperion* zum Ausdruck gebracht, einem großartigen Klagelied über die Deutschen, deren Kultur er liebte.[105] Nur aus Liebe kann so treffende Klage kommen und akzeptiert werden. Ich vermisse bei Ihnen diese Liebe zur Kultur Ihrer Wahlheimat. Neben Hunderten von kritischen Bemerkungen finden sich nur einmal positive Worte über das deutsche Grundgesetz und Ihre deutsche Frau.

Wenn Sie daran zweifeln sollten, dass das deutschsprachige Mitteleuropa einen mindestens proportionalen positiven Beitrag zur europäischen Geistes-, Wissenschafts- und Kulturentwicklung geleistet hat und dass diese Nationalkultur mehr als eine Lokalkultur (statt eines schlecht geratenen Zweiges der westlichen »Zivilisation«) ist, empfehle ich Ihnen, außer dem schon genannten, englisch sozialisierten Inder Aurobindo, das Buch *Der deutsche Genius* des Engländers Peter Watson (London 2010/München 2010). Hilfreich sind aber auch die UNESCO-Listen des »immateriellen Kulturerbes«. Es geht

---

[105] Ich darf verweisen auf meinen durchgehenden Kommentar zu diesem großartigen Werk Friedrich Hölderlins unter dem Titel *Revolution aus Geist und Liebe,* Varna – München 2007.

nicht darum, eine auf allen Seiten vorhandene nationale Überheblichkeit neu zu beleben, doch erstens dem Begriff Kultur eine materiale, inhaltliche Füllung zu geben und zweitens die gerechte Anerkennung für die kulturellen Beiträge aller Nationen, auch für die Beträge des deutschen Kulturbereichs, zu fördern. Über diesen Respekt für Ihre Wahlheimat (jedenfalls Ihren Lebens- und Arbeitsraum) habe ich in Ihrem Buch neben den zahllosen kritischen Bemerkungen kaum einen Satz gefunden! Was jedoch skandalös und inakzeptabel an ihrer durchscheinenden Haltung ist – dass sie die Nazi-Barbarei in der Linie des deutschen Geistes zu sehen scheinen – wurde oben schon gesagt.

Ihr Sprachgebrauch von »jüdisch«

Sie zitieren zahlreiche »jüdische« deutsche Autoren, von denen Sie Theodor W. Adorno und Max Horkheimer als Ihre direkten Lehrer bezeichnen. Dass diese und viele andere wie z.B. auch Albert Einstein kulturell-wissenschaftlich ganz und gar Deutsche waren, lässt sich kaum leugnen. Was bedeutet also das Attribut »jüdisch« in diesen Zusammenhängen? Doch wohl keine Religionszugehörigkeit. Als Soziologe, der klare Unterscheidungen liebt und oftmals beteuert, keine Rücksicht auf Political Correctness zu nehmen, sollten Sie mehr Gespür dafür zeigen, dass die Betonung des Jüdischen für diese Gelehrten da, wo es nicht direkt um das Überleben des Holocausts geht, nichts Geringeres als eine fortwährende Plünderung der deutschen Kultur bedeutet, und zwar mit einem rassistisch-ethnischen Unterton, den Sie, wie anfangs gesagt, auf die Deutschen projizieren. So fragwürdig eine einheitlich jüdische Ethnie an sich schon ist[106], es unterliegt keinem Zweifel, dass die so wesentlichen modernen Unterscheidungen von »Rasse«, Kultur und Religion im Falle des Judentums nicht getroffen wurden und leider bis heute nicht zureichend getroffen werden.

---

[106] Vgl. am markantesten hierzu: Shlomo Sand, *Die Erfindung des jüdischen Volkes. Israels Gründungsmythos auf dem Prüfstand,* Berlin ⁴2012. Eine markante Gegenposition, ein rassisch-ethnisches Verständnis von Judentum, unabhängig von einem religiösen, vertritt die jüdische Judaistin Salcia Landmann, *Die Juden als Rasse,* Berlin ²1992.

Ich möchte soweit gehen, zu sagen und habe dies in *Gastfreundschaft der Kulturen* bereits dezent zum Ausdruck gebracht, dass der Anspruch, eine ethnisch-religiös begründete Nation innerhalb der deutschen Nation zu sein, der eigentliche, gravierende Stein des Anstoßes für den Hass vieler Deutscher auf ihre jüdischen Mitbürger bzw. für die Gleichgültigkeit gegenüber dem Unrecht war. Wir sprechen hier von einer Zeit, in der zwischen ethnischem und kulturellem Nationverständnis von der Mehrheit – unter dem Einfluss irreführender Lehrer – noch nicht unterschieden werden konnte, von einer Zeit aber, in der die religiösen Unterschiede als solche längst kein Diskriminierungsgrund mehr waren. Ursachen-Diagnosen wie Sozialneid[107] sind demgegenüber erschreckend oberflächlich.

Mit dem Gesagten sollen in keiner Weise die gigantischen Verbrechen unter dem Regime jenes Österreichers, der sich zum deutschen Führer aufschwingen konnte, entschuldigt werden. Doch es dürfte Zeit sein, die ganze Frage des »Antisemitismus« endlich soziologisch-analytisch anzufassen! Ich halte schon den Ausdruck »antisemitisch« für eine pseudoreligiös-pseudometaphysische Mystifizierung soziologisch klar benennbarer Verwerfungen. Nicht die geringste davon ist die anti-europäische *Koppelung der jüdischen Religion an Volk, ja Rasse* bzw. das Quidproquo, das ersatzweise Eintreten des Einen für das Andere, was im Sprachgebrauch von »jüdisch« bis heute weitergeht. Ich wurde eingeladen, darüber mit einem prominenten amerikanischen »Juden« (ob er gläubig war, bezweifle ich) über diese Unterscheidungen an jüdischer »Identität« zu diskutieren. Er lehnte von vornherein jede Differenzierung ab, so dass die Diskussion entfiel.

Es gilt, aus der deutschen Geschichte wirklich zu lernen und sich nicht rein emotional über die bekannten Verbrechen zu entrüsten. Dasselbe sei auch angesichts neuer Gettobildungen betont. Noch weniger als in Deutschland werden in den Ihrer Ansicht nach »moderneren« westeuropäischen Demokratien nationale Gettos akzeptiert! Es ist aber offensichtlich, dass von der großen Mehrheit der

---

[107] Götz Aly, *Warum die Deutschen? Warum die Juden?*, Frankfurt/M. 2011.

muslimischen Einwanderer, insbesondere auch der zur Zeit sehr nationalistisch aufgeputschten türkischen »Gemeinschaft«, diese Unterscheidungen nicht getroffen werden, weshalb es besonderer gedanklicher Unterstützung von »betroffenen« Intellektuellen wie Ihnen brauchte. Dazu genügt das Predigen einer europäischen, politischen Leitkultur und eines Euro-Islams ganz offensichtlich nicht. Hierin ist Ihre Resignation, um nicht zu sagen, ihr Misserfolg begründet: europäisch-demokratische Leitkultur ist auf deutscher Seite etwas Selbstverständliches, doch nicht konsequent Praktiziertes. Euro-Islam wäre Sache einer sauberen Differenzierung zwischen Religion, Kultur, völkischer Abstammung und politischer Verfassung im Bewusstsein der Migranten, der deutschen Bevölkerung – und der Sozialwissenschaftler.

Unbeachtete kulturelle Okkupation im Namen des bloß politischen Nationenbegriffs

Ich habe in meinem Artikel *Kulturelle Solidarität – der unerkannte Kern des Migrationsproblems* [108] am Beispiel von Zafer Şenocaks Buch *Deutschsein* und anderer Äußerungen von türkischen Migranten darauf hingewiesen, dass es nicht angeht, zwar politisch Deutscher zu sein, jedoch die volle kulturelle Solidarität zu verweigern, indem Einwanderer sich *auf Dauer* primär einer anderen Kultur zugehörig fühlen und eine »Gleichberechtigung« ihrer Herkunftskultur fordern. Eine Einwanderung ohne kulturelle Integration und ohne die Unterscheidung der gastgebenden Kultur von den mitgebrachten Gastkulturen bedeutet eine Art von *kultureller Okkupation*, einer Landnahme im gastgebenden Land mit kulturellen Mitteln! Jedenfalls dann, wenn die Einwanderer sich nicht, wie Sie persönlich bedauerlicherweise, weiterhin als Fremder und Gast verstehen wollen. Sie bleiben jedoch Fremde, wenn die kulturelle Assimilation nicht geschieht und die wirtschaftlich motivierte und bloß politisch verstandene »Integration« für ausreichend gehalten wird. Hier müssen die von Ihnen apostrophierten deutschen Gutmenschen, Gesin-

---

[108] *In*: Aufklärung und Kritik 1/2016, 36–52. In diesem Band S. 131–158.

nungsethiker und Kulturrelativisten (genauer nationalen Kulturnivellierer, Kulturmuffel) ihre Einstellung ebenso verändern wie die
Migranten.

Die Zeit der Landnahme durch friedliche Wanderungen sowie kriegerische Okkupation ist in Europa vorbei, jedenfalls bis auf die neu-
en, unverhofften Beispiele, die Russland in der Ukraine liefert. Die
neuen Migrationsbewegungen geben jedoch allen Anlass, sich gegenüber einer *kulturellen Okkupation* zu wappnen.

Bisher war dies ein unausgesprochenes Problem mit türkischen
Migranten. Es könnte sein, dass eine solche kulturelle Okkupation
bei der größeren Vielfalt der nationalen »Lokalkulturen« nicht so
sehr von diesen ausginge, sondern vom Islam als »Zivilisation« in
dem von Ihnen eingeführten umfassenderen Sinne einer Me-
ta-Kultur, die von Religion nicht etwa differenziert, sondern von ihr
konstituiert wird.

Angesichts solcher auch in Ihren Augen berechtigten Bedenken
muss die in der Öffentlichkeit unklare Unterscheidung von Integration im politischen Sinne und Assimilation im kulturellen Sinne geklärt und in ihrer Funktion der Verweigerung kultureller Solidarität
fallengelassen werden. Diese Konsequenz ziehen Sie jedoch aufgrund Ihrer bloß politischen Leitkultur-Denkens selbst nicht. Das
Spezifische der Kultur ist Ihren Betrachtungen eben fremd bzw. reduziert auf unwesentliche Lokalkulturen – womit Sie sich mit manchen »grünen« Heimatenthusiasten treffen, welche keinen Blick für
die ungleich höhere Bedeutung der gesamtnationalen Kultur- und
Sprachgemeinschaft treffen. Das Verziehen in die Schrebergärten,
metaphorisch gesprochen für die unzähligen, an sich löblichen lokalen Reforminitiativen, hat im Deutschland der Weimarer Republik
schon einmal den Blick für die gesamtnationale Gefahr verstellt und
die Kräfte zum Widerstand absorbiert.

Fazit zur »Leitkultur«

Sie dürfen sich unter diesen Voraussetzungen nicht wundern, dass
Ihr Begriff der (europäischen) Leitkultur durch deutsche, nationale

(keineswegs »deutschnationale«) Anreicherung von Friedrich Merz und anderen missverstanden, ja verfälscht wurde. Sie sollten hinter dieser notorischen Überforderung der Politiker in Bezug auf gedankliche Genauigkeit Ihr eigenes gravierendes Defizit erkennen, nämlich, auf die Kulturfrage als eigentliches Problem der Einwanderung gar nicht eingegangen zu sein. Sie haben keinen Grund, auf die Einführung eines derart dürren gesamteuropäischen Begriffs von politischer Leitkultur stolz zu sein. Sie erinnern mit ihm lediglich an eine demokratietheoretische Selbstverständlichkeit, die freilich, darin haben Sie Recht, viel zu inkonsequent gehandhabt wird.

Dies geht an den berechtigten emotionalen Gemeinschafts- und Identifikationsbedürfnissen sowohl der Migranten wie der deutschen wie der anderen europäischen Nationen vorbei. Ihr eingestandenes Scheitern hinsichtlich eines Euro-Islam ist die religionssoziologische Konsequenz.

Selbst die eigentlich selbstverständliche politische Leitkultur Europas aber kann und muss genauer als durch die bloße Trennung von Religion (bzw. allgemeiner Grundwerte-Ebene) und Politik sowie durch liberale Demokratiestrukturen gekennzeichnet werden. Ich habe in meinem Europa-Buch[109] meine schon ältere Formel *Integration-durch-Differenzierung* zur Charakterisierung Europas herangezogen:

-   Differenzierung der Ebenen Wirtschaft, Politik, Kultur und Grundwerte, durch eigene parlamentarische Kammern und Wahlen für jede Ebene,

-   dadurch zugleich Wahrung der nationalen Kulturen bei jeweils unterschiedlicher Ausprägung der europäischen Einheit auf den anderen Ebenen.

Bisher ist das für unsere zumeist ideologisch befangenen deutschen Sozialwissenschaftler, die ihr eigenes Mitläufer-System pflegen und

---

[109] *Die Logik des europäischen Traums. Eine systemtheoretische Vision*, Sankt Augustin 2014. Die Formel »Integration-durch-Differenzierung« habe ich bereits in einem allgemeineren reflexionstheoretischen Sinne geltend gemacht in: *Reflexion als soziales System* (1986), Neuauflage 2005 als *Logik des Sozialen*.

– nicht zuletzt unter der Herrschaft des »herrschaftsfreien Diskurses« – kaum nach neuen, »abweichenden« Gedanken suchen, offenbar zu anspruchsvoll. Was kann man dann von den Politikern erwarten, die auf konkrete sozialwissenschaftliche Information und Hilfe dringend angewiesen sind?

Zu Ihren zahllosen deutschlandkritischen Bemerkungen gehört diese:

> »In Deutschland gibt es keine Tradition des Citoyen. Aus diesem Grunde macht es keinen Unterschied, ob diese Menschen einen deutschen Pass besitzen oder nicht; sie bleiben – wie ich – Ausländer« (77).

In der Tat kann der politische Staatsbürger-Ausweis allein nicht das einzige Entscheidende sein. Vielleicht kann Deutschland jedoch zu einer Vertiefung des europäischen Bürger-Bewusstseins beitragen. Oder ist dergleichen für Sie unnötig? Sie haben einen ausgesprochen individualistischen Bürger- und Kulturbegriff, als habe es nach Kants Individualismus im deutschen Idealismus nicht auch ein solches Einbeziehen des Kollektivs gegeben, das den Individualismus durchaus nicht negiert, sondern positiv »aufhebt«. Auf Ihre durchwegs undifferenziert negative und nicht gut definierte, vielmehr bloß suggestive Rede von »Romantik« und »Entromantisierung« bin ich nicht näher eingegangen, um beim politisch Naheliegenden zu bleiben.

Sie zitieren Adorno, seine Verwerfung der deutschen Neigung, ›jede Abweichung zu ahnden‹ und die deutsche Neigung ›unbequeme Gedanken‹ schlicht zu verbieten (77). Keiner aber verbietet Ihnen Ihre kritischen Äußerungen, schon gar nicht zur derzeitigen Zuwanderungspolitik! Sie fürchten nur den Widerspruch Ihrer Kollegen, der Politiker oder einen Einbruch Ihrer Beliebtheit. Das müsste für einen »Professor« (Bekenner) wenig ins Gewicht fallen. Ihre Schriften werden – im Unterschied zu den meinen zu diesem Thema – sogar beachtet, was das Entscheidende am Nicht-Verbot ist. Nichtbeachtung ist die heute gängige und schwerwiegendste Art der

Meinungsunterdrückung, über die Sie sich – im Unterschied zu mir – nicht beklagen können.

Das Problem mit der Zuwanderung sind – wie ich schon lange vor der »Willkommenskultur« von 2015/16 betont habe – nicht die Zahlen, sondern das *Fehlen einer kulturpolitischen Konzeption.* Immerhin bewies die deutsche Bevölkerung eine emotionale Gastfreundlichkeit, welche Ihre These von einem überwiegend ethnisch-völkischen Verständnis der Nation in Deutschland einmal mehr widerlegt. Oder wollen Sie diese enorme Hilfsbereitschaft wieder auf neurotische Schuldgefühle zurückführen?

Es sind die Unklarheiten über die kulturellen Erwartungen auf beiden Seiten, die zu Regelverletzungen auf der einen, zu groben Unfreundlichkeiten auf der anderen Seite führen. Diese Unklarheiten beruhen auf deutscher Seite auf einem Schwanken zwischen den Extremen multikultureller Nivellierung und Ablehnung von Zuwanderern. Wie ich schon 1994 schrieb, arbeitet die »multikulturelle« Kulturnivellierung gerade den Rechten und Ultrarechten in die Hände! Darüber sind wir uns vielleicht einig.

Zur Beseitigung dieser Unklarheiten und dieses Schwankens trägt ihr bloßes Pochen auf die selbstverständliche, minimale demokratische »Leitkultur« jedoch nichts bei, wie es meine Unterscheidung von Gastkulturen und gastgebender Kultur sehr wohl könnte. Ihr eigentliches Anliegen ist der Euro-Islam, womit Sie sich viel stärker aufklärend an die muslimischen Zuwanderer selbst wenden müssten. Bei diesen wird jedoch nicht allein der Unterschied zwischen Religion und staatlichem Recht, sondern auch zwischen Religion und Kultur nicht getroffen, der für Sie selbst nur ein solcher zwischen »Zivilisation« und »Lokalkultur« zu sein scheint, weil sie den allgemeinen Islam im Verhältnis zu seinen lokalen Ausprägungen vor Augen haben, welches Muster für die westliche Welt aufgrund der fortgeschrittenen Differenzierung von Religion und Kultur nicht zutrifft.

Ich kann in der von Ihnen mehrfach empfohlenen Radiosendung Adornos zum Thema »Was ist deutsch?« (1965) zwar ihre obigen

Zitate nicht finden, wohl aber sehr deutlich die Warnung vor nationalen Stereotypen sowie den Ausdruck tiefer Verbundenheit zu seiner Heimatnation, trotz des ihm in der Nazizeit widerfahrenen Un-
rechts. Ich zitiere meinerseits den Schluss dieser Ansprache, der
meiner großen Hoffnung zu einem deutschen Beitrag zur Demokra-
tieentwicklung entspricht:

>In der Treue zur Idee, dass, wie es ist, nicht das letzte sein solle,
nicht in hoffnungslosen Versuchen, festzustellen, was das Deutsche nun einmal sei, ist der Sinn zu vermuten, den dieser Begriff
noch behaupten mag: im Übergang zur Menschheit.«[110]

Ich kann nur hoffen, verehrter Herr Tibi, dass ich Sie selbst bei der
von Ihnen eingeforderten Freiheit der Äußerung behaften kann, dass
Sie die keineswegs nur national-kulturelle oder, sondern die wissen-
schaftlich-rationale Fundierung meiner Gedanken anerkennen – und
dass wenigstens ein Teil meiner Argumente Sie zu überzeugen vermag.

Ich versichere Ihnen, trotz der vorgebrachten Kritik, bei der das Lob
für Ihre Leistungen, auch in Ihren anderen Büchern, naturgemäß
zurückstehen musste, meine aufrichtige Hochachtung!

Duisburg am Rhein, den 4./5. Juni (Pfingsten) 2017
Johannes Heinrichs

---

[110] Theodor W. Adorno, Gesammelte Schriften 10/2, Frankfurt/M. 1977, 701.

IV. Ergebnisse und Ergänzungen

Es sei nun versucht, die wichtigsten Ergebnisse der voraufgehenden drei Teile einerseits in systematischer Kürze zusammenzufassen, anderseits durch einige konkrete Aspekte und notwendige Abgrenzungen zu ergänzen.

Das unverzichtbare systemtheoretische Raster

Dass es in einem Gemeinwesen die *wirtschaftliche, politische, kulturelle und die Grundwerte-Ebene* gibt, leuchtet dem unverbildeten Menschenverstand ohne weiteres ein. Die von mir seit 1975 entwickelte Reflexions-Systemtheorie wurde allerdings in der Sozialwissenschaft noch nicht wirklich rezipiert, außer in plagiatorischer Form und Verkürzung.[111] Selbst Sozialwissenschaftler arbeiten immer noch mit so primitiven und überholten Unterscheidungen, vielmehr Schlagwörtern wie »Links« und »Rechts«, wenn nicht in ihrer wissenschaftlichen Verlautbarungen, so doch in ihrer informellen Verständigung.

Es ist, wie überall, ein gewaltiger Unterschied, ob man Begriffsbildungen »intuitiv« einsieht oder sie wissenschaftlich erfasst und definiert, sie gar philosophisch aus einem Prinzip herzuleiten vermag. Die Reflexions-Systemtheorie leitet jene Systemebenen aus dem Prinzip der interpersonalen, sozialen Reflexion und deren Stufung her. Daraus ergibt sich das Postulat einer viergestuften Wertstufen-Demokratie, die an anderen Stellen ausführlich[112] bzw. in vielen Kurzformen dargelegt wurde.

---

[111] Michael Opielka, *Gemeinschaft und Gesellschaft. Soziologie nach Hegel und Parsons*, Wiesbaden ¹2004, ²2006. – Auf die erste Auflage beziehen sich die *Klarstellungen* von Franz-Theo Gottwald, in: *Logik des Sozialen*, Varna – München 2005, 291–320.

[112] *Revolution der Demokratie. Eine konstruktive Bewusstseinsrevolution*, Sankt Augustin ²2014.

Auch ohne hier die gesamte aus diesen Unterscheidungen hervor-
gehende, weiter entwickelte Demokratietheorie vorauszusetzen (was
auch in *Gastfreundschaft der Kulturen* von 1994 nicht der Fall war),
leuchtet ohne weiteres ein, dass diese vier Ebenen sowohl für die
Motivation zur Migration wie für den Begriff der →*Integration* aus-
schlaggebend sind:

Wirtschaftlich integriert ist ein Migrant, der hier Arbeit mit einem
ausreichenden Einkommen gefunden hat. Leider war dieser laxe
wirtschaftliche Integrationsbegriff in der Zeit der italienischen und
türkischen »Gastarbeiter« leitend. Er ist es bei einseitig wirtschaftlich
denkenden Menschen und Politikern noch heute. Inzwischen hat
sich allerdings zumindest herumgesprochen, dass Migranten auch
politisch integriert werden müssen.

Politisch integriert kann jemand genannt werden, *der* unsere freiheit-
lich-demokratische Grundordnung kennt und diese äußerlich wie
innerlich anerkennt. Dies ist bereits ein viel anspruchsvollerer Begriff
von Integration, der leider auf die Mehrheit der islamischen Migranten, selbst in der zweiten und dritten Generation, nicht zutrifft:
Hier liegt das Problem der Demokratiefähigkeit des Islam sowie des
z.B. von Bassam Tibi erhofften Euro-Islam. Die von vielen Wissen-
schaftlern und Publizisten, auch von Tibi, vertretene These ist sehr
ernst zu nehmen, dass der Islam in seiner normalen Form (bei inne-
rer Bejahung der Scharia, also einer religiösen Gerichtsbarkeit) nicht
mit der Demokratie und dem deutschen Grundgesetz wie anderen
europäischen Verfassungen vereinbar ist.[113] Selbst wenn die Scha-
ria-Gesetze z.B. in Bezug auf Ehe und Ehre nur im familiären Rahmen gelten gelassen werden, ist dies grundgesetzwidrig, weil dem

---

[113] Diese Position vertritt dezidiert u.a. Karl-Albrecht Schachtschneider, *Grenzen der
Religionsfreiheit am Beispiel des Islam,* Berlin 2010. In diesem Sinn auch Videos dieses Verfassungsjuristen. Der Einwand, dem man ihm entgegenhalten kann, lautet:
Auch die christlichen Konfessionen waren bis vor 100 Jahren noch nicht demokra-
tiereif. Die Auffassungen führender Theologen werden bis heute noch nicht mit
dem weltanschaulichen Pluralismus unseres Gemeinwesens gerecht (Vgl. *Revolution der Demokratie,* ²2014, 163 ff.). Man muss allen historischen Religionen die
Chance der geschichtlichen Weiterentwicklung einräumen.

Staat nach dem Grundgesetz ein gewisses Aufsichtsrecht über die Familie zusteht.

Wie bereits in dem Buch von 1994 gesagt, fehlt es den deutschen Politikern und Behörden an Konsequenz der Durchsetzung. Rechtsfreie Räume in den Moscheen und Versammlungsräumen dürfen auf keinen Fall geduldet werden. Sie werden es aber stillschweigend – und damit fehlt die Aufforderung an die muslimischen Gemeinden, sich mit aller Klarheit von islamistischen Gewalttätern zu distanzieren. Die im Juni 2017 in Köln versuchte Demonstration der Muslims gegen islamistische Gewalttäter wurde zum Schlag ins Wasser, zur Blamage für die Organisatoren, im Grunde aber zur offenkundigen Blamage, wenn nicht Diskreditierung für die Muslims in Deutschland.

Anlässlich des zu trauriger Berühmtheit gelangten Falles Amri, des Attentäters vom Berliner Breitscheidplatz in der Vorweihnachtszeit 2016, versuchte der damalige nordrhein-westfälische Innenminister Ralf Jäger das offensichtliche Versagen der Behörden vergeblich, weil völlig unglaubwürdig, dadurch zu rechtfertigen, dass er immer wieder beteuerte, bloße Gesinnung könne nicht bestraft werden. Bei dieser Furcht, besonders der Deutschen, vor einer totalitären »Gesinnungsjustiz«[114] wird allerdings ein *gravierender Denkfehler* begangen: Richtig ist, dass der Staat sich nicht um innere Gesinnungen seiner Bürger zu kümmern hat, sondern lediglich um deren Taten. Recht ist die Regel der gegenseitigen Begrenzung Freiheiten (Kant) da, wo sie sich begrenzen können, in Bezug auf das äußere Handeln. Wo nun allerdings eine Gesinnung darin besteht, Straftaten vorzubereiten, handelt es sich nicht mehr um eine innere Gesinnung als solche, sondern um deren Übergang zur Tat (mit den Zwischenstufen Vorsatz, Absicht, Entschluss[115]). Sobald eine Gesinnung also feststellbar in Richtung Vorsatz geht, und dies ist bei terroristischen Gesinnungen von vornherein der Fall, hat der Staat das Recht und die Pflicht, einzugreifen. Es genügt die sichere Feststellung einer auf terroristische oder sonstige Straftaten angelegten Gesinnung. Ohne

114 Vgl. Wikipedia, Art. *Gesinnungsstrafrecht.*
115 Vgl. *Handlungen,* Varna – München 2007, 274 ff.

hier zu sehr in die Rechtsgrundlagen zu gehen, scheint mir in diesem Punkt eine bedeutsame Gesetzeslücke bzw. ein Fehler im deutschen Rechtsverständnis vorzuliegen! Wie am Schluss von Teil II schon erwähnt, muss darüber hinaus auch die Grundgesetzwidrigkeit einer Gesinnung im Sinne einer politischen Handlungsdisposition, zum Thema der Rechtstheorie und Rechtsprechung werden, nicht allein in den Fällen Neonazismus und »Antisemitismus«.

Um zunächst zur vierten Systemebene überzugehen: Weltanschaulich und im Hinblick auf die Letztwerte, *kurz religiös integriert* ist ein Mensch, der unabhängig von seiner eigenen weltanschaulichen, ethischen, religiösen oder spirituellen Position diejenigen Haltungen oder Überzeugungen der anderen nicht nur äußerlich toleriert (was in der politisch-rechtlichen Integration bereits beinhaltet ist), sondern diese innerlich achtet und als eine menschliche Lebensdeutung wertschätzt, auch wenn sie nicht seine eigene ist. Es gibt hier, wegen der rechtlich garantierten Religionsfreiheit, eine Überschneidung von politischer und religiöser Integration.

Die weltanschaulich-religiöse Achtung ist das, was viele muslimische Bürger in Deutschland schmerzlich vermissen.[116] Allerdings dürfte sich das Problem der Geringschätzung des Islam in den Augen der meisten Deutschen darauf zurückführen lassen, dass eben jene Verquickung der Religion mit der staatlichen Rechtssphäre besteht. Es ließe sich folglich nur dadurch beheben, dass diese Verquickung glaubhaft aufgehoben würde. Es handelt sich nicht unbedingt um eine Geringschätzung des islamischen Glaubens als solchen, sowenig es Geringschätzung des Christlichen ist, wenn man die Überprivilegierung der Kirchen in unserem Gemeinwesen kritisiert.

Kulturell integriert kann ein Migrant genannt werden, der nicht allein der deutschen Sprache für eine differenzierte Verständigung mächtig ist, sondern auch hinreichende Kenntnisse der deutsch-europäischen Kultur und Geschichte besitzt oder zumindest anstrebt.

---

116 Neven Subotić, *Wir wurden integriert und haben auch Respekt gezeigt. Ein Gespräch über das Ankommen, die Verantwortung des Einzelnen und den Fußball*, in: Aus Politik und Zeitgeschichte, 3. Juli 2017; Olaf Müller/Detlef Pollack, *Angekommen und auch wertgeschätzt? Integration von Türkeistämmigen in Deutschland. Ebd.*

Kulturelle Solidarität ist freilich nicht allein Sache der Kenntnis, sondern eine Frage der inneren, also emotionalen Verbundenheit mit dieser Kultur und Geschichte. Eine nationale Kultur lässt sich nicht rational definieren, noch weniger als ein Familiengeist, und braucht so wenig wie dieser definiert zu werden, wie oft in Diskussionen von solchen Menschen gefordert wird, für die Nationen etwas von Gestern sind. Wenn schon systemische Familienaufstellungen zeigen, wie mächtig die überrationalen Faktoren lebensbestimmend wirken, dann muss dies auch einem so komplexen und reichen Gebilde wie der Nation zugestanden werden – auch wenn einseitig rationalistische Sozialwissenschaftler damit überfordert sind.

Die Unterscheidung von gastgebender Primärkultur und Gastkulturen

Wirkliche *kulturelle* Integration ist gleichbedeutend mit Assimilation, mit dem einzigen Unterschied, dass die Migranten *gleichzeitig* zu ihrer Herkunftskultur eine besondere Verbindung, ja ein Treueverhältnis aufrechterhalten können, jedoch nicht auf Kosten der kulturellen, schon gar nicht politischen Solidarität mit ihrer neuen Heimat. Das ist der springende Punkt des Konzepts Gastfreundschaft der Kulturen. (Übrigens haben auch die deutschen Vertriebenen der Nachkriegszeit ihre seelische Verbindung zu ihrer alten Heimat Schlesien oder Ostpreußen nicht aufgeben müssen, um gute und auch kulturell loyale Nachbarn in ihrer neuen Heimat zu werden.)

Während in Bezug auf die Ebenen 2 und 4, also Recht und Weltanschauung und ihrer Überschneidung, ein gewisser Rigorismus angesagt ist – entweder steht man auf den Boden der rechtsstaatlichen Verfassung (2) sowie der Trennung von Religion und weltanschaulich neutralem Staat (4) – stellen kulturelle Anpassung und Solidarität auf Seiten der Migranten sowie »Willkommenskultur« auf Seiten der Einheimischen keine unbedingt einzufordernde Muss-Normen, sondern Kann-Normen, allenfalls Soll-Normen (vorethischer oder auch ethischer Art) dar. In Bezug auf kulturelle Anpassung wie Entgegenkommen herrscht ein großer Spielraum. Deshalb geht die Rede von »Leitkultur« im Sinne von F. Merz und Th. de Maizière am Wesen des Kulturellen vorbei. Die Primärkultur ist nicht so etwas Formelles wie eine Leitwährung.

Und ebendeshalb liegt hier, im Kulturellen, das eigentliche menschliche Konfliktfeld, nicht in dem rechtlich Einzufordernden nach Seiten der Verfassungstreue bzw. der Religionsfreiheit.

In dem schon angeführten Interview mit Neven Subotić heißt es zu gleich zu Beginn:

> »Integration heißt für mich, einen Beitrag in einer pluralistischen Gesellschaft zu leisten und dabei gleichzeitig seiner eigenen Kultur treu zu bleiben. Das steht nicht im Widerspruch zueinander und ist auch oft zu beobachten.«[117]

Diese Aussage ist zweideutig und es geht ebenso doppeldeutig weiter. Heißt das Gesagte: Hier in Deutschland wird gearbeitet, aber in meinem Herzen bleibe ich allein meiner Herkunftskultur treu? Ich nehme an, dass der Befragte meinte: Ich bin sowohl in der neuen Kultur voll zu Hause als auch meiner Herkunftskultur bleibend verbunden. Dass dies nicht so klar gesagt wird, ist kennzeichnend für die Situation. Dass ein Herr Erdogan nicht beide Solidaritäten meint, wenn er seine ehemaligen Landsleute in Deutschland ermahnt, ja im Herzen Türken zu bleiben, scheint mir eindeutiger.

Doppelte Solidarität im positiven Sinne meint nicht gespaltene Solidarität. Gespaltene Solidarität heißt mangelnde kulturelle Solidarität zum neuen Lebensraum und seiner Nation, meint Doppelspiel zwischen Land des Geldverdienens und Land des Zugehörigkeitsgefühls. Ein gespaltenes Zugehörigkeitsgefühl mag psychologisch auftreten wegen der falschen Interpretation, als müsse man sich bei der Zugehörigkeit entscheiden wie bei einem Ehepartner. Für die Migranten würde ein echtes Zugehörigkeits- und Solidaritätsgefühl zur deutschen Kultur und Geschichte genügen. Sie können ihre Herkunftskultur in landmannschaftlichen Gruppen weiter kultivieren. Etwas anderes sind Gettos, in denen sie sich dauerhaft von der deutschen Kultur absondern. Allerdings haben die landsmann-

---

[117] N. Subotić, a.a.O., 10.

schaftlichen Gruppen, ähnlich wie es in den USA teilweise noch bis heute der Fall ist, soziologisch den Status von Sekundärkulturen. Die Vereinigten Staaten sind deshalb keine multikulturelle Gesellschaft im genauen Sinn, sondern vielmehr eine Nation mit einheitlicher Hauptkultur mit vielen Sekundärkulturen. Es braucht hier nicht wiederholt zu werden, was über die vielen Bedeutungen und die Falschmünzerei mit multikultureller Gesellschaft gesagt wurde. Man wird hier nie zu einem genügend klaren Sprachgebrauch finden ohne die Unterscheidung von *gastgebender Primärkultur* und *sekundären Gastkulturen*. Dass »primär« und »sekundär« hierbei keine wertende, sondern eine soziologisch beschreibende Bedeutung haben, braucht ebenfalls nicht erneut betont zu werden.

Der Zirkel von Anerkennungserwartungen und »Bringschuld« der Migranten

Der *unheilvolle Zirkel* von Integrations-, d.h. Anerkennungs- und Hilfeerwartungen der Migranten und ihrer so genannten »Bringschuld« in den Augen der Eingesessenen, geht weit über den religiösen Bereich hinaus. Die einen haben das Gefühl, schlecht angenommen und aufgenommen zu werden, die anderen, dass die Anpassung von Seiten der Migranten, selbst nach Jahrzehnten, unzureichend ist. Dieser ewige *circulus vitiosus* zeigt sich bei der Wohnungssuche wie der Arbeitssuche der Menschen mit »Migrationshintergrund«. Er ist nur zu durchbrechen, wenn die hier getroffenen Unterscheidungen offen besprochen werden können. Bisher sind wir allerdings nicht einmal so weit, dass die professionellen Sozialwissenschaftler sich auf diese systemtheoretischen Unterscheidungen einigen können.

Es fehlen die Institutionen der unparteilichen Verständigung, und dies ist einer der gravierendsten Mängel unserer angeblichen »Diskursgesellschaft«, in der nicht einmal der Diskursbegriff hinreichend geklärt ist, weil er stillschweigend auf rationalistische Argumentation festgelegt wird, zugleich aber populär alle Redearten umfassen will. Diese Unklarheit und Unglaubwürdigkeit in der pseudo-akademischen Verwendung des Modewortes »Diskurs« hat unmittelbar praktische Folgen. Es kommt weder saubere akademische Argumentation zustande noch eine weiterführende gesellschaftliche Werte-Kommunikation. Ich spreche daher seit langem von der *»Herrschaft des herrschaftsfreien Diskurses«*, und diese Herrschaft ist ein zu makabrer Missstand, um bloß witzig zu sein.

Es fehlen daher auf akademischer wie auf politischer wie auch auf publizistischer Ebene die angemessenen Formate der Verständigung. Der Fisch der gesellschaftlichen Nicht-Kommunikation stinkt vom akademischen Kopfe her. Dass auch die Politiker ihn mit ihren »Islamkonferenzen« und dergleichen nicht durchbrechen können, ist kein Wunder, da sie auf wissenschaftliche Information und halbwegs offizielle Gesprächspartner angewiesen sind, die im deutschen Islam fehlen. Wie Tibi in seinem oben besprochenen Buch sowie in *Die islamische Zuwanderung und ihre Folgen* gezeigt hat, fehlt den offiziellen Islamverbänden die Aufrichtigkeit und Glaubwürdigkeit. Doch bietet Bassam Tibi bei seiner berechtigten Kritik am fehlenden Euro-Islam und seiner Förderung selbst nicht die systemtheoretischen Kriterien, schlicht die Unterscheidungen von politischer, kultureller und religiöser Sphäre in ihrem Bezug zueinander, wie im Offenen Brief an ihn ausführlich gezeigt wurde.

Transkulturalität? Zum Beitrag von Seyran Ateş

Eine der mutigsten und intelligentesten Persönlichkeiten, die sich derzeit in Deutschland für einen modernen, pluralismus- und demokratiefähigen Islam sowie für eine würdevolle Integration der türkischstämmigen Bevölkerung in Deutschland einsetzen, ist die Berliner Rechtsanwältin Seyran Ateş, Mitorganisatorin der ersten, versuchsweisen Demonstration der in Deutschland lebenden Muslime in Köln (Juni 2017) gegen islamistische Gewalt. Das Misslingen dieser dringend erforderlichen öffentlichen Distanzierung der Menschen islamischen Glaubens vom gewalttätigen Islamismus zeigte erschreckend eindrucksvoll, wie weit die deutschen Muslime in ihrer Mehrheit noch von unserer Demokratie und von einem aufgeklärten Islam entfernt sind.

Die Stärke von Ateş' zuerst 2008 erschienen Buch *Der Multikulti-Irrtum*[118] liegt in der realistischen, lebensnahen Schilderung der
Lebensverhältnisse der türkischen Zuwanderer erster, zweiter und
dritter Generation. Es beginnt mit der völligen Verkennung des
dauerhaften Zustroms türkischer »Gastarbeiter« in den 60er Jahren
und endet mit der immer noch fehlenden Einwanderungsgesetzge-
bung, deren Fehlen heute nur noch damit halbwegs entschuldigt
werden kann, dass die jüngste Flüchtlingsbewegung ja keine regulä-
re Einwanderung mehr ist, sondern humanitäre Notaufnahme von
Asylsuchenden, die vor Krieg und Verfolgung fliehen. Die völlig
veränderte Natur dieser Zuwanderung, mit der Ungewissheit, ob es
sich um dauerhafte Einwanderung oder vorübergehenden Gaststa-
tus der Flüchtlinge aus Syrien und anderen muslimisch geprägten
Ländern handelt, darf die grotesken Versäumnisse der deutschen
»Ausländer«-Politik im letzten halben Jahrhundert nicht vergessen
machen. Denn wir haben mit ihren Folgen zu tun.

> »Die Mehrzahl aller Türken und Kurden hat sich meiner Meinung
> nach in Deutschland nicht integriert. Es gibt dazu bisher leider
> keine vernünftigen Untersuchungen, an denen man sich orientie-
> ren könnte. Wir wissen nur, dass sehr viele Kinder von Deutsch-
> ländern [so nennt Ateş die halbdeutschen Einwanderer] bei der
> Einschulung kaum Deutsch sprechen, wir wissen, dass entspre-
> chend viele Deutschländer schlechte Schulabschlüsse haben, und
> wir wissen, dass die Männer bevorzugt Ehen mit einer Partnerin
> aus der Türkei schließen. Das sind deutliche Belege für eine ge-
> scheiterte Integration. (...) Nach meinem Dafürhalten sind die
> meisten Deutschländer nicht integriert, mich persönlich einge-
> schlossen.«[119]

Welch ein niederschmetternder Befund! Für die erste Generation der
türkischen Zuwanderer und ihrer Kinder war Integration noch gar
kein Thema. Die zweite Generation der Kinder wurde teilweise in
Ausländerklassen gesteckt, was integrationspolitisch die schlechteste

---

[118] Seyran Ateş, *Der Multikulti-Irrtum. Wie wir in Deutschland besser zusammenleben
können*, Berlin ⁶2016.
[119] Ebd. 36.

Lösung war. Nur eine Minderheit der Kinder dieser Generation hatte echte Bildungs- und Karrierechancen.

»Die oft ausweglose Sozialhilfekarriere der Eltern hat sicherlich einen großen Teil dazu beigetragen, dass die Deutschländer der dritten Generation heute als die absoluten Verlierer dastehen. Die Kinder wachsen mit der Einstellung auf, dass sie in Deutschland weder erwünscht sind noch gebraucht werden und, egal wie sie sich anstrengen, auf dem Arbeitsmarkt sowieso keine Chancen haben. (...) Nicht umsonst und völlig zu Recht spricht man bei der dritten Generation von der ›lost generation‹. An ihr zeigen sich die katastrophalen Konsequenzen einer verfehlten bzw. fehlenden Integrationspolitik. (...) Die meisten Deutschländer der dritten Generation sind zweisprachige Analphabeten. Sie sprechen weder vernünftig Deutsch noch Türkisch. Es ist kaum zu übersehen, dass sie sich in der deutschen Gesellschaft völlig allein gelassen, orientierungs- und wurzellos fühlen. Sie befinden sich in einer permanenten Identitätskrise. Aus dem Gefühl von Nichtzugehörigkeit, fehlender Anerkennung und Chancenlosigkeit heraus besinnen sie sich oft auf die Ursprungskultur ihrer Vorfahren und lehnen die deutsche Lebenswelt ab. Oft neigen sie zu sehr traditionellen und fundamentalistischen Haltungen. (...) Die Berliner Kriminalstatistik (...) zeigt eine drastische Zunahme von kriminellen Akten bei Jugendlichen mit Migrationshintergrund, während die Kriminalität bei urdeutschen Jugendlichen um zehn Prozent gesunken ist. (...) Die dritte Generation benötigt dringend die Hilfe der Politik und Gesellschaft. Sie ist aufgerieben zwischen den rudimentären Vorstellungen der Eltern über die ›eigenen Traditionen‹ und dem Weltbild der modernen Mehrheitsgesellschaft.«[120]

Die Kritik der Anwältin richtet sich indessen nicht einseitig auf die deutschen Politiker, die keine bewussten Kulturpolitiker, sondern Vertreter von Einheitsparteien sind, auch nicht allein an die Multikulti-Ideologen, welche die wirklichen Kulturprobleme als solche leugnen, sondern an ihre eigenen »Deutschländer«:

---

[120] Ebd. 32 f.

»Mit der zweiten Generation muss Tacheles geredet werden. Denn aus ihren Reihen stammen die Kulturchauvinisten in den islamischen Verbänden und die Hassprediger in den Moscheen, aus ihrer Reihen stammen die Eltern, die ihre Kinder nicht in den Kindergarten schicken, ihre Töchter vom Schulunterricht befreien und zwangsverheiraten und die ihren Söhnen ein Frauen- und Menschenbild vermitteln, das sie, gleichgültig gegenüber Recht und Gesetz, zu gewalttätigen Ehemännern, manchmal gar zu Mördern werden lassen.«[121]

In den Jahren nach dem ersten Erscheinen dieses Buches hat die hier geschilderte Aggressivität, besonders der jungen Männer, ein neues Ventil gefunden: die offene oder versteckte Unterstützung des sogenannten Islamischen Staates. Dass aber die wirtschaftlichen Probleme der »lost generation« junger türkischstämmiger »Deutschländer« im Grunde verschleppte Kulturprobleme sind, ein Unbewusstheits-Produkt der Multiplikation der nur-deutschen »rechten« Haltung mit der »linken« Multikulti-Mentalität, der auf türkischer Seite die Verbindung von türkischem Nationalismus und pragmatischem Geldverdienen in einer multikulturellen Gesellschaft entspricht, das ist dieser kritischen Autorin bewusst.

Sie führt nun allerdings im Schlussteil ihres Buches den Begriff →*transkulturell* ein. Damit meint sie die gleichberechtigte Begegnung aller Kulturen auf dem Boden der europäischen »Leitkultur«, ähnlich wie Bassam Tibi diese politische Leitkultur mit dem Geltenlassen aller »Lokalkulturen« verstehen will. Doch »transkulturelle Identität« bedeutet nur für den Einzelnen die innere Verbindung verschiedener Kulturen zu einer »kulturübergreifenden Identität«. Dies mag im Innern des einzelnen »Deutschländers« eine durchaus plausible, ja notwendige Lösung sein. Doch taugt diese psychologische Lösung für Einzelne auch als soziologisches Konzept? Transkultur als gemeinsame Leitkultur in einem neuen Sinne, der über das politische, verfassungsmäßige Minimum hinausgeht?

---

121 Ebd. 40.

»Leitkultur, wie ich sie verstehe, bezeichnet eben kein Über- und Unterordnungsverhältnis. Es sollte uns allen doch nur um dasselbe gehen: um den Bestand der Demokratie, Gleichberechtigung der Geschlechter, Meinungsfreiheit, Freiheits- und Selbstbestimmungsrechte für alle Mitglieder dieser Gesellschaft, Chancengleichheit. (...)
Ich empfinde Interkulturalität, Transkulturalität als Reichtum an Leben. Sie bedeutet keine Zerrissenheit zwischen Sprachen und Kulturen, sondern ein großes Privileg gegenüber Menschen, die sich mit einer Sprache und einer Kultur begnügen müssen. Die Borniertheit, mit der manche Leute ihre eigene Sprache und Kultur als das einzig Wahre und Gute darstellen, führt zu solche schrecklichen Taten wie dem Mord an Theo van Gogh. (...)
Wenn ich sage, ich empfinde die deutsche und die türkische Seite in mir als Bereicherung, dann meine ich damit, dass ich mich in beiden Kulturen und Sprachen zu Hause fühle. (...) Transkulturell heißt, dass tatsächlich ein Gleichgewicht der Kulturen vorhanden ist, dass aus den verschiedenen Kulturen eine neue, eigene Kultur und kulturelle Identität heranwächst, entstehen kann.«[122]

Das klingt sehr gut und für den/die Einzelne/n einwandfrei. Ich bedaure jedoch, der verdienten »Deutschländerin« insofern widersprechen zu müssen, als ihr Konzept nur für ihren eigenen Seelenhaushalt und den vieler Menschen mit Migrationshintergrund in Ordnung ist. Als sozialphilosophisches, kulturpolitisches Konzept greift es dagegen zu kurz: *Die europäischen Nationen werden sich niemals zu solch einer Transkulturalität verstehen, die auf eine gleichberechtigte Vermischung aller Kulturen auf ihren Territorien hinausläuft.* Es sind einzig die deutschen Multikulti-Ideologen, die das bejahen würden – jedenfalls solange ihnen nicht klar ist, dass damit aus der wunderbaren Farbenpalette der europäischen Kulturnationen ein Grau-in-Grau auf der alleinigen Basis einer rechtlich-politischen Leitkultur wird, die ihrerseits bürokratisch-langweilig würde – statt allein »die rauhe Hülle um den Kern des Lebens (...), die Mauer um

---

[122] Ebd. 258.

den Garten menschlicher Früchte und Blumen«[123] zu sein. Wer will dergleichen bei klarem Verstand?

Ich spreche Frau Ateş den klaren Verstand keineswegs ab, weise sie und ihre Leser jedoch auf einen gravierenden Fehler in ihrer Argumentation hin. Wenn in der Psychologie der einzelnen Migranten oder neuen Deutschen mit Migrationshintergrund ein transkulturelles Bewusstsein herrscht, kann man dagegen nichts einwenden. In der öffentlichen Sphäre müssen sie jedoch den Unterschied zwischen der Gastgebenden Kultur und ihrer jeweiligen Herkunftskultur als Gastkultur kennen.

> »Viele Menschen aus der Deutschländer-Community erleben die Urdeutschen bei der Wertedebatte als rückgratlos, und mir geht es oft auch so. Was viele Urdeutsche als Toleranz bezeichnen, wird von den Deutschländern vielfach als Schwäche wahrgenommen.«[124]

So auch von mir! Unklarheit löst die geschilderten Probleme nicht, die allein durch Unklarheit der Politiker, Publizisten, aber leider auch der Sozialwissenschaftler so gravierend werden konnten.

Die Bedeutung der Reflexions-Systemtheorie für die Europa-Politik

Das reflexions-systemtheoretische Raster hat besondere Bedeutung für die Europa-Politik. Während die einzelnen Nationen die vernunftgemäße Weiterentwicklung ihrer Demokratie auf die lange Bank schieben können, stellt die Berücksichtigung der Systemebenen für Europa in seiner derzeitigen Krise eine Lebensnotwendigkeit dar. Scheitert das differenzierende Bedenken der Systemebenen, so scheitert Europa. Es müssen unterschieden werden:

- das Wirtschaftseuropa

- das politische Europa, einschließlich der Verteidigungspolitik

---

123 Friedrich Hölderlin, *Hyperion*, Brief 7.
124 Seyran Ateş, a.a.O, 270.

- das kulturelle Europa der vielen Kulturen

- das Grundwerte-Europa

Auf jeder dieser Ebenen ist eine andere Bewegungsart und Geschwindigkeit erforderlich. Eine größere wirtschaftliche Vereinheitlichung, z.b. in der Steuer- und Sozialpolitik, wird durch die gemeinsame Währung geradezu erzwungen, wenn die Krisen um Griechenland und Italien nicht zum Dauerzustand werden sollen. Anders die Vereinheitlichung der Außen- und Verteidigungspolitik, die derzeit sowohl von russischer wie amerikanischer Seite, von Putin und Trump, in verschiedenem Sinne herausgefordert werden. Das Grundwerte-Europa bedarf der stets neuen dynamischen Definitionen durch eine Grundwerte-Kammer, was z.b. Umgang mit sexuellen und anderen Minderheiten angeht. Diese Dynamik wird auf dieser wie allen anderen Ebenen allein durch je eigene parlamentarische Kammern gewährleistet, die sachbereichsspezifisch von einer europäischen Öffentlichkeit gewählt werden können. Eine europäische Bürgerrepublik kann sich erst durch solche Differenzierung der Sach- oder Wertbereiche herstellen, während das ungefähre Beschwören einer europäischen Republik keinen wesentlichen strukturellen Fortschritt erkennen lässt, es sei denn die kulturwidrige, äußerst destruktive Einebnung der Nationen.[125]

Was aber nun die europäischen Nationen angeht, so bleiben diese im systemtheoretisch differenzierten Konzept die kulturellen Schatzkammern Europas, die im Namen eines europäischen Einheitsstaates anzutasten reiner Wahnsinn und Kulturbanauserei wäre! Mit anderen Worten: unter der Voraussetzung der Differenzierung der Systemebenen können die nationalen Eigenarten, an denen sich Europäer selbst wie die Besucher von anderen Kontinenten so erfreuen, voll beibehalten werden. Es ist der Mangel an solcher Differenzierung, die den 2016 Brexit verursacht hat und solange zu lebensgefährlichen Verwerfungen führend wird, als er nicht – schlicht vernunft- und evolutionsgerecht – behoben wird.

---

[125] Ulrike Guérot, *Warum Europa eine Republik werden muss*, Bonn 2016.

Es braucht nicht noch einmal gesagt zu werden, dass Migranten unter kultureller Rücksicht, sofern sie sich also kulturell integrieren wollen, nicht nach Europa einwandern, sondern jeweils in eine der europäischen Nationen, als der bleibenden und kostbaren Kultureinheiten unseres Kontinents. Diese Nationen werden noch leben und sich dynamisch weiterentwickeln, wenn diejenigen, die sie abschaffen wollen, mit ihrem kurzsichtigen Ansinnen längst vergessen sind.

Diese Bedingungen des solidarischen Miteinanders der Menschen und Nationen werden von sogenannten »Linken« gern verleugnet, als gäbe es universale menschliche Individuen, und von sogenannten »Rechten« als Blutsfragen missverstanden.

> »Aber das menschliche Wesen ist kein dem einzelnen Individuum inwohnendes Abstraktum. In seiner Wirklichkeit ist es das Ensemble der gesellschaftlichen Verhältnisse.«[126]

Diese gesellschaftlichen Verhältnisse sind die im weiten Sinne kulturelle im Unterschied zu naturalen Verhältnissen, die wirtschaftlichen, politischen und religiösen Verhältnisse eingeschlossen. Daher braucht es – über die gegenwärtigen wirtschaftlichen und politischen Notwendigkeiten hinaus – die Gastfreundschaft der Kulturen als solcher, wechselseitig vertreten durch ihre individuellen Botschafter. Als Botschafter der Faszination durch das Andere, relativ Fremde. Es braucht sie so dringend wie das wechselseitige Gastsein im persönlichen Bereich – ohne dass dabei die personalen oder sozialen Individualitäten zerstört statt bereichert werden.

> »Alle Häuser würden nur Gräber sein, wären sie nicht für Gäste« (Khalil Gibran).

---

126 Karl Marx, 6. *These über Feuerbach.*

Namensverzeichnis

Y

Yilmaz, S.   154

Z

Ziegler, J.   150
Zimmer, E.   11
Zuse, K.   80

Johannes Heinrichs
Integrale Philosophie

Wie das Leben denken lernt:
gelebte und ausdrückliche Reflexion

74 S. 24,80 € 978-3-89665-647-6

In diesem Gesamtkurs seiner Philosophie bringt Johannes Heinrichs die Essenz seiner bisherigen Bücher auf den Punkt – eine konsequente, reichhaltige und neuartige Systematik aus einem Guss, die vielen derzeitigen Moden trotzt. Im erkenntnistheoretischen Einführungskapitel wird Reflexion (Selbstbezüglichkeit) als die Denkform thematisiert, die sich selbst als gelebte Reflexion zum Inhalt hat. Ein anthropologisches Kapitel führt die von der abendländischen Philosophie ignorierte und der Esoterik überlassene Körper-Seele-Geist-Einheit methodisch aus. Im dritten Kapitel wird die Reflexion als soziales System thematisiert: eine Kurzfassung der bekannten Sozial-und Demokratietheorie des Autors. Es folgen die Kapitel zu Handlung – Sprache – Kunst und Mystik. Nach der Grundhypothese der von Heinrichs begründeten philosophischen Semiotik (Sinnprozesslehre) bauen sie reflexionsgestuft aufeinander auf. Während etwa das Sprachkapitel sein ganzes fünfbändiges Werk authentisch zusammenfasst, bietet das Mystikkapitel rstmals eine kurzgefasste Religionsphilosophie, der ein Umriss trukturaler und integraler Ontologie folgt. Vollends beweist ein Überblick über die ethischen Positionen die Fruchtbarkeit der reflexionstheoretischen Methodik.

Der französische Schelling-Forscher Xavier Tilliette schreibt:
„Ich bewundere sprachlos das enorme Material, das Sie beherrchen, Ihre ungemeine synthetische Kraft. Ihr Eindringen ins Herz der Probleme sind höchst bemerkenswert. (...) Mit Ihnen erhält der Strukturalismus einen zweiten Atem."

Johannes Heinrichs
Revolution der Demokratie

Eine konstruktive
Bewusstseinsrevolution

2. aktualisierte Auflage.

354 S. 26,80 €. 978-3-89665-646-9

Sind in unserer derzeitigen Halbdemokratie die Grundwerte oder der Volkswille wirklich maßgebend? Oder das Geld und die Parteien? Dieses beim ersten Erscheinen von vielen gefeierte, von der politischen Klasse noch zu wenig wahrgenommene Werk stellt eine Demokratie- und Staatslehre aus den tiefsten Quellen der menschlichen Sozialität dar: aus dem zwischenmenschlichen Verhältnis. Die gestufte soziale Reflexion ist das Prinzip, welches Handlungs- und Systemtheorie überbrückt. Heinrichs' Reflexions-Systemtheorie führt zu höchst praktischen Postulaten, angefangen beim parlamentarischen Herzen der Demokratie: Gliederung in vier Herzkammern, um die sozialen Subsysteme als Wertstufen (Grundwerte, kulturelle Werte, politische und wirtschaftliche Werte) zu realisieren. Die

Abschaffung der Einheitsparteien zugunsten von Sachparteien führt zu einer Synthese von direkter und parlamentarischer Demokratie, einer neuen Sachlichkeit der Lösungssuche, welche die Schwächen beider historisch getrennten Demokratieformen hinter sich lässt.
Wer ernsthaft an einer Weiterentwicklung unserer schwächelnden Demokratien interessiert ist und über Wunschphrasen wie „Wir brauchen mehr direkte Demokratie" hinausgehen will, kann an dieser Grundlagentheorie nicht mehr vorbei gehen.

„Johannes Heinrichs ist der beste Kenner der gegenwärtigen Sozialphilosophie. (...) Heinrichs kritisiert die Grundlagen oder eben den Mangel an Grundlagen der Wirklichkeit und der Lehren, die sich Demokratie oder demokratisch nennen. Seine Vorschläge haben den Menschen im Auge, nicht nur wie dieser ist und sein soll, sondern auch, wie er sein kann, wenn die Lebensordnung den Menschen die Möglichkeit gibt, zu sich selbst zu finden und ihrer Menschheit gemäß zu leben."
(Karl Albrecht Schachtschneider)

„Sein Ansatz ist so genial, wie er fatal ist. Genial, da sich hier erstmals eine umfassende Sozialtheorie in einem politisch-strukturellen Entwurf konkretisiert. Fatal, ihn zu kennen, wenn er nicht in die Realität umgesetzt wird" (Jan Lachenmayer/Timo Maier)

Johannes Heinrichs
Die Logik des europäischen Traums

Eine systemtheoretische
Vision

225 S. 19,50 €. 978-3-89665-641-4

Nach der finsteren Epoche der europäischen Bruderkriege, die sich in der ersten Hälfte des 20. Jahrhunderts zu den Weltkriegen auswuchsen, begann die „europäische Gemeinschaft" als Friedensprojekt mit ebenfalls weltweiter Ausstrahlung. Der bloße Friedens- und Verständigungsgedanke allein genügt jedoch inzwischen bei Weitem nicht mehr. Die Europäische Union muss ihr Selbstverständnis tiefer und endlich bewusst definieren. In der seit Jahren anhaltenden Euro-Krise dreht sich fast alles nur um den Euro – als sei Europa nichts als eine Wirtschaftsgemeinschaft, zwar nicht mehr für Kohle und Stahl, aber für die gemeinsame Währung. Außer dem fragwürdigen Diktum „Scheitert der Euro, so scheitert Europa" gibt es kaum weiterführende Entwürfe (außer der Fehlkonstruktion von „Vereinigten Staaten von Europa"), weder von politischer noch von publizistischer und wissenschaftlicher Seite. Einzig der Amerikaner Jeremy Rifkin hat mit seinem sozialpsychologischem Gespür den

Academia ▲▲

www.academia-verlag.de · E-Mail: info@academia-verlag.de
Bahnstraße 7 · 53757 Sankt Augustin · Tel. +49 2241 345210 · Fax 345316

„Europäischen Traum" mit dem älteren „Amerikanischen Traum" verglichen und herausgestellt, wie ungeheuer wichtig das EU-Experiment für die Welt ist: als „der erste transnationale Traum des globalen Zeitalters". Was seinen inspirierenden Ausführungen aber fehlt, ist das systemtheoretische Fundament und die institutionelle Konkretisierung.

Johannes Heinrichs, der Urheber der Reflexions-Systemtheorie des Sozialen, wendet seine friedlich-revolutionäre Demokratietheorie in diesem Buch auf Europa an: Die mögliche, nein notwendige aktuelle Vorbildfunktion Europa liegt in der heute fälligen, sprunghaften Weiterbildung der Demokratie selbst. Statt eines Einheitsparlamentes, dessen Abgeordnete für alles und nichts gewählt werden, brauchen wir bereichsspezifische Wahlen für jede der großen Systemebenen Wirtschaft, Politik im engeren Sinne, Kultur und Grundwerte. Für Europa bedeutet das: institutionelle Unterscheidung der Wirtschaftsgemeinschaft (1) von der politischen Einheit (2), der kulturellen Einheit-in-Vielfalt (3) und der Wertegemeinschaft (4). Nur durch die legislative und exekutive Differenzierung der Systemebenen wird europäische Integration möglich. „Integration durch Differenzierung" lautet Heinrichs' kühne und faszinierende These. Sie wird in diesem Buch erstmals anwendungsbezogen durchgespielt. Doch, es gibt tatsächlich Neues unter der Sonne Europas – wenn es nur nicht totgeschwiegen wird!

„Europa hat mit seiner verfehlten Integrationsideologie bisher die Chance verpasst, der Welt ein zweites Mal den Weg aus geistiger Enge und egoistischem Machtkalkül zu weisen ...
Johannes Heinrichs zählt zu den wenigen Denkern der Moderne, die frühzeitig und voller Sorge die Gefahren des neuen Ökonomismus gesehen und nachdrücklich vor seinen Folgen gewarnt haben. (...)
Seine Antworten auf diese Fragen lassen sich auf eine, ganz wesentliche zurückführen. Sie entspringt seinem aufklärerischen Credo und seinem festen Glauben an die Durchsetzungskraft von Vernunft und Wissenschaft und lautet: Jedes der großen Menschheitsprobleme trägt seine Lösung in sich.
Der Leser, der Heinrichs' Überlegungen und Schlussfolgerungen im Original kennenlernt und auf sich wirken lässt, blickt in eine Welt, die es zwar nicht gibt, noch nicht, aber geben könnte und sollte. Sie ist weniger eine utopische als eine anzustrebende Realität."
(Wilhelm Hankel)

Über den Autor:

Johannes Heinrichs lehrte seit 1975 Sozialphilosophie an der Jesuitenhochschule Sankt Georgen (Frankfurt/Main), verzichtete aber auf diese Professur und war zuletzt Professor für Sozialökologie an der Humboldt-Universität zu Berlin (Nachfolge von Rudolf Bahro). Er gilt als Ausnahmeerscheinung und Neuerer in philosophischer Systematik. Auf den Schultern der großen deutschen Idealisten stehend, doch diese produktiv in einer umfassenden Reflexions-Systemtheorie weiter denkend, hat er einen viel diskutierten Entwurf für eine friedliche „Revolution der Demokratie" vorgelegt, flankiert von einem in Literaturkreisen bekannten Kommentar zu Hölderlins „Hyperion", unter dem Titel „Revolution aus Geist und Liebe".
Johannes Heinrichs wurde mit Auszeichnungen bedacht, solange er sich anpasste: philosophische und theologische Diplome, Summa cum laude mit einer bekannten, preisgekrönten Dissertation zu Hegel an der Bonner Universität (1972), einstimmige Habilitation 1975 an der Jesuitenhochschule in Frankfurt. Seit er seine dortige Ordensprofessur verließ und auch gedanklich „zu" selbständige

Wege ging, bekam er jedoch die (verfassungsrechtlich höchst dubiose) Macht des weiterwirkenden Konkordates zwischen Kirche und Staat (von 1933) an den Universitäten sowie zugleich die Macht de akademischen Mitläufertums zu spüren. Er musste einen dornigeren Weg als freier Schriftsteller gehen, bis auf Lehrstuhlvertretungen für Kantforschung (in Bonn) und Gastprofessuren, zuletzt als Nachfolger Rudolf Bahros an der Berliner Humboldt-Universität. Von seiner ungebrochenen „ungeheuren Denk- und Arbeitskraft" (Xavie Tilliette, SPIEGEL 33/1982) zeugen über 30 Bücher und zahlreiche Artikel.

Weitere Bücher von Johannes Heinrichs

soweit sie derzeit im Handel erhältlich sind
(eine vollständige Bibliografie findet sich, sowohl chronologisch wie thematisch geordnet, auf www.johannesheinrichs.de)

Philosophie am Scheideweg
Johannes Heinrichs im Interview mit Clemens K. Stepina
158 S., Passagen Verlag, Wien 2002

Das Geheimnis der Kategorien
Die Entschlüsselung von Kants zentralem Lehrstück
356 S., Maas Verlag,
2. Auflage von „Die Logik der Vernunftkritik", Berlin 2004

Logik des Sozialen
Wie Gesellschaft entsteht. Mit einem Nachwort „Klarstellungen" anlässlich von M. Opielkas „Gemeinschaft in Gesellschaft" von Franz-Theo Gottwald
352 S., Steno, 2. Aufl. von „Reflexion als soziales System", München 2005

Demokratiemanifest für die schweigende Mehrheit
Die „Revolution der Demokratie" in Kürze
120 S, Steno Verlag, München 2005

Sprung aus dem Teufelskreis
Sozialethische Wirtschaftstheorie, Bd. I
Mit einem Geleitwort von Wilhelm Hankel und einem Nachwort von Rudolf Bahro. 390 S. Steno Verlag, München 2005

Öko-Logik
Geistige Wege aus der Klima- und Umweltkatastrophe
406 S., Steno Verlag, 2. Auflage München 2007

Revolution aus Geist und Liebe
Hölderlins „Hyperion" durchgehend kommentiert
597 S., Steno Verlag, München 2007

Kultur – in der Kunst der Begriffe
Mit einem Geleitwort von Kurt Biedenkopf zum „World Culture Forum"
in Dresden. 213 S., Steno Verlag, München 2007

Handlungen (Philosophische Semiotik Teil I)
Das periodische System der Handlungsarten
Mit einem Offenen Brief an Jürgen Habermas
508 S., Steno Verlag, 2. Auflage München 2007

Sprache (Philosophische Semiotik Teil II)
Band. 1: Die Zeichendimension
Das elementare Spiel der Zeichengestalten (Sigmatik)
266 S., Steno Verlag, München 2008
Band. 2: Die Bedeutungsdimension
Das subjektive Spiel mit den objektiven Bedeutungen (Semantik)
384 S. , Steno Verlag, München 2008
Band 3: Die Handlungsdimension
Sozialpsychologik der Sprachhandlungen (Pragmatik)
Steno Verlag, München 2008
Band 4: Die Satzbauformel
Eine philosophisch begründede Grammatik (Syntax)
Band 5: Textsorten und Stilfiguren
oder Die Festspiele des Stils (Stilistik)

Das Enneagramm in Coaching, Training und Beratung
Johannes Heinrichs/Korai Peter Stemmann
Beltz Verlag, Weinheim, ca. 360 S., in Vorb.

Academia ▲

www.academia-verlag.de · E-Mail, Bestellungen: info@academia-verlag.d
Bahnstraße 7 · 53757 Sankt Augustin · Tel. +49 2241 345210 · Fax 34531